KB033561

플랫폼, 시장의 지배자

초연결 사회, 부와 비즈니스의 미래를 통찰하다

플랫폼,
시장의 지배자

THE RUSH OF PLATFORMS

류한석 지음

KOREA.COM

차
례

플랫폼은 점점 더 중요해진다!

여기 확실한 두 가지 사실이 있다.

1. 미래는 알 수 없다.
2. (미래가 어떤 모습이든지 간에) 플랫폼의 중요성은 계속 증대할 것
   이다.

새롭게 등장하는 기술 및 비즈니스는 산업의 지형을 바꾸고, 사람들의 삶에 혁명적인 변화를 가져오고 있다. 변화의 속도가 점점 더 빨라지고 있는 데다, 변수가 많고 리스크도 커서 어떤 예측을 하는 것이 불가능하게 느껴질 정도다. 하지만 그럼에도 불구하고 분명히 읽히는 어떤 패턴이 있다. 그것은 시장을 지배하는 아주 핵심적인 '원리'라서 미래의 모습이 어떻든 간에 변치 않을, 아니 계속 더 중요성이 커지는 그런 원리다.

바로 플랫폼이다. 플랫폼은 천의 얼굴을 가졌다고 할 만큼 우리 삶에 다양한 형태로 나타난다. 하지만 당황할 필요는 없다. 플랫폼

의 본질을 이해하면 모든 플랫폼을 간파할 수 있을 뿐만 아니라, 나아가서는 아직 나오지도 않은 미래의 플랫폼까지 꿰뚫어 볼 수 있는 통찰력을 갖출 수 있다.

IT 업계의 아이돌, 플랫폼 기업 빅4

플랫폼 기업 빅4로 일컬어지는 애플, 구글, 페이스북, 아마존을 보라. 이들 빅4는 일거수일투족이 미디어와 사람들에 의해 감시될 정도로 큰 주목을 받고 있는 기업들이다. 마치 연예계의 아이돌 스타처럼 말이다. 이들은 매력적인 기술 및 비즈니스, 강력한 리더십을 기반으로 엄청난 매출을 올리고 있다. 또한 고객들의 열렬한 지지를 받고 있으며, 신제품 발표 행사는 엔터테인먼트 업계의 쇼케이스를 연상시킬 정도다.

이들은 각자 특유의 플랫폼을 기반으로 독특한 생태계를 구축해 시장의 모든 것을 빨아들이고 있다. 또한 자신의 플랫폼을 기반 삼아 새로운 사업을 계속 늘려 가고 있다. 다른 기업들이 단품 내지는 일개 서비스로 승부를 걸어올 때 이들은 탄탄한 플랫폼과 강력한 생태계로 대응한다. 웬만해서는 이들을 이길 수 없을 것이다.

그렇다면 도대체 플랫폼의 실체와 본질은 무엇이고, 경쟁자를 압도하는 플랫폼 기업의 경쟁력은 어디에서 비롯되는 것일까? 그 해답을 이 책에서 찾을 수 있을 것이다.

플랫폼 세상, 다양한 관점에서 바라보기

이 책의 목적은 플랫폼의 내적·외적인 모습을 다양한 관점에서 살펴보고, 이를 통해 기술 및 비즈니스를 이해하는 새로운 시각을 제공하는 것이다.

1장에서는 플랫폼의 정의, 유형, 대표 사례를 살펴본다. 플랫폼은 시대의 변화에 따라 그 뜻이 계속 확장돼 왔다. 그 흐름을 살펴봄으로써 플랫폼에 담긴 의미를 온전히 이해할 수 있을 것이다. 또한 플랫폼을 외형과 역할에 따라 구분해 보고, 각각의 유형을 대표하는 플랫폼 사례를 통해 플랫폼에 대한 체계적인 지식을 확립할 수 있을 것이다.

2장에서는 대표적인 플랫폼 기업들을 살펴본다. 먼저, 플랫폼 기업으로서 좋은 시절과 나쁜 시절을 다 경험한 마이크로소프트를 통해 플랫폼의 성공과 실패에 대해 함께 생각해 볼 것이다. 그리고 플랫폼 기업 빅4(애플, 구글, 페이스북, 아마존)의 경쟁력, 교훈, 전망 등에 대해 살펴볼 것이다. 이를 통해 주요 플랫폼 기업들의 실체와 그들이 구축한 플랫폼의 가치를 이해할 수 있을 것이다. 최근 여러 분야에서 중국 기업들이 크게 활약하고 있는데, 중국의 대표적인 플랫폼 기업인 알리바바와 샤오미를 통해 그들의 진정한 경쟁력을 살펴보게 될 것이다. 한국의 플랫폼 기업들도 빼놓을 수 없다. 카카오와 네이버에 대해서도 살펴볼 것이다.

3장에서는 여러 분야에서 다양한 모습으로 활약하고 있는 플랫폼들을 살펴본다. 크라우드소싱, 크라우드펀딩, 핀테크, 옴니채널, O2O, HTML5, 비트코인, 클라우드, 빅데이터 등의 분야에서 플랫폼은 중심적인 역할을 맡고 있다. 또한 각 분야에서는 시장을 차지하기 위한 플랫폼 경쟁이 치열하게 전개되고 있다. 각 분야의 핵심 내용과 플랫폼의 역할, 사례를 살펴봄으로써 여러 산업에서 실제로 플랫폼이 어떻게 활용되고 있는지에 대한 방대한 지식을 습득할 수 있을 것이다.

4장에서는 앞으로 큰 시장을 형성할 차세대 분야에서의 플랫폼들을 살펴본다. 사물인터넷, 스마트홈, 스마트 인터랙션, 가상현실, 드론, 로봇 등은 머지않은 미래에 커다란 시장을 창출하고 사람들의 일상에도 상당한 변화를 가져올 분야들이다. 이들 차세대 분야에서도 마찬가지로 플랫폼이 중심적인 역할을 맡고 있다. 주목할 만한 차세대 분야들의 핵심 내용과 플랫폼의 역할에 대해 이해하는 흥미로운 시간이 될 것이다.

5장에서는 먼저 미래의 플랫폼이라는 관점에서 분산 애플리케이션 플랫폼을 살펴본다. 그리고 플랫폼의 성공 요소 세 가지(킬러앱, 네트워크 효과, 로열티)와 플랫폼의 승자독식 현상이 가져오는 문제점을 다룬다.

마지막으로 인문학적인 관점에서 해석한 플랫폼의 본질과 교훈에 대해 살펴본다. 지적 탐구정신이 뛰어난 독자라면 아마도 색다른 관점에서 플랫폼을 생각해 볼 수 있는 의미 있는 시간이 될 것이다.

이제, 플랫폼을 탐구하는 여정을 떠나자

플랫폼을 이해한다는 것은 결국, 플랫폼이 시장을 지배하는 원리를 이해하는 것이다. 이와 더불어 플랫폼을 탐구하는 여정은 인간과 사회를 이해하는 여정이기도 하다. 플랫폼은 인간 사회의 축소판이기 때문이다. 플랫폼이 중요한 것은 인간이 그렇게 활용하고 있기 때문이다. 책의 마지막 장에 도달하게 되면, 독자 여러분은 이 말이 무슨 뜻인지 알 수 있을 것이다.

이 책이 독자 여러분께 플랫폼의 관점에서 기술, 비즈니스, 인간, 사회에 대한 새로운 시각을 제공한다면 무척 기쁘겠다. 혹시라도 책에 부족한 부분이 있다면 독자 여러분이 너그러이 이해해 주시길 바랄 뿐이다.

마지막으로 이 책을 세상에 나오게 한 ㈜대성과 이향숙 팀장님께 감사를 전하고 싶다.

또한 이 책을 집필하는 데 정신적으로 든든한 힘이 되어 준 Min, 삼성전자에서 나의 상사였고 내가 인생에서 가장 존경하는 분이지만 이젠 고인이 되어 만날 수 없는 고 박희섭 상무님, 그리고 이 책을 선택한 독자 여러분께 깊은 감사의 마음을 전한다.

비가 내리는 새벽에, 류한석

PART » **01**

플랫폼은 무엇이고
어떤 기능을 하는가?

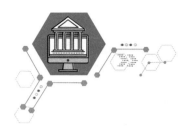

구글을 막강한 **권력자**로 만든
주역은 **플랫폼**

"**구글이 안드로이드를** 시장에 선보이기 전에 우리 회사에 찾아왔었어요. 스마트폰을 만들어 달라고요. 내용을 보니 사업적으로 구미가 당기질 않아서 거절했지요. 그랬는데도 구글 본사 사람들이 몇 번이나 한국까지 찾아와서 사정을 하더군요. 그래서 내부적으로 몇 차례 더 진지하게 검토를 하긴 했지만, 어쨌든 당시로서는 하지 않는 것이 맞는다고 판단했습니다."

"아쉬운 대목이네요."

"그런데 불과 2년 만에 구글의 태도가 확 바뀌더군요."

"어떻게요?"

"안드로이드가 시장에 나오기 전에는 한국까지 몇 번이나 찾아와서 사정을 하고 그랬는데 이제는, 좀 과장해서 말하면, 그냥 종이 한 장 보내고 말아요. '할래? 말래?'라는 식으로 한번 물어보고, 우리가 바로 긍정적인 답변을 하지 않으면 그걸로 그냥 끝이에요."

"그래도 지금은 물어보기라도 하잖아요. 어쩌면 머지않아 물어보는 일조차 없을지도 모릅니다."

"……."

이 이야기는 수년 전, 내가 A기업(국내 양대 전자기업 중 한 곳)의 요청을 받아 스마트폰 사업부 임원들을 대상으로 강의를 한 후, 스마트폰 사업을 총괄하던 임원(지금은 퇴사했다)과 나눈 실제 대화의 일부다. 그리고 구글과 A기업 사이에 있었던 이 일은 마치 데자뷰처럼 지금도 어디에선가 벌어지고 있을 테고, 앞으로도 계속 반복될 것이다.

안드로이드가 시장에 출시되기 전, 휴대폰 업계에서 구글은 아무 것도 아니었다. 한마디로 존재감이 없는 기업이었다. 하지만 안드로이드가 시장에서 성공하고, 전 세계 스마트폰 운영체제 점유율 1위를 차지하면서 구글은 아주 짧은 시간에 막강한 권력자가 됐다. 그렇게 될 수 있었던 이유는 바로 '플랫폼'에 있다.

플랫폼 기업의 실체와 그들이 시장을 지배하는 원리를 알면 기술, 비즈니스, 시장에 대한 많은 비밀을 이해할 수 있다.

다른 곳으로 진출하기 위해 이용하는 수단

플랫폼의 어원은 프랑스어 'plateforme'로 'plat'(영어의 flat)과

'forme'(영어의 form)이 합쳐진 말이다. 플랫폼은 '주변보다 높은 평평한 장소'라는 사전적 의미를 갖고 있으며, 강연을 하는 사람이 올라서도록 약간 높게 만든 자리, 즉 강단, 연단, 발판 등을 지칭하는 말로 쓰인다.

플랫폼의 의미는 계속 확장되고 있지만, 사전적 의미 중에서도 '발판'이야말로 플랫폼을 가장 잘 표현하는 말이라고 볼 수 있다.

《표준국어대사전》(국립국어원)에 의하면, '발판'은 '어떤 곳을 오르내리거나 건너다닐 때 발을 디디기 위해 설치해 놓은 장치' 또는 '다른 곳으로 진출하기 위해 이용하는 수단을 비유적으로 표현'할 때 쓰인다고 되어 있다. 이 두 가지 뜻은 모두 플랫폼의 본질적 특성을 잘 나타내고 있으므로 플랫폼의 의미를 탐구하는 여정에서 길을 잃지 않으려면 잘 기억해 두어야 한다. 앞으로 우리가 살펴보게 될 다양한 플랫폼이 어떤 외형을 띠고, 어떤 역할을 수행하든지 그 내면에는 '발판'이라는 특성이 담겨 있기 때문이다.

플랫폼이라고 하면 많은 사람들이 기차역의 플랫폼을 가장 먼저 떠올린다. 기차역의 플랫폼은 승강장을 의미하는 말로, 승객이 타고 내리는 장소이며, 이는 플랫폼이 가진 원래의 뜻인 '발판'의 연장선에 있다고 볼 수 있다.

같은 맥락에서 게임 업계에서는 '플랫폼 게임' 또는 '플랫포머(Platformer)'라는 용어가 사용된다. 플랫폼 게임이란, 플랫폼(발판)이 등장하고 캐릭터가 이 발판 사이를 점프하고 장애물을 피하면서 진행되는 게임 장르다. 대표적인 플랫폼 게임이 닌텐도의 "슈퍼마리오"다.

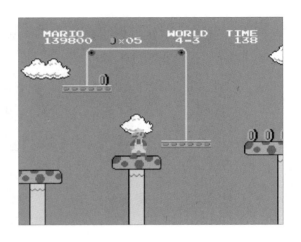

플랫폼 게임의 대명사, 닌텐도의 "슈퍼마리오"

컴퓨터, 인터넷의 등장이 가져온 플랫폼

컴퓨터가 등장하면서 컴퓨터 업계에서는 플랫폼을 '컴퓨터 시스템의 기반이 되는 하드웨어 또는 소프트웨어'를 뜻하는 말로 사용하기 시작한다. PC에 탑재되어 두뇌의 역할을 수행하는 CPU(Central Processing Unit)와 스마트폰에 탑재되는 모바일 AP(Application Processor)는 대표적인 하드웨어 플랫폼 사례다. 소프트웨어 플랫폼의 대표적인 사례는 운영체제(OS)로서 윈도우, 안드로이드, iOS 등과 같은 제품이 있다. 여기에서 기억할 점은 플랫폼의 의미에 있어 '발판'이라는 개념과 같은 맥락에서, 컴퓨터 업계에서는 '기반'이라는 개념이 중요한 의미로 사용되기 시작했다는 사실이다.

인터넷이 등장하면서 플랫폼의 개념은 또 한차례 확장된다. 인터넷 업계에서는 야후와 같은 포털 서비스, 페이스북과 같은 SNS(Social Network Service), 이베이와 같은 커머스 서비스를 플랫폼이라 부른다. 사용자들이 서로 만나 상호작용이 일어나는 공간, 판매자와 구매자가 만나 거래가 창출되는 공간으로서의 의미, 즉 '매개'라는 개념으로 플랫폼이라는 용어를 사용하고 있는 것이다.

발판, 기반, 매개라는 플랫폼의 뜻은 모두 일맥상통한다고 볼 수 있다. 예를 들어 설명하면, 강단(발판)은 강연자와 청중이 만나 상호작용이 이뤄지는 공간이다. 운영체제는 애플리케이션을 개발하고 구동할 수 있는 기반이면서, 디바이스(기기)와 애플리케이션을 매개하는 역할을 할 뿐만 아니라 애플리케이션 개발자와 사용자를 매개한다. 결국, '매개'라는 의미는 완전히 새로운 개념이 아니라 플랫폼의 본질에서 비롯된 것이다. 최근에는 인터넷 서비스의 확산으로 인해 매개라는 개념에 좀 더 초점을 맞춰 얘기하는 경우가 많아지고 있다.

플랫폼이라는 말을 차용하는 분야는 계속 늘어나고 있다. 이미 여러 산업에서 기반 또는 매개라는 의미로 플랫폼이라는 용어를 사용한다. 플랫폼은 문화, 예술, 경영학, 사회학 등 다양한 분야에서 학문적으로 연구되고 있으며 실제 명칭으로도 사용되고 있다.

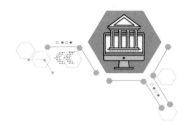

플랫폼의 외형과 역할

플랫폼의 구분에는 여러 관점이 존재하지만, 여기에서는 외형과 역할이라는 두 가지 관점에서 플랫폼을 구분해 보기로 한다.

외형에 따른 구분:
현실계·하드웨어·소프트웨어·인터넷 서비스 플랫폼

외형의 관점에서 플랫폼의 유형은 다음과 같이 네 가지로 구분해 볼 수 있다.

첫째, 현실계(Physical World) 플랫폼이다. 'Physical World'는 물질계, 실제 세상, 현실 세계 등으로도 해석할 수 있다. 현실계 플랫폼이란 쉽게 말해 물리적 실체가 있는 플랫폼이다. 그것은 물리적 공간일 수도 있고 제품 형태일 수도 있다. 전통적인 백화점, 부동산 중개업소, 결혼 정보 회사, 직업소개소, 지류(종이) 상품권 등이 이에 해당된다.

백화점은 여러 브랜드를 입점시켜 소비자와의 상거래를 매개하는 역할을 한다. 상품권은 매장과 소비자 사이에서 결제를 매개한다. 부동산 중개업소는 판매자와 구매자를 매개해 부동산 거래가 이뤄지도록 한다. 이외에도 오프라인에는 수많은 현실계 플랫폼들이 존재한다. 너무 많아서 일일이 언급하는 것이 곤란할 정도다.

'매개'라는 관점에서 오프라인 업종을 주의 깊게 살펴보면, 상당수의 비즈니스가 플랫폼에 해당됨을 알 수 있다. 하지만 막상 백화점, 부동산 중개업소 등과 같은 업계에서는 플랫폼이라는 말을 거의 사용하지 않으며, 플랫폼의 뜻조차 모르는 경우가 대부분이다. 그들 스스로 플랫폼이라는 것을 인지하고 있는가 하는 점은 그리 중요하지 않다. 그들은 자신들의 비즈니스 모델로 충실히 사업을 하고 있으며, 플랫폼이라는 말을 모른다고 사업을 못하는 것도 아니다. 또한 그들이 플랫폼이라는 말을 사용하지 않는다고 해서 그들의 사업이 플랫폼이 아닌 것도 아니다. 그들이 알든 모르든 그들은 플랫폼을 통해 수익을 올리고 있다.

둘째, 하드웨어 플랫폼이다. CPU, 모바일 AP, 콘솔 게임기, 전자책 전용단말기 등이 이에 해당된다. PC에 사용되는 CPU나 스마트폰, 태블릿 등에 사용되는 모바일 AP는 해당 디바이스에서 '기반'으로서의 성격을 갖는다. 모바일 AP는 여러 가지 시스템 장치를 제어하는 칩과 CPU를 하나의 칩에 모두 포함하여 만든 것(System-On-Chip)

이다. 스마트폰이 작동되기 위해서는 모바일 AP가 탑재되어야 한다. 또한 모바일 AP를 구동시킬 수 있는 운영체제도 탑재되어야 애플리케이션을 설치하고 실행할 수 있다.

그런데 CPU, 모바일 AP에 최종 사용자가 직접 접근할 수는 없으며 그럴 필요도 없다. 사용자는 운영체제 또는 그 위에서 구동되는 애플리케이션을 이용할 뿐이다. 개발자의 경우에도 개발도구(SDK: Software Development Kit)를 이용해 애플리케이션을 개발할 뿐, 일반적으로 CPU나 모바일 AP를 직접 제어하진 않는다.

CPU, 모바일 AP는 부품 형태의 하드웨어 플랫폼인 반면에 XBOX, 플레이스테이션과 같은 가정용 콘솔 게임기, 그리고 킨들과 같은 전자책 전용단말기는 완제품 형태의 하드웨어 플랫폼이다. 콘솔 게임기를 생각해 보자. 다양한 게임 제작사들은 특정 게임기 업체가 제공하는 개발도구로 게임을 만들어 공급하고, 게이머는 이를 구매해 게임을 즐긴다. 즉, 게임기는 게임 제작사와 게이머를 매개하고 있는 것이다. 전자책 전용단말기도 마찬가지로 출판사와 독자를 매개하는 역할을 한다.

이처럼 부품 형태인 CPU, 모바일 AP는 '기반'으로서의 성격이 강한 반면에, 완제품 형태인 콘솔 게임기나 전자책 전용단말기는 '매개'로서의 성격이 강하다. 간단히 말해, 하드웨어 플랫폼은 기반 또는 매개의 성격을 가진 실물의 IT 제품이라고 표현할 수 있다.

셋째, 소프트웨어 플랫폼이다. 윈도우, 안드로이드, iOS 등과 같은 운영체제가 대표적이며, 어도비의 플래시와 같은 미들웨어

(Middleware, 운영체제와 애플리케이션의 사이에서 양쪽을 매개하는 역할을 한다), 오라클과 같은 데이터베이스 소프트웨어도 이에 해당된다. 이들은 '기반'으로서의 성격을 가진 소프트웨어인데, 다른 일반적인 소프트웨어와의 차이점은 애플리케이션을 만드는 개발환경과 애플리케이션을 실행하는 구동환경을 제공한다는 것이다.

소프트웨어 플랫폼을 기반으로 개발자들은 다양한 애플리케이션을 개발하고 사용자들은 이를 이용한다. 사용자들이 PC, 스마트폰, 태블릿 등의 스마트기기를 사용하는 이유는 사용자의 다양한 욕구를 충족시키는 수많은 애플리케이션이 존재하기 때문이다. 이는 스마트워치, 스마트글래스(안경 형태), 스마트카 등의 다른 기기에서도 마찬가지다. 애플리케이션을 개발하고 구동하는 환경을 제공한다는 점에서, 소프트웨어 플랫폼이 얼마나 중요한지 이해할 수 있다.

넷째, 인터넷 서비스 플랫폼이다. 네이버 또는 다음과 같은 포털 서비스, 페이스북 또는 카카오스토리와 같은 SNS, 이베이 또는 11번가와 같은 커머스 서비스 등 매개 공간의 성격을 가진 인터넷 서비스들이 이에 해당된다.

인터넷 서비스 플랫폼은 소프트웨어로 만들어지고 가상공간(컴퓨터의 메모리와 하드디스크)에 존재한다는 점에서 소프트웨어 플랫폼과 유사하게 느껴질 수 있다. 하지만 소프트웨어 플랫폼은 운영체제, 미들웨어 등의 형태로서 개발환경을 제공하는 소프트웨어를 뜻하는 반면에, 인터넷 서비스 플랫폼은 사용자들을 매개하는 인터넷 서비스를 뜻한다.

지금까지 살펴본 내용을 정리하면, 현실계 플랫폼은 비IT(Non-IT) 플랫폼이고, 하드웨어 플랫폼과 소프트웨어 플랫폼, 인터넷 서비스 플랫폼은 모두 IT 플랫폼이다. 하드웨어 플랫폼은 실물 형태의 제품으로 존재하는 반면에, 소프트웨어 플랫폼과 인터넷 서비스 플랫폼은 실물이 아니며 가상공간에 존재한다. 이를 요약하면 다음과 같다.

(1) 현실계 플랫폼은 IT 플랫폼이 아닌 실제 세상의 물리적인 플랫폼을 뜻한다. 우리가 오프라인 환경에서 이용하는 플랫폼이다.

(2) 하드웨어 플랫폼은 부품 또는 완제품의 실물 형태로 존재하는 플랫폼이다.

(3) 소프트웨어 플랫폼은 개발자들이 애플리케이션을 만들 수 있도록 하는 기반이자 애플리케이션을 구동하는 기반이 되는 플랫폼이다.

(4) 인터넷 서비스 플랫폼은 사용자들을 매개하는 인터넷 서비스로서의 플랫폼이다.

역할에 따른 구분: 기반형·매개형·복합형 플랫폼

플랫폼은 그 역할에 따라 크게 기반형, 매개형, 복합형의 세 가지로 나눌 수 있다. 이는 앞서 살펴본 '기반'과 '매개'라는 플랫폼의 개

넘을 바탕으로 유형화한 것이라 볼 수 있다.

첫째, 기반형 플랫폼이다. 사용자가 요구하는 기능을 구현하는 기반으로서의 플랫폼이다. 이해하기 쉬운 사례로 윈도우나 안드로이드 같은 운영체제, 그리고 CPU, 모바일 AP 등을 들 수 있다. 외형의 관점에서 보면 운영체제는 소프트웨어이고 CPU는 하드웨어이지만, 역할의 관점에서 보면 모두 기반형 플랫폼이다.

운영체제 개발사는 해당 운영체제에 최적화된 개발도구를 제공하고, 외부 개발자들은 개발도구로 다양한 애플리케이션을 만든다. 그렇게 만들어진 애플리케이션은 운영체제를 기반으로 구동된다. 즉, 운영체제는 애플리케이션의 개발 기반이자 실행 기반인 것이다.

어떤 소프트웨어가 기반형 플랫폼인가 아닌가를 구분하는 기준은 비교적 명확하다. 만일 어떤 소프트웨어가 다른 소프트웨어에 자신의 기능 전부 또는 일부를 제공한다면 그것은 기반형 플랫폼이다.

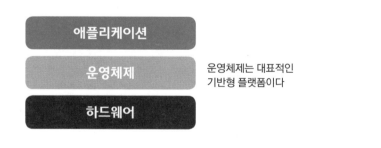

계층구조와 기반형 플랫폼으로서의 운영체제

하지만 계층구조에서 최상위에 존재하는 소프트웨어는 그런 역할을 갖지 않기 때문에 기반형 플랫폼이 아니며, 일반적인 소프트웨어 내지는 애플리케이션이다.

여기에서 용어에 혼동이 없도록 잠시 부연하자면, '소프트웨어'란 운영체제와 애플리케이션 등 프로그래밍 언어를 이용해 코드로 만들어진 모든 것을 의미하는 포괄적인 용어다. 반면에 '애플리케이션'은 비즈니스, 게임 등 특정 목적을 위해 개발된 응용프로그램을 의미하는 용어다. 즉, '운영체제=소프트웨어'이지만 '운영체제=애플리케이션'은 아닌 것이다.

이처럼 모든 소프트웨어가 기반형 플랫폼은 아니지만, 모든 소프트웨어 플랫폼은 기본적으로 기반형 플랫폼이다. 외형과 관계없이 다른 제품에 자신의 기능을 제공하는 기반으로서의 역할을 한다면 그것은 기반형 플랫폼인 것이다.

둘째, 매개형 플랫폼이다. 이는 사용자들을 매개해 상호작용을 창출하는 공간으로서의 플랫폼이다. 이해하기 쉬운 사례로 페이스북, 카카오스토리와 같은 SNS를 꼽을 수 있다. 또한 11번가, G마켓과 같은 오픈마켓도 매개형 플랫폼이다.

오픈마켓에는 크게 판매자 그룹과 구매자 그룹이 있으며, 오픈마켓이라는 공간을 통해 서로 연결되고 상거래가 이뤄진다. 매개형 플랫폼이 제대로 작동되기 위해서는 분명한 목적을 가진 다수의 사용자들이 참여해야 하며, 또한 그들의 욕구가 플랫폼에서 실현되어야 한다. 예를 들어 판매자 입장에서는 플랫폼을 통해 보다 많은 소비자를 대상으로 물건을 팔 수 있어야 하고, 마찬가지로 구매자 입장에서는 플랫폼을 통해 보다 저렴하게 다양한 물건을 구매할 수 있어야 한다. 현실계 플랫폼인 백화점도 입점 브랜드와 소비자를 매개한다는 점에서 매개형 플랫폼이다. 물론 백화점은 오픈마켓과 달리 가격이 저렴하지는 않지만, 대신 친절한 상품 설명과 체험, 교환 및 환불의 편의성 등 고객 서비스의 차별화로 수요를 창출하고 있다.

플랫폼의 매개 공간으로서의 성격은 날이 갈수록 중요해지고 있다. 그 이유는 인터넷 때문이다. 인터넷은 기본적으로 사용자들을 연결해 커뮤니케이션을 증대시키고, 콘텐츠 생산을 독려하고, 그렇게 만들어진 콘텐츠를 매개로 새로운 커뮤니케이션을 만들어 낸다. 그리고 그러한 모든 과정은 결국 소비 행위로 귀결된다. 이것이 인터넷에서 매개형 플랫폼이 급속도로 퍼져 나가면서 커다란 수익을

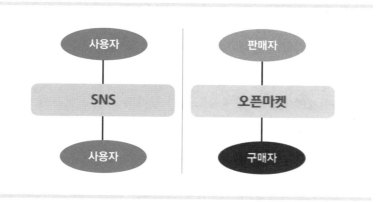

SNS와 오픈마켓은 대표적인 매개형 플랫폼이다.

올리고 있는 이유다.

셋째, 복합형 플랫폼이다. 이것은 기반형 플랫폼과 매개형 플랫폼의 성격을 복합적으로 갖고 있는 플랫폼이다. 대부분의 분야에서 플랫폼의 궁극적인 지향점이 바로 '복합형 플랫폼'이다. 즉, 기반형 플랫폼으로서 애플리케이션 생태계를 장악하고, 매개형 플랫폼으로서 서비스를 통해 지속적인 수익을 창출하는 것이다.

복합형 플랫폼은 다음 중 하나의 방식으로 등장한다. (1)기반형으로 시작하여 매개형의 성격을 갖춤으로써 복합형으로 진화하거나, (2)매개형으로 시작해 기반형의 성격을 갖춤으로써 복합형으로 진화하거나, (3)또는 아예 처음부터 기반형과 매개형의 성격을 모두 갖춘 복합형으로 시작하는 것이다.

기반형으로 시작해 복합형이 된 사례는 윈도우다. 윈도우는 윈도

복합형 플랫폼이야말로 궁극적인 유형이다.

우7까지만 해도 운영체제 자체에 특별한 매개형 서비스를 내장하지는 않았다. 하지만 윈도우8부터 윈도우 스토어를 내장하기 시작하면서 복합형 플랫폼이 되었다.

　매개형으로 시작해 복합형이 된 사례는 페이스북이다. 페이스북은 한낱 SNS로 시작했지만, 나중에 페이스북 애플리케이션의 개발 환경을 공개하면서 기반형의 성격을 성공적으로 갖추게 되었다. 현재의 페이스북은 단순한 SNS가 아니며, 그 위력은 바로 복합형 플랫폼에서 나오고 있다. 자세한 사항은 뒤에서 다시 살펴볼 것이다.

　처음부터 복합형으로 등장한 사례는 안드로이드다. 안드로이드마켓(현 구글플레이)은 앱 판매자(개발자)와 구매자(사용자)를 매개한다는 측면에서 매개형 플랫폼이다. 안드로이드는 1.0 시절부터 운영체제에 안드로이드마켓이 통합되어 복합형으로 출발한 플랫폼이다.

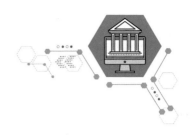

모두가 탐내는
IT 플랫폼은 'OS'

IT 업계에서는 플랫폼이라는 용어를 운영체제(OS: Operating System)와 거의 동의어로 쓸 정도로 운영체제의 중요성은 아무리 강조해도 지나치지 않다. 운영체제는 하드웨어와 애플리케이션 사이에 존재하면서, 하드웨어를 제어하고 애플리케이션을 실행하는 기능을 담당한다. 운영체제는 PC, 스마트폰, 게임기, 서버, 자동차, TV, 가전, 사물인터넷, 드론, 로봇 등 하드웨어와 소프트웨어가 이용되는 거의 모든 분야에서 찾아볼 수 있다.

운영체제가 존재하기 때문에 다양한 애플리케이션이 손쉽게 개발되고 구동될 수 있고, 또한 다양한 개발자와 사용자가 어우러져 생태계가 구축될 수 있는 것이다. 기계의 관점에서는 하드웨어와 애플리케이션을, 인간의 관점에서는 개발자와 사용자를 연결한다는 점에서 운영체제는 IT 플랫폼 중에서도 가장 중요한 역할을 수행하는 존재다.

세계 최초의 운영체제는 1956년 제너럴모터스 연구소에 의해 개발된 GM-NAA I/O다.[1] 이 운영체제는 메인프레임(Mainframe, 다수의 단말기를 연결해 사용할 수 있는 대형 컴퓨터) IBM 704를 위한 것이었다. 컴퓨터가 개발된 초창기에는 과학자, 엔지니어 등의 특정 전문가 직종에서만 컴퓨터를 사용했기 때문에 대부분의 사람들은 운영체제가 무엇인지도 몰랐고 알 필요도 없었다. 그러나 개인용 컴퓨터가 보급되면서 MS-DOS, 윈도우 등의 운영체제가 일반인들에게도 중요한 기술로 인식되기 시작했다.

운영체제는 하드웨어를 제어하고 애플리케이션을 구동한다.

우리가 지금 사용하는 PC의 조상인 IBM PC에서 사용됐던 MS-DOS는 명령프롬프트(Command Prompt)에서 일일이 키보드로 모든 명령을 타이핑해야만 했다. 하지만 GUI(Graphical User Interface)를 탑재한 윈도우가 대중화되면서 운영체제의 사용이 간편해졌고 애플리케이션의 사용자 인터페이스에도 많은 변화가 일어났다.

컴퓨터 시스템을 관리하는 보스

기본적으로 운영체제는 다음과 같은 다섯 가지 기능을 제공한다.

(1) 컴퓨터를 부팅한다.

(2) 장치드라이버를 통해 마우스, 키보드 등 주변기기를 관리한다.

(3) 애플리케이션에 컴퓨터의 메모리, CPU, GPU 등의 자원을 제공하고 관리한다.

(4) 데이터를 저장하고 불러오는 등 파일을 관리한다.

(5) 명령프롬프트, GUI 등의 사용자 인터페이스를 제공한다.

운영체제를 기반으로 사용자가 원하는 작업을 수행하기 위해서는 적절한 애플리케이션이 필요하다. 대부분의 운영체제에는 기본적인 애플리케이션이 미리 탑재되어 있다. 예를 들어 윈도우의 메모장, 계산기 등과 같은 프로그램을 꼽을 수 있다. 하지만 그것만으로 사용자의 욕구를 충족시킬 수는 없다.

다양한 사용자의 다양한 욕구를 충족시키기 위해서는 그 이상의 다양한 애플리케이션이 개발되어야 하기 때문에, 모든 운영체제는 애플리케이션을 개발하기 위한 API(Application Programming Interface)를 제공한다. API는 시스템을 제어하기 위한 프로그래밍용 함수로, 운영체제가 제공하는 API 사양에 맞춰 개발자는 프로그램을 작성하게 된다. 소프트웨어 개발도구(SDK: Software Development Kit)는 API를 비롯해 개발에 필요한 도구들을 묶어 놓은 일종의 개발도구 모음인데, API와 거의 비슷한 의미로 사용되고 있다. 개발자들에게는 무척이나 익숙한 용어들이다.

여기에서 가장 중요한 사항은, 운영체제와 같은 기반형 플랫폼에는 언제나 소프트웨어 개발도구(또는 API)가 하나의 세트처럼 포함되어 있다는 사실이다. 앞에서 '기반형 플랫폼이란 사용자가 요구하는 기능을 구현하는 기반으로서의 플랫폼'이라고 했는데, 사용자가 요구하는 기능을 플랫폼을 통해서 구현할 때 개발자가 이용하는 것이 바로 소프트웨어 개발도구인 것이다.

사용자는 (1)운영체제가 제공하는 사용자 인터페이스, (2)운영체제를 만든 기업이 제공하는 애플리케이션, (3)독립 개발업체(또는 개인 개발자)가 만든 다양한 애플리케이션을 사용해 자신의 욕구를 충족시킨다. 예를 들면, 구체적인 제품으로 (1)윈도우 (2)MS오피스 (3)포토샵을 꼽을 수 있다. 또는 (1)안드로이드 (2)유튜브 (3)앵그리버드를 생각해 볼 수 있다. 독립 개발업체가 만든 애플리케이션은 운영체제를 만든 기업이 아닌 제3자가 만들었다는 의미에서 '써드파티 애플리케이션(Third Party Application)'이라고도 한다.

운영체제를 제공하는 플랫폼 기업은 다양한 방법으로 수익을 올릴 수 있다. 마이크로소프트처럼 윈도우를 개별적인 상품으로 패키징해 고가에 판매하거나, 애플처럼 자사의 하드웨어 및 서비스를 강력히 결합해 하드웨어를 더 많이 판매하고 또한 아이튠즈와 같은 서비스를 통해 수익을 올릴 수도 있고, 구글처럼 모바일 광고 및 구글플레이를 통해 수익을 올릴 수도 있다. 애플이나 구글은 유료 앱 구매 또는 앱 내에서 결제가 진행되는 인앱(In-App) 구매가 발생할 때 일정 수수료를 받아 수익을 올린다. 닌텐도와 같은 게임기 업체는 비슷한 방법으로 써드파티 업체의 게임 판매량에 따른 라이선스 수익을 올린다.

OS가 플랫폼으로서
최고의 지위를 누리는 이유

운영체제는 하드웨어 및 소프트웨어로 구성된 시스템을 구동하는 핵심 엔진이다. 운영체제가 플랫폼으로서 최고의 지위를 누리는 이유로 크게 두 가지를 꼽을 수 있다.

첫째, 운영체제 없이는 시스템이 작동될 수가 없다. 운영체제는 반드시 거쳐야 하는 길목을 차지하고 있다. 운영체제 없이 하드웨어를 제어할 수 없고, 운영체제 없이 애플리케이션을 구동할 수 없다. 기반 중의 기반이며, 플랫폼 중의 플랫폼인 것이다.

둘째, 운영체제는 소프트웨어 개발도구(SDK)를 통해 애플리케이션을 계속 만들어 냄으로써 시스템이 지속적인 확장성을 지니게 한다. 모든 운영체제는 SDK를 제공하고 개발자들은 이를 이용해 다양한 애플리케이션을 만들어 무료로 공개하거나 돈을 받고 판다. 사용자는 자신이 필요한 애플리케이션을 마음대로 택해 이용할 수 있다.

만일 어떤 운영체제가 충분한 사용자를 확보하게 되면, 이후부터는 운영체제를 만든 업체가 그리 노력하지 않아도 개발자들이 스스로 자가발전하여 새로운 애플리케이션을 계속 개발·보급하는 '선순환의 메커니즘'이 구축된다. 개발자가 애플리케이션을 개발해 돈을 벌거나 명성을 얻을 수 있는 기반이 마련됐기 때문이다. 이러한 선순환을 달성한 운영체제는 그 수명이 다하는 한 언제까지나 계속해서 새로운 애플리케이션을 공급받을 수 있게 된다. 그렇기 때문에 운영체제가 한번 자리를 잡으면, 실패하고 싶어도 실패하기가 어려울 정도로 탄탄한 지위를 갖게 된다. 끊임없이 새로운 애플리케이션이 공급되고 이를 통해 사용자를 잡아 둘 수 있기 때문이다.

추가적으로, 운영체제와 관련해 흥미로운 트렌드 중 하나는 기반형 플랫폼의 대표 주자인 운영체제가 이제는 복합형 플랫폼으로 진화하고 있다는 사실이다. MS-DOS, 윈도우7 등과 같은 과거의 운영체제는 특별히 매개형 플랫폼이라 할 만한 특성을 갖추고 있지 않았다.

그런데 애플이 자사의 기기에 사용하는 iOS에 아이튠즈 스토어(iTunes Store), 앱스토어(App Store), 페이스타임(FaceTime) 등과 같은 서비스를 포함시키면서, 운영체제 내에 매개형 플랫폼으로서의 기능 즉 '사용자들을 매개해 상호작용을 창출하는 공간'을 명확히 갖추게 됐다. 이후 등장한 안드로이드도 마찬가지로 구글플레이를 내장하고 있다. 이에 영향을 받아 데스크톱 운영체제인 윈도우8, 윈도우10도 이전 버전들과는 달리 윈도우 스토어를 포함해 출시됐다.

최신 운영체제들에서 매개형 플랫폼의 기능을 포함해 복합형 플랫폼이 되는 게 일종의 유행이 된 것이다. 이처럼 플랫폼은 계속 변화하고 발전하고 있다. 그러므로 언제나 열린 마음으로 플랫폼을 바라봐야 한다.

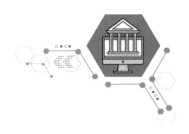

인터넷 최고의 **비즈니스 모델** **'오픈마켓'**

국내에서는 11번가, 옥션, G마켓과 같이 다수의 판매자가 입점해 다수의 구매자를 상대로 제품을 판매하는 쇼핑몰을 오픈마켓(Open Market)이라 한다. 그런데 이것은 한국식 영어로, 거의 국내에서만 쓰이는 표현이다. 영어에도 오픈마켓이라는 용어가 있긴 하지만, 그것은 경제학에서 얘기하는 공개시장을 뜻한다. 완전히 다른 의미다. 경제학에서의 공개시장은 자유로운 시장 활동을 하는 데 있어서 어떤 장벽(예를 들면 관세, 법적 요구사항, 노조 등)도 없는 경제 시스템을 뜻한다.[2]

해외에서는 이베이처럼 경매 기능이 있는 사이트는 온라인 경매 웹사이트라고 하고, 그 외에는 온라인 쇼핑 웹사이트라고 한다. 어쨌든 여기에서는 국내식의 오픈마켓이라는 표현을 사용하기로 한다.

다수의 판매자와
저렴한 가격이 가장 큰 강점

　판매자와 구매자를 매개해 상거래를 창출하고 그 과정에서 발생하는 판매자 수익의 일정 부분을 수수료로 받는다는 점에서, 오픈마켓은 대표적인 매개형 플랫폼이다. 오픈마켓이 일반적인 온라인 쇼핑몰과 다른 점은, 오픈마켓은 플랫폼만 제공하는 대신 상대적으로 적은 수수료를 받기에 판매자가 보다 저렴하게 상품을 판매할 수 있다는 점이다.

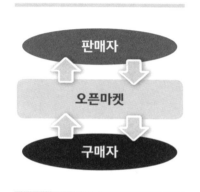

오픈마켓은 판매자와 구매자를 매개해 수익을 창출하는 전형적인 매개형 플랫폼이다.

　오픈마켓이 아닌 일반 온라인 쇼핑몰은 운영업체가 판매 상품의 재고를 보관하고 있거나, 또는 소비자가 주문하면 제품 공급업체에 연락해 상품을 구매한 후 발송한다. 이 과정에서 온라인 쇼핑몰은 유통업체의 역할을 하며 구매원가에 적절한 마진을 붙여 판매하게 된다.

이때의 마진은 온라인 쇼핑몰에 따라 그리고 어떤 종류의 상품을 판매하는가에 따라 다 다른데, 일반적으로 오픈마켓 수수료 대비 약 2~5배에 달하는 마진을 붙인다.

　이 같은 차이가 발생하는 이유는 유통 구조가 다르기 때문이다.

오픈마켓은 플랫폼을 통한 상거래의 매개 및 공통 서비스만 제공할 뿐 실제 상품의 발송, 교환, 반품 등은 판매자가 직접 한다. 대신 판매자는 상대적으로 수수료를 적게 내기 때문에 상품의 판매금액을 낮춰 박리다매로 판매할 수 있다. 반면에 일반적인 온라인 쇼핑몰에서는 쇼핑몰 운영업체가 직접 상품을 매입해 발송, 교환, 반품을 처리해야 하기 때문에 관련 비용이 발생한다. 또한 아무래도 오픈마켓에 비해 판매 수량이 많지 않기 때문에 충분한 마진을 확보할 필요가 있는데, 이는 결국 제품 가격에 반영될 수밖에 없다.

오픈마켓이 활성화되기 이전에는 이런 형태의 온라인 쇼핑몰이 주류였다. 하지만 오픈마켓이 저렴한 가격을 무기로 소비자의 호응을 얻어 성장하면서 시장의 판도가 크게 바뀌었다. 실제로 국내 온라인 쇼핑 시장을 살펴보면 11번가, 옥션, G마켓이 가장 큰 비중을 차지하고 있다. 그리고 오픈마켓의 변종이라고 할 수 있는 쿠팡, 티몬, 위메프 등과 같은 소셜커머스가 크게 성장하며 오픈마켓을 추격하고 있는 상황이다.

미국 시장에서는 아마존, 이베이 등이 압도적인 우위를 누리고 있다. 일본의 라쿠텐(Rakuten), 중국의 타오바오(Taobao, 淘宝网) 등도 각각 자국에서 높은 시장점유율을 차지하고 있다. 참고로 아마존은 물건을 직매입(업계에서는 '사입'이라고도 한다)해 판매하는 것과, 오픈마켓 형태로 판매자를 입점시켜 판매하는 방식을 병행하고 있다.

오픈마켓의 수수료는 서비스 제공 업체에 따라 차이가 있다. G마켓의 경우를 예로 들면, 의류 상품은 상대적으로 원가가 낮아 판매자의 마진이 높은 편이기에 약 8~12퍼센트의 수수료를 부과하며 디지털 상품은 원가가 높은 편이기에 약 5~6퍼센트의 수수료를 부과하고 있다. 그 밖에도 오픈마켓 업체들은 상품 등록비를 따로 받거나, 상품을 좋은 위치에 표시해 주거나 이벤트, 배너 광고 등을 제공하는 조건으로 각종 수수료와 광고비를 받음으로써 수익을 올리고 있다.

즉, 오픈마켓의 주 수입원은 (1)상거래를 매개하는 과정에서 발생하는 직간접적인 수수료와 (2)자신의 상품을 더 노출하고 싶어 하는 판매자들이 지불하는 광고비인 것이다.

오픈마켓이 되어 버린 소셜커머스

오픈마켓이라는 용어와 마찬가지로 소셜커머스란 용어도 우리나라에서만 쓰이는 말이다. 해외에도 소셜커머스란 용어가 있기는 하지만, 이는 '소셜미디어를 활용하는 커머스'를 폭넓게 일컫는 광범위한 용어다. 한국처럼 특정 서비스 유형에 한정해 쓰이지는 않는다. 어쨌든 여기에서는 국내식의 소셜커머스라는 표현을 사용하기로 한다.

한국에서 초기의 소셜커머스는 그루폰(Groupon)의 비즈니스 모델을 모방한 형태로 출발했다. 그루폰은 지역 상점의 상품(또는 서비스)을 반짝 세일하는 쇼핑몰로서, 사업 초기에는 하루에 하나의 거래(Deal)만 다루었기 때문에 '딜오브더데이(Deal-of-the-day)', '원딜어데이(One-Deal-a-Day)' 등으로 불렸다. 반짝 세일이라는 의미에서 '플래시세일(Flash Sale)'이라 부르기도 했다.

국내의 소셜커머스 업체들도 시장 초기에는 이런 형태의 사업을 했으나 현재는 '딜오브더데이'라는 말이 전혀 맞지 않을 정도로 사업 형태가 바뀌었다. 사업 초기와 마찬가지로 지역 딜을 취급하기는 하나 그것은 구색 갖추기 수준이고, 실제 매출의 대부분은 오픈마켓과 마찬가지로 공산품, 식료품 등 다양한 종류의 실물 상품을 판매함으로써 얻고 있다. 단지 오픈마켓에 비해 취급하는 상품의 종류가 상대적으로 적고 판매자의 진출입이 덜 자유로울 뿐이지, 그 외에는 큰 차이를 찾을 수 없을 정도로 오픈마켓과 유사해진 상태다.

현재의 한국형 소셜커머스는 비즈니스 모델의 관점에서 사실상 오픈마켓과 사업 영역이 겹친다. 소비자들 또한 오픈마켓과 소셜커머스 간의 차이점을 느끼기 어렵다. 단지, 소셜커머스의 사용자 인터페이스가 좀 더 집중력이 높고, 그래서 모바일에서 이용하기 편하고(소셜커머스 업체의 경우 모바일 매출 비중이 80퍼센트가 넘는다), 지역 딜도 구매할 수 있고, 쿠폰을 많이 뿌리는 것 정도를 차이점으로 느낄 뿐이다.

그런데 이런 차이점조차 계속 사라지고 있는 추세다. 얼마 전 쿠팡은 판매자와 소비자를 직접 연결하는 '마켓플레이스' 서비스를 제공하겠다고 밝혔다. 즉, 이는 오픈마켓과 동일한 비즈니스 모델로 사업을 하겠다는 뜻이다.

아직까지는 오픈마켓 빅3(G마켓, 11번가, 옥션)의 총매출과 소셜커머스 빅3(쿠팡, 티몬, 위메프)의 총매출 간에 격차가 있지만, 최근 소셜커머스의 매출이 급속히 증가하고 있는 데다 모바일에서 강세를 보이고 있어, 소셜커머스 업체에 대한 오픈마켓 업체의 견제도 심해지고 있는 상태다.

한 건의 거래가 한 건의 수익을 창출한다

수많은 판매자와 수많은 구매자를 하나의 공간에서 만나게 해 상거래를 창출하고 수수료를 받는 오픈마켓의 비즈니스 모델이야말로 매개형 플랫폼의 정석이라고 할 수 있다. 대부분의 인터넷 비즈니스가 한 푼이라도 벌려면 상당한 시간을 투자해야 하는데(페이스북이나 트위터도 한 푼을 벌 때까지 수년을 기다려야 했다), 오픈마켓의 경우 한 건의 거래를 매개하면 한 건의 수수료 수입이 생기고 더 많은 거래를 매개할수록 그에 비례해서 수입이 늘어나는 구조다.

더욱이 오픈마켓은 한번 자리를 잡고 나면, (조금 과장되게 표현한다면) 망하고 싶어도 쉽게 망할 수 없을 정도로 순탄한 흐름을 타고 사업이 굴러간다. 그 이유는 오픈마켓이 달성한, 다음과 같은 플랫폼 선순환의 메커니즘 덕분이다.

(1) 판매자는 오픈마켓에서 다른 유통채널에 비해 상대적으로 적은

수수료만 지불하면 되기 때문에 보다 저렴한 가격으로 상품을 판매할 수 있다.

(2) 다른 곳보다 저렴하게 물건을 구할 수 있기 때문에 많은 구매자가 몰린다.

(3) 많은 구매자가 물건을 사기 때문에 판매자는 마진을 줄여 판매 금액을 더 낮출 수 있다(박리다매).

(4) 더 저렴해진 가격으로 인해 더 많은 구매자가 몰린다.

(5) 이 과정에서 오픈마켓은 매체 광고, 이벤트, 쿠폰 등을 통해 더 많은 구매자를 불러 모은다.

이렇듯 더 많은 구매자가 더 많은 판매자를 유인하고, 더 많은 판매자가 더 많은 구매자를 유인하는 선순환이 구축되는 것이다. 더 많은 판매자가 모인다는 얘기는 그만큼 경쟁이 치열해지고 가격이 내려간다는 의미다. 그로 인해 더 많은 구매자가 유인되며, 이러한 과정은 계속 반복된다.

오픈마켓이 시장에서 자리를 잡았다는 것은 이러한 메커니즘이 일정 수준의 최적화된 상태에 도달했다는 뜻이다. 그런 오픈마켓 업체라면 오픈마켓 시장이 아예 사라지거나, 또는 커다란 실수를 저질러 상당수의 판매자와 소비자가 동시에 해당 오픈마켓을 떠나거나, 또는 경쟁업체가 압도적인 경쟁력을 확보해 큰 격차가 벌어지는 일이 발생하지만 않는다면, 오랫동안 플랫폼 기업으로서의 기쁨을 맛볼 수 있다.

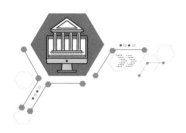

사회적 관계와
일상을 장악한 'SNS'

SNS(Social Network Service)라는 약어도 우리나라에서만 쓰이는 용어 중 하나다. 국내에서는 신문이나 방송에서 SNS라는 약어를 흔히 사용하지만 해외에선 SNS라는 약어를 거의 사용하지 않는다. 아마 외국인들에게 약어로 SNS라고 말한다면 대부분 알아듣지 못할 것이다. 영어권 국가들에서는 주로 소셜미디어(Social Media)라는 용어를 사용한다. 그런데 소셜미디어는 사용자 콘텐츠를 공유하는 웹 2.0 서비스들을 폭넓게 이르는 용어로서 블로그, 유튜브, 팟캐스트(Podcasts) 등을 모두 포함한다. 페이스북과 같은 서비스는 SNS라는 약어 대신 소셜 네트워크라고 표현한다. 어쨌든 여기에서는 국내식으로 SNS라는 표현을 사용하도록 하겠다.

간단히 말해, SNS는 사용자들의 사회적 관계 및 상호작용을 매개하고 이를 촉진하는 서비스다. 사실 모든 종류의 인터넷 서비스는 어느 정도 소셜적인 성격을 갖고 있다. 그런데 SNS와 SNS가 아닌 서비스를 구분하는 중요한 잣대가 있다. 바로 '소셜 그래프(Social Graph)'를 통해 사용자와 다른 사용자와의 관계가 시스템적으로 맺어지고 관리되고 있느냐 하는 것이다.

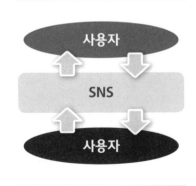

SNS는 사용자들의 사회적 관계를 매개하는 플랫폼이다.

소셜 그래프는 SNS의 핵심

소셜 그래프는 노드(Node)와 링크(Link)로 구성되는데, 여기에서 노드는 SNS에 참여한 개인을 나타내고, 링크는 노드들 간의 관계를 나타낸다. 이러한 소셜 그래프는 SNS의 여러 특성 중 가장 핵심적인 요소라고 할 수 있다.

다른 인터넷 서비스와 달리 SNS는 개인이 중심이다. 이를 이해할 수 있는 가장 손쉬운 방법은 SNS 로그인 시의 초기화면이다. SNS의 초기화면은 바로 사용자 자신의 '마이페이지'다. 예컨대, 네이버도 사용자들을 매개하는 소셜적인 성격을 일부 갖고 있긴 하지만(모든 인터넷 서비스가 어느 정도 소셜적인 성격을 갖고 있음을 상기해 보자), 네이버 서비스 내에서 개인이 타인과 맺는 사회적 관계는 그리 중요하지

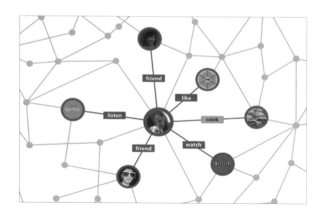

소셜 그래프야말로 SNS의 핵심 요소다.[3]

않다. 한마디로 부가적인 요소다.

　반면에 SNS는 서비스의 초기화면이 개인의 페이지이고, 해당 개인의 사회적 관계를 통해 이뤄지는 활동이 SNS의 궁극적인 목적이다. 그리고 SNS는 사회적 관계 및 상호작용을 통해 사람들의 일상에 깊이 자리매김하고 그것을 기반으로 광고, 커머스, 게임 등의 여러 방법을 통해 수익을 창출한다.

　SNS는 그 성격에 따라 크게 (1)범용 SNS, (2)버티컬(Vertical) SNS로 구분할 수 있다. 범용 SNS는 말 그대로 특정 분야에 국한되지 않고 모든 종류의 사회적 관계로 소셜 그래프를 구축하는 데 반해, 버티컬 SNS는 쇼핑, 게임, 스포츠, 연인, 동창, 회사 동료, 동일 직종 등 특정 분야에 국한된 사회적 관계로 소셜 그래프를 구축한다. 예를 들어 범용 SNS로 페이스북, 카카오스토리 등을 꼽을 수 있고 버티컬 SNS로는 링크드인(LinkedIn), 비트윈(Between, 커플 간의 SNS), 블라인드(Blind, 같은 회사 또는 동종 업계 사람끼리의 SNS) 등을 꼽을 수 있다.

　아무리 SNS라 해도 사회적 관계를 관리하는 것이 그리 쉬운 일은 아니다. 연결된 사람의 액션에 가능한 한 신속하게 리액션을 해야 하고, 오프라인처럼 온라인에서도 역시 꾸준하게 관계를 관리해야 한다. 그렇기 때문에 일반적으로 사용자들은 동일한 성격의 SNS를 여러 개 사용하는 것에 대해 적지 않은 부담을 느낄 수밖에 없다. 그런 이유로 범용 SNS의 경우 대개의 사람들이 한두 개 정도밖에 사용하지 않는다. 버티컬 SNS의 경우에는 자신이 관심을 가진 분야가 얼마나 많은가에 따라, 또한 얼마나 많은 SNS를 동시에 관리할 수 있는가에 따라 다를 수 있다. 사람에 따라서는 버티컬 SNS를 아예 사용하지 않거나(대부분의 사람들은 주로 사용하는 범용 SNS 하나만 관리하는 것으로도 벅차한다), 사용한다고 해도 한두 개 정도인 경우가 대부분이다.

　페이스북이 전 세계의 지배적인 SNS가 된 이유가 바로 여기에 있다. SNS의 특성상 사람들은 '다른 사람들이 많이 참여하는 서비스에 나도 참여해야 한다'라는 생각을 가질 수밖에 없다. 만일 어떤 SNS가 아무리 기능이 뛰어나고 마음에 든다고 할지라도 내가 관계를 맺을 수 있는 타인의 양과 질이 충분하지 않다면 아무런 의미가 없기 때문이다. 그런 이유로 SNS 시장에서는 경쟁에서 이긴 자가 커다란 수익을 올리고 시장에서 강한 영향력을 행사하는 '승자독식' 현상이 특히 두드러지게 나타난다.

매일 접속하는 일상의 플랫폼

SNS 분야에서 시장 지배적인 사업자가 상당한 수익을 가져가긴 하지만, 그렇다고 하더라도 전 세계에서 단 하나의 SNS가 모든 SNS 를 완전히 대체하고 모든 수익을 차지할 수는 없다. 나라마다 문화 적 차이가 존재하는 데다 범용 SNS와 비교해 볼 때 버티컬 SNS의 장 점이 분명히 존재하기 때문이다.

성공적인 버티컬 SNS는 명확한 '소셜 오브젝트(Social Object, 사람 들이 공유하고자 하는 무엇)'를 갖고 있고, 해당 소셜 오브젝트에 부합하 는 사람들만 끌어들여 탄탄한 커뮤니티를 구축한다. 예를 들어 링크 드인이 비즈니스 및 기술 전문가들 간의 사회적 관계로 탄탄한 시장 지위를 차지하고 있다는 사실을 꼽을 수 있다.

시장에는 다양한 SNS가 존재한다. 버티컬 SNS로서 개척할 만한 빈틈은 언제나 발견되고 있다. 또한 각국의 문화에 맞게 최적화된 지역 SNS도 그 나름의 시장 지위를 가질 수 있고, 스마트폰 등과 같 은 새로운 기기가 대중화되면 새로운 라이프스타일에 맞는 새로운 SNS가 등장해 성공하는 현상도 반복되고 있다.

그러한 이유로 전 세계 시장에서는 여전히 수많은 SNS가 계속 등 장하고 있으며, 빈틈의 승자가 되기 위해 치열한 경쟁을 벌이고 있 는 상황이다. 그중 일부는 마이스페이스, 싸이월드, 아이러브스쿨처 럼 한때 정점을 찍은 후 시장에서 사라져 갈 것이고, 대부분은 어떤 두각도 나타내지 못한 채 쓸쓸하게 소멸할 것이다. 이처럼 시장에서는 수많은 SNS들이 동상이몽을 꾸며 경쟁하고 있다.

여기에서 SNS가 갖는 공통되고 중요한 기능을 정리해 보면 다음
과 같다.

(1) 타인과의 관계를 추가하거나 삭제하는 등 관계를 관리할 수
있다.
(2) 사용자가 글, 사진, 동영상 등의 콘텐츠를 등록하면 관계를 맺은
타인에게 자동으로 공유되고, 마찬가지로 타인의 콘텐츠도 나에
게 공유된다. 타인의 콘텐츠에 공감을 표시하거나 피드백을 남
김으로써 관계가 강화된다.
(3) 타인과 개인적인 메시지를 주고받을 수 있다.
(4) 그룹에 참여할 수 있다. 이를 통해 한 개인과의 관계뿐만 아니라
그룹 내 다수와의 관계를 형성하고, 마찬가지로 콘텐츠를 공유
할 수 있다.
(5) 검색 기능을 통해 원하는 콘텐츠를 찾아볼 수 있다. SNS의 검색
기능은 실시간으로 사람들의 관심사를 알 수 있다는 점에서 기존
검색엔진과 차별성을 갖고 있으며 그 중요성이 계속 커지고 있다.
(6) 사용자가 관계를 맺은 타인의 활동 내역을 이메일, 스마트폰 알
림 등을 통해 실시간으로 통지함으로써 사용자가 SNS에 방문하
도록 끊임없이 유도한다.

사람들 간에 콘텐츠를 공유하고 그에 대해 서로 반응하는 바로 그 지점에서 SNS의 중독성이 발현된다. 이 같은 과정을 통해 SNS는 플랫폼 선순환의 메커니즘을 달성하고 있으며, 사람들이 매일매일 접속하는 일상의 플랫폼으로서 강력한 영향력을 행사하고 있는 것이다.

SNS의 수익 모델은 본질적으로는 꽤 단순하다. SNS의 수익 모델은 크게 (1)광고 수익과 (2)커머스, 게임 등의 매개를 통한 결제 수수료 수입으로 나눌 수 있다. 페이스북을 예로 들어 살펴보자. 페이스북은 어떤 SNS보다도 많은 기능을 제공하면서 다양한 방법으로 수익 사업을 전개하고 있다. 그렇지만 수익의 약 90퍼센트 이상이 광고에서 발생하고 있다.[4]

결제 수수료 수입이 증가하는 추세이긴 하지만 광고 수익은 더 빠르게 증가하고 있다. 왜냐하면 광고 수익은 SNS의 모든 사용자를 대상으로 하는 데 반해, 결제 수수료 수입은 해당 기능을 이용한 특정 사용자만을 대상으로 하기 때문이다. 물론 페이스북의 연간 매출액은 10조 원을 훌쩍 뛰어넘는 수준이기에 그 안에서 차지하는 비중이 적다는 뜻일 뿐 결제 수수료 수입이 결코 적은 금액은 아니다.

스마트폰의 대중화로 모바일 광고 수입이 계속 증가하고 있어 당분간은 광고 수익의 비중이 클 수밖에 없다. 하지만 광고 수익의 성장률이 정체되는 시기가 오면 결제 수수료 수입이 더욱 중요해질 것으로 전망된다. 결제 수수료 수입은 어떻게 전략을 수립하고 마케팅을 전개하는가에 따라 증대시킬 여지가 많이 남아 있기 때문이다.

가장 성공적인 SNS에만 있는 기능

앞서 살펴본 SNS의 기능에 일부러 포함하지 않은 내용 중에, 가장 성공적인 SNS만이 추가로 갖고 있는 기능이 있다. 그것은 바로 '소셜 그래프에 기반한 다양한 애플리케이션을 제공함으로써, 타인과의 관계를 기반으로 커머스, 게임 등의 활동을 하도록 만드는 것'이다.

SNS를 플랫폼 삼아 작동하는 소셜 애플리케이션은 써드파티 개발자가 만들어야 한다. 이를 위해 페이스북은 개발자 사이트를 별도로 구축하고 있다. 또한 개발자를 위한 세미나를 개최하고 소프트웨어 개발도구를 제공하며 개발을 독려한다. 이것은 바로 기반형 플랫폼의 대표 사례인 운영체제가 하는 역할과 본질적으로 동일한 것이다. 개발자는 페이스북이 제공한 개발도구로 페이스북의 소셜 그래프를 이용해 페이스북 플랫폼에서 구동되는 애플리케이션을 개발하게 된다. 이와 유사한 사례로, 카카오톡 게임을 생각하면 이해하기 쉬울 것이다.

그렇게 만들어진 소셜 애플리케이션은 완전히 무료로 제공되기도 하고, 또는 유료 결제를 해야만 이용할 수 있는 기능을 갖고 있는 경우도 있다. 그리고 페이스북은 사용자가 소셜 애플리케이션을 이용하면서 결제할 때 발생하는 수익의 일부를 수수료로 받아 챙긴다. 페이스북은 이러한 수익 모델의 원조라 할 수 있다. 애플의 앱스토어도 페이스북에서 영감을 받아 만들어진 것이다.

이는 매개형 플랫폼인 SNS가 소셜 애플리케이션을 개발하고 구동할 수 있는 환경, 즉 기반형 플랫폼의 역할을 추가하여 복합형 플랫폼이 된 것이라 볼 수 있다. 이 단계에 도달해 성공적인 생태계를 구축한 SNS는 오랫동안 막강한 권세를 갖게 된다. 사람들의 사회적 관계와 그 관계에서 발생하는 콘텐츠 및 상호작용을 장악하고 있을 뿐 아니라, 지속적으로 소셜 애플리케이션을 공급함으로써 사용자들을 잡아 둘 수 있는 토대를 마련했기 때문이다. 새로운 소셜 애플리케이션이 계속 공급된다는 것은, 비유하자면 젊은 피를 계속 수혈받는 것과 마찬가지다.

바로 이것이 소셜 애플리케이션 생태계를 성공적으로 갖춘 페이스북과, 그저 단순 SNS에 그쳤기에 오래지 않아 약발이 다한 마이스페이스나 싸이월드와의 가장 중요한 차이점이라고 볼 수 있다.

또한 이것은 그 출발이 기반형이었든 매개형이었든, 다른 역할을 추가해 복합형 플랫폼으로 진화하는 현상과 그것의 중요성을 설명해 준다. 최근의 트렌드를 보면, 운영체제는 인터넷 서비스를 추가해 복합형 플랫폼이 되어 가고 있고, SNS는 소셜 애플리케이션 개발 환경을 추가해 복합형 플랫폼이 되어 가고 있다. 이는 당연한 현상이다. 어떻게든 사용자를 최대한 유인해 잡아 두는 것, 그것이야말로 플랫폼이 원하는 것이기 때문이다.

PART » 02

주요 IT 기업들의
플랫폼 비즈니스

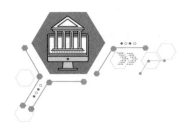

최고의 플랫폼을 만들었던
마이크로소프트의 위기

마이크로소프트(Microsoft)는 세계 최대의 소프트웨어 기업이자 사실상 소프트웨어를 '산업'으로 만들어 낸 장본인이다. 마이크로소프트가 소프트웨어 산업에 끼친 영향은 엄청나다. 마이크로소프트는 플랫폼의 대표적 유형인 운영체제를 독립적인 상품으로 만들어 제값을 받고 팔면서 큰 수익을 올렸고, 이를 통해 PC 시장을 지배하면서 전 세계에서 모르는 사람이 없을 정도의 글로벌 기업으로 자리를 잡았다. 창업자 빌 게이츠(Bill Gates)가 오랫동안 세계 1위의 부자로 꼽히고 있는 것도 그만큼 마이크로소프트가 큰 부를 창출했기 때문이다.

마이크로소프트의 윈도우 이전 운영체제인 MS-DOS는 1981년에 출시된 제품이다. 이후 마이크로소프트는 현재까지 30년이 넘는 시간 동안 윈도우와 MS오피스 사업으로 큰 성공을 거두면서 IT 업계에서 상당한 영향력을 발휘해 왔다. 그러나 최근에 마이크로소프트는 거의 모든 신규 플랫폼에서 고전을 거듭하고 있다.

마이크로소프트의 초기 사업은 빌 게이츠가 직접 개발한 베이직(BASIC, 8비트 PC 시절에는 가장 대세였던 프로그래밍 언어였으나 지금은 여러 프로그래밍 언어 중 하나에 불과하다)을 다른 업체에 제공하는 일이었다. 빌 게이츠는 현재까지도 베이직에 큰 애착을 갖고 있는 것으로 알려져 있다.

8비트 PC 시절, 이미 마이크로소프트는 플랫폼 비즈니스에 큰 관심을 갖고 있었다. 1980년대 초반 당시는 수많은 업체들이 다양한 규격의 홈 컴퓨터를 출시했고, 그로 인해 서로의 소프트웨어가 호환되지 않던 춘추전국시대였다. 이에 마이크로소프트는 1983년 MSX(MicroSoft eXtended)라는 표준화된 홈 컴퓨터 규격을 만들어 하드웨어 제조사에 라이선스로 제공했다. 제조사가 달라도 MSX 마크가 붙은 컴퓨터들은 소프트웨어를 함께 사용할 수 있었다. 그리고 MSX 컴퓨터에는 모두 마이크로소프트가 개발한 MSX-BASIC이 탑재됐다. MSX-BASIC이 컴퓨터의 하드웨어 입출력을 담당하는 BIOS(Basic Input/Output System)와 결합돼 작동하는 구조였다.

이처럼 마이크로소프트는 1980년대에 이미 MSX라는 플랫폼을 통해 컴퓨터 시장의 통일을 꿈꾸고 있었던 것이다. MSX는 여러 나라에서 출시됐는데 특히 일본, 한국에서 인기가 있었으며(나도 중학생 때 MSX1를 사용했다), 네덜란드, 브라질 등 유럽 및 남미의 일부 국가에서도 좋은 반응을 얻었다. MSX는 출시 이후 몇 차례 업그레이드된

기종이 나왔지만, PC 시대가 16비트로 접어들면서 IBM PC와 MS-DOS가 시장을 장악하게 되었고 MSX는 자연스럽게 사라지게 됐다.

마이크로소프트에 전성기를 가져다준 윈도우95

마이크로소프트는 MSX, MS-DOS, 윈도우로 이어지는 지속적인 노력으로 현재의 위치에 도달했다. 하지만 천하의 마이크로소프트도 이제는 노쇠해진 느낌이다. 모든 기업의 위기는 언제나 해당 기업의 정점에서부터 시작되는 것 같다. 마이크로소프트도 마찬가지다.

1995년은 마이크로소프트가 마치 지금의 애플이나 구글과 같았던 시기다. 윈도우95를 사기 위해 소비자들은 밤을 새워 기다렸고 마침내 제품을 손에 쥐고는 환호성을 지르는 사진이 전 세계 매체에 소개되곤 했다. 1990년에 출시된 16비트 운영체제 윈도우3.0과 이를 보완해 1992년에 출시된 윈도우3.1은 세계적으로 꽤 인기를 끌었는데(그 이전의 윈도우는 좀 과장되게 말하면 아무도 쳐다보지 않는 수준이었다), 차기 윈도우에 대한 기대를 한껏 끌어올린 상태에서 출시된 것이 바로 윈도우95였다.

출시 당시 윈도우95는 엄청난 센세이션을 일으켰다. 윈도우95는 마이크로소프트 최초의 32비트 운영체제로, 성능을 극대화하고 호환성을 유지하면서도 이전 윈도우의 문제점을 상당 부분 해소했으며, 무엇보다 인터넷의 기본 프로토콜로 사용되는 TCP/IP가 기본적으로 탑재돼 추가적인 설치 없이도 네트워크 접속이 가능했다.

윈도우가 출시된 1995년은 IT 역사에서 특히 기억될 만한 해다. 윈도우95 출시 외에도, 넷스케이프사가 1994년에 개발한 웹브라우저 넷스케이프(Netscape)가 큰 인기를 얻으면서 본격적인 웹 확산을 이끈 해이며, 지금도 가장 많이 쓰이는 대표적인 프로그래밍 언어 자바(Java)가 첫선을 보인 해이기도 하다.

그런데 당시 마이크로소프트는 웹의 중요성을 간과하고 있었다. 이미 넷스케이프 웹브라우저가 1994년 10월에 첫 선을 보인 상황에서, 마이크로소프트는 1995년 8월에, 그것도 뒤처진 성능의 인터넷 익스플로러(IE: Internet Explorer)1.0을 출시했으며 윈도우95에 탑재하지도 않았다. 인터넷 익스플로러1.0은 사용자들에게 철저하게 외면받았다.

하지만 넷스케이프의 성공과 급격한 웹의 확산에 놀란 마이크로소프트는 전사적인 역량을 웹브라우저에 집중하게 되고, 1996년 8월 출시한 인터넷 익스플로러3.0 버전부터 성공을 거두기 시작한다.

윈도우와 인터넷 익스플로러로 경쟁업체를 압도했던 2000년의 마이크로소프트는 무엇을 해도 성공할 수 있는 기업처럼 보였다. 하지만 자바의 부상을 견제하기 위해 기존의 프로그래밍 언어를 완전히 바꾸기로 결정하면서, 서서히 마이크로소프트의 마법이 사라지기 시작한다(이에 대한 자세한 내용은 뒤에서 다시 살펴본다). 그리고 결국 역대 최대의 실패작이라 할 수 있는 윈도우 비스타를 2006년에 출시하게 되고, 이후 마이크로소프트는 기존의 제품을 유지하고 업그레이드하면서 수익을 낼 뿐 새로운 카테고리의 제품은 내놓는 족족 대부분 실패하게 된다.

상장 26년 만에 처음으로 적자 굴욕을 맛보다

2007년 마이크로소프트는 무려 63억 달러에 어퀀티브(aQuantive)라는 광고 기업을 인수했는데, 이는 당시 기준으로 역대 최대 규모의 인수합병이었다. 하지만 마이크로소프트는 어퀀티브 인수 이후에도 지속적으로 경쟁업체(대표적인 업체가 구글이 인수한 더블클릭이다)에 점유율을 빼앗겼다.

회계연도 2012년 4분기에 마이크로소프트는 어퀀티브의 사업이 과대평가됐다는 것을 인정하고 62억 달러의 손실을 반영하게 된다.[2] 마이크로소프트는 구글의 광고 사업과 경쟁하려는 조급한 마음에 엄청난 비용을 들여 어퀀티브를 인수했던 것인데, 구글을 능가하기는커녕 결국 7조 원이 넘는 돈만 낭비한 셈이다. 이로 인해 마이크로소프트는 상장 26년 만에 처음으로 적자의 굴욕을 맛보게 된다.

마이크로소프트의 초대형 인수 실패 사례는 이뿐만이 아니다. 마이크로소프트는 2014년 4월 노키아(Nokia)의 디바이스 및 서비스 부문을 72억 달러에 인수했다. 당시 마이크로소프트는 스마트폰 운영체제 분야에서 일찍이 윈도우 모바일 제품을 출시해 한때 시장점유율 1위로 상당히 유리한 위치에 있었음에도 불구하고 잘못된 대응으로 인해 모바일 시장에서 거의 몰락한 상황이었다. 마찬가지로 노키아 또한 안드로이드를 거부하고 윈도우폰 운영체제를 선택한 덕분에, 한때 휴대폰 시장 1위 업체로 엄청난 영향력을 발휘했지만 스마트폰 시장에서는 상당히 고전하고 있었다. 두 업체 모두 놀라울 정도의 자만감과 잇따른 오판으로 인해 스마트폰 시장에서 회복 불가능한 상태에 놓여 있었다.

그런 상황에서 마이크로소프트가 노키아를 인수한 것이다. 마이크로소프트는 노키아의 휴대폰 사업부를 인수할 당시 임직원 약 2

만 5,000명의 고용을 승계한다고 밝혔지만, 인수 3개월 만에 무려 1만 8,000명의 직원을 감원했다. 그리고 인수한 지 1년 3개월 만에 직원 7,800명을 추가로 해고한다고 밝혔다. 결국 인수한 인원의 대부분을 해고한 것이다. 또한 인수금액 72억 달러보다 많은 76억 달러를 포함해 추가로 구조조정 비용 8억 5,000만 달러를 손실로 처리한다고 밝혔다.[3]

이것이 바로 빌 게이츠의 절친이자 오랫동안 마이크로소프트의 CEO였던 스티브 발머(Steve Ballmer)가 마이크로소프트에 남긴 마지막 유산이다. 기업을 인수한 지 불과 1년 만에 거액의 인수금액 100퍼센트를 손실 처리하고 추가로 거액을 지출한 사례는 꽤 이례적인 일이다.

그럼에도 마이크로소프트의 이사회 의장 존 톰슨(빌 게이츠가 의장직에서 물러나면서 후임으로 의장을 맡게 됨)은 "노키아 인수를 후회하지 않는다. 만일 내가 다시 결정한다고 해도 나는 찬성할 것이다"라고 말했다.[4] 자신의 실수와 실패에 대해서 아무런 반성도 없는 기업의 미래는 어두울 수밖에 없다.

지속적인 하락세에 있는 PC 시장

한때 최고의 플랫폼으로 인정받았던 윈도우의 인기도 점차 시들해지고 있다. 무엇보다 데스크톱 PC 시장이 더 이상 성장하는 시장이 아닌 데다, 마이크로소프트가 자사 고객들을 모독하는 수준의 운영체제인 윈도우8을 출시했기 때문이다. 마이크로소프트는 데스크톱 운영체제와 모바일 운영체제를 통합한다는 명분하에, 데스크톱 PC에 모바일 기기의 사용자 인터페이스를 강요하는 형태로 윈도우8을 출시했다.

시장 조사 업체 NPD에 따르면, 윈도우7의 경우 출시 한 달 만에 윈도우 제품 전체 판매량에서 83퍼센트의 비중을 차지한 반면에 윈도우8은 58퍼센트에 머물렀다.[5] 또한 윈도우8에 대한 전문가와 사용자들의 평가도 전반적으로 좋지 않았다. 이후에 출시된 윈도우8.1도 마찬가지였다.

PC 플랫폼을 장악하고 있다는 이점을 발판으로 모바일에서 지분을 늘리려는 마이크로소프트의 전략 자체는 나쁘지 않았지만 제품이 너무 부실했다. 결국 마이크로소프트는 모바일 사업에서 별 재미를 보지 못한 채, 기존의 충성스러운 고객인 PC 사용자들에게까지 비난을 받는 최악의 상황에 직면하게 됐다. 사태의 절박함을 뒤늦게 깨달은 마이크로소프트는 2015년 윈도우10(윈도우9는 그냥 건너뛰었다)을 출시하면서 다시금 이전처럼 데스크톱에 걸맞은 사용자 인터페이스를 메인으로 내세우게 된다.

전 세계 PC 시장은 근래 들어 부진을 면치 못하고 있다. 스마트폰 대중화 이후 전 세계 PC 출하량은 지속적으로 하락하고 있는데, 특히 데스크톱 PC는 매 분기마다 두 자릿수의 하락률을 보이고 있을 정도다. 이는 국내 시장도 마찬가지다.

이와 같은 PC 시장의 감소세는 일시적인 것이 아니라 앞으로도 계속 이어질 수밖에 없다. 사용자들이 점점 더 많은 시간을 모바일 기기에서 보내고 있기 때문이다. 검색, 메신저, 소셜미디어, 게임, 콘텐츠 감상 등을 비롯해 각종 엔터테인먼트를 모바일 기기에서 즐기고 있어 PC 이용 시간은 계속 줄어들고 있으며, 그에 따라 신규로 PC를 구입하는 사람의 수도 감소하고 있다. 굳이 PC가 필요하지 않기 때문이다. 이미 PC를 소유하고 있는 사람이라 할지라도 높은 사양을 필요로 하는 최신 게임을 즐기는 사용자 외에는 PC를 업그레이드할 이유가 없기에 수년째 같은 PC를 사용하고 있는 이들도 많다.

그렇다고 마이크로소프트가 스마트폰과 태블릿 시장에서 두각을 나타내고 있는 것도 아니다. 마이크로소프트의 전 세계 스마트폰 운영체제 시장점유율은 수년째 2~3퍼센트대에 머물고 있다. 더욱이 앞으로도 이런 수치는 크게 개선될 가능성이 없어 보인다. 앞서 살펴본 것처럼 노키아 인수가 실패로 드러남에 따라, 마이크로소프트는 스마트폰 시장에서 철수하느냐 아니면 전열을 정비하고 새로운 전략으로 다시 시도하느냐를 결정해야 하는 상황에 놓이게 됐다.

플랫폼에 작용하는 '관성의 법칙'

사실 마이크로소프트는 태블릿이라는 제품을 시장에 가장 먼저 소개한 업체다. 마이크로소프트는 2002년 윈도우XP 태블릿판 (Windows XP Tablet PC Edition)을 출시한 바 있다. 하지만 시장에서 그리 좋은 반응을 얻지 못했고, 이후에도 다양한 시도를 했지만 계속 실패했다. 급기야 마이크로소프트는 2012년 서피스(Surface)라는 브랜드로 직접 태블릿 제조에 진출함으로써 기존에 협력해 온 제조업체들에게 큰 배신감을 안기기도 했다. 서피스 출시와 관련해 에이서 (Acer)의 CEO는 마이크로소프트를 공개적으로 비판하기도 했다.

더 나쁜 소식은, 협력 업체를 배신하면서까지 출시한 서피스의 시장 반응이 그리 좋지 않았다는 점이다. 마이크로소프트는 ARM 프로세서와 윈도우RT를 탑재한 서피스RT와, x86 프로세서를 탑재한 서피스프로를 출시했는데, 제품 판매량에 대해서는 함구했다. 업계에서는 서피스RT가 재난에 가까울 정도로 실패했으며, 서피스RT의 판매가 마이크로소프트 예상치의 절반에도 훨씬 못 미치는 것으로 추정했다. 2013년 7월, 스티브 발머는 마이크로소프트가 서피스 판매 부진으로 인해 9억 달러에 달하는 손실을 입었음을 시인했다.[6] 마이크로소프트가 아이패드 킬러라며 출시한 제품이 웃음거리로 전락하는 순간이었다.

그리고 마이크로소프트는 일찍부터 스마트TV에도 투자해 왔다. 이미 2000년에 얼티밋TV(UltimateTV)라는 명칭으로 셋톱박스와 DVR(Digital Video Recorder), 인터넷 기능을 통합한 제품을 출시한 바 있다. 2003년에는 마이크로소프트 TV 파운데이션(Microsoft TV Foundation Edition)이라는 TV 플랫폼을 출시했고, 2007년에는 마이크로소프트 미디어룸(Microsoft Mediaroom)을 출시한 바 있다. 하지만 여전히 TV 시장에서 별다른 영향력을 행사하지 못하고 있다.

이외에도 마이크로소프트의 실패 사례는 일일이 거론하기가 어려울 정도로 많다. 그럼에도 불구하고 마이크로소프트가 여전히 수익을 내면서 영향력 있는 기업으로 남아 있는 이유는, 그만큼 윈도우와 MS오피스라는 강력한 플랫폼과 킬러앱(Killer App)을 소유하고 있기 때문이다. 이 대목에서 우리는 플랫폼의 진가와 더불어, 플랫폼에 작용하는 '관성의 법칙'이 얼마나 대단한가를 뼈저리게 느낄 수 있다. (참고로, 킬러앱이란 플랫폼을 성공시킬 정도로 강력한 힘을 발휘하는 애플리케이션을 뜻하는데, 중요한 주제이므로 마지막 장에서 보다 자세하게 다룰 것이다.)

시장에서 경쟁자를 물리치고 시장을 지배하게 되면 지속적으로 수익을 창출할 수 있는 것이 바로 플랫폼 사업이다. 그러한 플랫폼 사업을 소유하고 있으면 다른 사업에서의 온갖 실수에도 불구하고, 웬만하면 플랫폼에서 창출되는 수익을 통해 손실을 메우면서 기업 경영을 계속해 나갈 수 있다. 왜 모든 기업들이 플랫폼을 소유하고 싶어 하는지를 알 수 있는 대목이다.

플랫폼의 본분을 망각하다

그렇다면 마이크로소프트는 왜 모바일 사업에서 위기에 처하게 된 것이며, 주력 상품인 윈도우조차 왜 윈도우8처럼 어정쩡한 모습으로 출시하게 됐던 것일까? 그리고 뻔한 실패가 예상되는 노키아 인수에 왜 그런 거액을 쏟아부은 것일까? 엄청난 현찰과 유능한 인재를 갖고 있으면서도 도대체 왜 신규 사업에 지속적으로 어려움을 겪고 있는 것일까?

그 이유는 플랫폼 기업으로서의 본분을 망각했기 때문으로 보인다. 여기에서는 단편적인 기술 또는 제품과 관련된 표피적인 문제점보다는, 플랫폼 기업의 경쟁력이라는 관점에서 보다 본질적인 원인을 크게 세 가지로 정리해 보았다.

첫째, 마이크로소프트 기술을 기반으로 한 개발자 생태계의 지속적인 몰락이다. 마이크로소프트는 대표적인 기반형 플랫폼 기업이다. 그런 점에서 볼 때 특히 개발자와의 관계 구축이 몹시 중요하다고 볼 수 있다. 개발자들에게 있어 어떤 플랫폼을 선택해 개발할 것인가는 자신의 생계 및 향후 커리어와 밀접한 관련이 있기 때문에 무척이나 중요한 결정 사항이다.

그런데 지난 10년 동안 마이크로소프트의 플랫폼을 떠나는 개발자들이 지속적으로 늘어나고 있으며, 마이크로소프트의 플랫폼에 새롭게 유입되는 개발자의 수는 현저히 줄어들고 있는 추세다. 많은 개발자들이 마이크로소프트의 기술 및 제품에 더 이상 매력을 느끼지 못한다. 그렇게 된 데에는 여러 가지 이유가 있겠지만, 여기에서 대표적으로 언급하고 싶은 것은 바로 '개발자 전략의 실패'다.

마이크로소프트의 개발자 생태계가 가장 정점이었던 시절을 꼽는다면, 1990년대 초반부터 2000년대 초반까지의 대략 10여 년이라고 볼 수 있다. 그 시기에 마이크로소프트는 윈도우3.1, 윈도우95, 윈도우XP를 출시하며 사용자들에게 크게 사랑받았으며, 이와 더불어 비주얼베이직, 비주얼C++ 등과 같은 프로그래밍 언어로 많은 개발자들을 사로잡았다.

윈도우95의 출시를 통해 최고의 전성기를 맞이한 마이크로소프트는 1997년에 비주얼스튜디오(Visual Studio)97을 통해 ASP(Active Server Pages)라는 웹 개발도구를 선보이면서 개발자들로부터 큰 인기를 끌게 된다.

그런데 자바의 인기에 놀란 마이크로소프트는 자바와 유사한 형식으로 프로그래밍 언어를 완전히 변경하고, 닷넷(.NET)이라는 브랜드를 새롭게 출시한다. 그로 인해 기존의 비주얼베이직, 비주얼C++ 개발자들은 거의 새롭게 프로그래밍 언어를 익혀야 하는 상황이 됐고, 그러한 변화를 납득하지 못한 많은 개발자들이 마이크로소프트에 실망해 떠나게 된다. 실제로 시장조사 업체 에반스데이터(Evans Data)가 조사한 바에 따르면, 비주얼베이직6.0(닷넷이 아닌 비주얼베이직의 마지막 버전) 개발자들 중 39퍼센트가 자바로 바꿀 것이라고 응답한 바 있다.[7]

마이크로소프트는 가장 찬란히 빛나던 1990년대 후반의 정점에서, 닷넷을 선보이기로 결정한 이후부터 지속적으로 스스로의 개발자 생태계를 파괴해 왔다. 아마 마이크로소프트도 자기 나름대로 잘하려고 그랬을 것이다. 하지만 닷넷 이후 마이크로소프트의 기술들은 급하게 만들어 설계 구조가 탄탄하지 않은 경우가 많았다. 또한 설익은 기술을 과대 포장해 선전하고, 개발자들이 실망하면 또다시 설익은 기술을 새로 만들어 선보였으며, 심지어 하위호환성이 제대로 보장되지 않는 경우도 많았다. 미흡한 설계, 과대 선전, 급조된 새 기술 출시, 개발자들의 실망, 이 과정이 반복되면서 상당한 수의 기존 개발자들이 마이크로소프트의 플랫폼을 떠났으며, 그런 상황에서 새로운 개발자들은 충분히 유입되지 않는 악순환에 빠지게 된다.

이러한 개발자 전략의 실패는 모바일에서도 반복된다. 비록 윈도우 모바일이 가진 기술적 한계로 인해 대대적인 개선이 필요했다고 할지라도, 갑자기 윈도우 모바일을 사장시켜 많은 개발자들을 하루아침에 실직자로 만든 것은 변명의 여지가 없는 일이다. 이후 마이크로소프트는 새로운 모바일 운영체제로 윈도우폰을 선보였지만, 그때는 이미 윈도우 모바일 개발자들은 물론이거니와 마이크로소프트에 오랜 시간 충성했던 개발자들(닷넷 이전의 바로 그 개발자들)의 상당수가 마이크로소프트의 기술로부터 떠난 뒤였다.

마이크로소프트는 윈도우폰7에서 선보인 개발환경도 윈도우폰8에 와서는 또다시 완전히 변경해 버린다. 이 또한 변명의 여지가 없는 행동 중 하나였다. 윈도우폰7 기반의 스마트폰은 윈도우폰8 운영체제로 업그레이드가 되지 않았으며, 당연히 윈도우폰8용 앱도 사용이 불가능했다. 개발자와 마찬가지로 사용자도 버려진 것이다. 실버라이트(Silverlight)도 마이크로소프트가 '기술의 미래'라며 밀다가 포기한 사례 중 하나다.

이처럼 마이크로소프트가 장밋빛으로 약속했던 기술을 갑자기 폐기한 사례는 수도 없이 많다. 문제는 그러한 변경들이 거의 예측 가능하지 않으며, 더욱이 새로운 기술이 그다지 매력적이지도 않다는 점이다. 새로운 기술을 익히기 위해서 개발자들은 상당한 시간과 비용을 투자해야 한다. 하지만 어느 순간부터 개발자들은 더 이상 마이크로소프트의 약속을 신뢰할 수 없는 지경에 이르게 됐다.

어떤 기업의 기술을 선택하는가는 개발자의 미래(또는 개발업체의 미래)를 좌지우지하는 중요한 의사결정이다. 그것이 플랫폼일 경우에는 더욱 그렇다. 플랫폼 기업에 대한 신뢰가 무너진다면 그것은 플랫폼이 무너지는 것이다. 만일 플랫폼 기업을 지향하는 기업이 신뢰를 구축하지 못한다면, 결코 성공적인 플랫폼 기업이 되지 못할 것이다.

마이크로소프트가 스스로 자신의 개발자 생태계를 망치고 있는 상황에서, 다른 대안이 없으면 모르겠지만 마이크로소프트보다 훨씬 매력적인 구글과 애플이 있기에 많은 개발자들이 마이크로소프트의 플랫폼을 떠났다. 그리고 그런 흐름은 (마이크로소프트가 어떤 혁명적인 변신을 하지 않는 한) 앞으로도 계속될 것으로 전망된다.

플랫폼의 성공은 열정을 갖고서 플랫폼에 헌신하는 개발자들을 통해 이뤄진다. 어쩌면 이 대목에서 자신은 여전히 마이크로소프트 기술을 사랑한다면서 내게 항변하는 독자가 있을지도 모르겠다. 개인적인 취향을 존중한다. 나는 그런 개인적인 취향과는 별개로, 마이크로소프트의 플랫폼에서 헌신적인 개발자들이 사라지고 있는 큰 흐름을 지적하고 있는 것이다.

둘째, 마이크로소프트의 조직문화가 과거에 비해 크게 관료화됐다. 빌 게이츠가 은퇴한 이후 마이크로소프트의 조직문화에 많은 변화가 나타나기 시작했다. 자유롭고 자신감에 충만했던 조직문화는 지속적으로 경직되어 갔다. 실무자보다 관리자의 입김이 거세졌고 직원들은 창의성과 자신감을 점차 상실하게 됐다. 결국 벤처기업스러웠던 조직문화가 사라진 것이다.

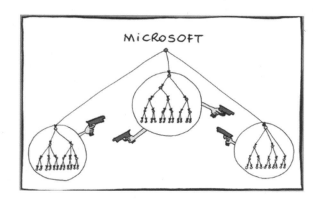

마이크로소프트의 조직문화를 묘사한 그림[8]

매출이 정체됨에 따라 비용 절감을 통한 이익 증대를 위해 전 직원들을 대상으로 비용 지출에 대한 압박이 커졌으며, 제품 마케팅을 위한 예산뿐만 아니라 개발자 지원을 위한 예산 또한 계속 줄어들게 됐다. 마이크로소프트는 과거에 마케팅과 행사(컨퍼런스, 세미나 등)의 강자였는데 이제는 아니다. 비용 압박을 가하는 조직문화가 확산되면서 예산이 큰 폭으로 줄어들다 보니, 최근에는 행사를 아예 안 하거나 부실하게 개최하는 경우도 부쩍 늘어났다.

한때 실리콘밸리에서 가장 모범적인 조직문화를 가진 기업이었던 마이크로소프트가 어느새 관료주의와 사내 정치가 창궐하는, 대기업병이 만연한 회사가 되어 버린 것이다.

셋째, 올바른 리더십의 부재를 꼽을 수 있다. 사실 모든 문제의 근원이 여기에서 비롯됐다고 볼 수 있다. 2000년부터 2013년까지 마이크로소프트의 CEO를 지낸 스티브 발머는 빌 게이츠의 친구이자 한때 '지상 최고의 머슴'으로 불렸던 인물이다. 스티브 발머는 빌 게이츠와 일할 때 자신의 맡은 바 일을 곧잘 해냈지만 CEO가 된 후에는 최악의 리더로 바뀌었다.

그가 CEO가 된 이후 마이크로소프트의 주가는 반토막이 났다. 스티브 발머는 종종 괴팍한 행동으로 유명세를 탄 바 있으며 냉소와 조소의 대가이기도 하다. 그는 2007년 애플이 아이폰을 처음 공개했을 때 "아이폰은 세상에서 가장 비싼 전화기입니다. 비즈니스 고객들에게 어필하지 못할 겁니다. 왜냐하면 키보드를 갖고 있지 않거든요"라며 비아냥거리기도 했다.[9]

사실 현재 구글이 스마트폰 시장에서 차지하고 있는 지위는 마이크로소프트가 차지할 수도 있는 것이었다. 아이폰이 최초 출시될 무렵, 윈도우 모바일은 높은 시장점유율과 그 나름의 충성스러운 사용자들을 갖고 있었다. 물론 아이폰과 경쟁하기에는 윈도우 모바일의 품질이 많이 떨어지긴 했지만 그래도 제품을 개선할 수 있는 충분한 시간이 있었다. 하지만 스티브 발머의 아이폰에 대한 비웃음에 모든 것이 묻혔다. 리더의 생각이 곧 회사의 전략이기 때문이다.

2012년 경제전문지 〈포브스 *Forbes*〉는 진작에 해고됐어야 할 최악의 CEO 1위로 스티브 발머를 꼽은 바 있다.[10] CEO는 기업의 비전과 전략을 수립할 뿐만 아니라 조직문화를 구축하고 발전시키는 사람이다. 스티브 발머는 그런 점에서 명백히 실패했다.

하지만 그렇게 13년간 버티던 스티브 발머도 윈도우8의 실적 부진, 윈도우폰의 실패 등 여러 악재들이 겹치면서 2013년 8월 은퇴 의사를 밝힌다. 그는 마지막 작품으로 노키아 인수라는 대형 악재를 남기고 떠났으며, 2014년 2월 새로운 CEO로 사티아 나델라가 선임되었다. 과연 사티아 나델라가 마이크로소프트를 구할 수 있을까?

불안한 마이크로소프트의 미래

마이크로소프트의 가장 커다란 적은 바로 자기 자신이라고 할 수 있다. 경쟁업체들의 파워를 논하기에 앞서, 자기 스스로가 잘못된 전략을 수립하고서 그것을 열심히 실행해 왔기 때문이다.

그런 상황에서 구글, 애플 등의 강력한 경쟁업체들은 뛰어난 경쟁력을 바탕으로 마이크로소프트를 압박하고 있다. 앞서 언급한 세 가지 요인, 즉 개발자 생태계, 조직문화, 리더십이라는 측면에서 마이크로소프트는 많은 문제점을 내포하고 있는 반면에 구글과 애플은 상대적으로 뛰어난 경쟁력을 갖추고 있다.

그렇다면 앞으로 마이크로소프트는 어떻게 될까? 앞에서 온갖 부정적인 요인들을 언급했지만, 그렇다고 해서 마이크로소프트가 결코 쉽게 무너질 기업은 아니다. 무엇보다 윈도우와 MS오피스라는 황금알을 낳는 거위를 소유하고 있으며, 두 제품에서 창출되는 수익이 여전히 상당하기 때문이다.

또한 엔터프라이즈 부문(서버, 데이터베이스, 클라우드 등의 기업용 소프트웨어 및 서비스)에서도 앞으로 꾸준하게 수익이 창출될 것으로 전망된다. 기업용 시장은 변동성이 적은 편인 데다 이미 마이크로소프트의 제품을 도입해 사용하고 있는 기업들이 많아 그들로부터 꾸준히 수익을 얻을 수 있기 때문이다.

결론적으로 말해, 현재의 마이크로소프트가 가진 근본적인 문제점들로 인해 신규 사업을 성공시키기는 쉽지 않겠지만, 그렇다고 하더라도 윈도우, MS오피스, 엔터프라이즈라는 세 가지의 기존 사업을 바탕으로 IT 업계에서 영향력 있는 기업으로 존속하는 것에는 별다른 문제가 없을 것으로 전망된다.

예상해 보건대, 앞으로 마이크로소프트는 IBM과 흡사한 기업이 될 가능성이 높다. 현재 IBM은 개인 사용자 대상의 최종 소비자 시장에서는 모두 철수한 상태이지만, 엔터프라이즈 시장에서는 여전히 막강한 위력을 발휘하고 있다. 마이크로소프트도 (중대한 실수만 하지 않는다면) 기존 제품들의 라이프사이클을 계속 연장시키고 기업 고객을 위한 제품들을 만들면서 엔터프라이즈 시장에서 지속적으로 수익을 올릴 수 있을 것이다.

그렇지만 마이크로소프트의 현재 상태로는 앞으로 최종 소비자 시장에서 신규 제품이나 서비스를 성공시키는 것은 꽤 어려울 것이다. 엔터프라이즈 시장은 관성의 법칙에 의해 굴러가는 부분이 크지만, 최종 소비자 시장의 변화는 엄청나게 빠르고 경쟁이 훨씬 치열하기 때문이다(소니, 닌텐도, 노키아를 생각해 보라). 최종 소비자 시장에서 성공하기 위해서는 시장을 선도할 만한 리더십을 갖추고서, 아주 신속하게, 경쟁업체에 비해 확실히 매력적인 제품을 선보여야 한다.

하지만 현재의 마이크로소프트는 기존 제품조차 제대로 혁신하지 못하는 형편에 놓여 있다. 시장에서 리더십을 발휘하기는커녕 보다 느리게, 더군다나 품질이 떨어지는 제품을 선보이고 있다. 그런 상황에서 새로운 제품으로 성공하기란 몹시 어려울 것이다.

그렇지만 미래는 확언할 수 없는 것이므로 최소한의 가능성은 남겨 놓고 싶다. 만일 앞으로 마이크로소프트가 깜짝 놀랄 만한 자기혁신을 이뤄 낸다면, 다시금 최종 소비자 시장에서 새로운 제품을 성공시키고 사용자와 개발자들로부터 사랑받는 기업으로 거듭날 수도 있을 것이다.

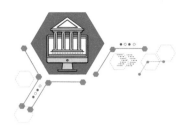

플랫폼 기업의 아이콘,
애플

<u>애플(Apple)은 IT 업계뿐만 아니라</u> 모든 업종을 망라해서도 찾아보기 어려울 정도로 기술 및 비즈니스의 총체적인 측면에서 경쟁력을 갖춘 기업이다. IT 업계에서 애플처럼 하드웨어, 소프트웨어, 콘텐츠의 전 분야에서 강력한 경쟁력을 갖추고 시장에서 놀라운 수익을 올리고 있는 기업은 없다. 통합적 측면에서 감히 경쟁자가 없을 정도다.

그리고 애플이 가진 여러 분야의 역량은 결국 하나로 귀결된다. 바로 강력한 브랜드다. 유명 데이터베이스 기업 오라클(Oracle)의 공동창업자이자 CEO인 래리 엘리슨(Larry Ellison)은 애플에 대해 다음과 같이 평가했다.

"애플은 컴퓨터 산업에서 유일한 라이프스타일 브랜드(Lifestyle Brand)입니다. 애플은 사람들이 열정적인 관심을 보이는 유일한 기업입니다. 나의 기업 오라클을 비롯해 마이크로소프트, IBM은 아주 큰 기업입니다만, 어떤 기업도 대중이 애플에 느끼는 굉장한 감정과 같은 것을 갖고 있지는 못합니다. 애플만이 진정한 라이프스타일 브랜드입니다."**11**

라이프스타일 브랜드란 단지 상품이나 서비스를 제공하는 수준이 아니라, 고객의 정서와 연결되어 있는 브랜드다. 그런 브랜드의 제품은 단순히 필요에 의해 쓰고 버려지는 것이 아니라 고객의 삶과 긴밀히 연결되어 개인적이고 특정한 의미를 갖게 된다.

애플의 기술 및 비즈니스 전략의 핵심에는 플랫폼이 자리 잡고 있다. 애플은 모든 산업을 망라해 손에 꼽을 만한 최고의 플랫폼 기업이다. 그렇다면 애플은 어떻게 그런 강력한 플랫폼과 브랜드를 소유하게 된 것일까?

애플II라는 플랫폼이
비지칼크라는 킬러앱을 만나다

애플은 1976년에 스티브 잡스(Steve Jobs), 스티브 워즈니악(Steve Wozniak), 로널드 웨인(Ronald Wayne)에 의해 시작됐다. 얼마 뒤 로널드 웨인이 빠지고 회사를 법인화하면서 애플컴퓨터(Apple Computer)라는 사명을 사용하다가 2007년에 사명에서 '컴퓨터'를 떼어 내고 그냥 '애플'이 됐다.

애플의 첫 제품은 전형적인 너드(Nerd, 컴퓨터에 미친 괴짜)였던 스티브 워즈니악이 개발한 애플I이었다. 참고로, 너드의 조상 스티브 워즈니악은 1985년에 애플을 완전히 떠났다. 그는 현재 애플의 주식을 모두 처분한 상태로 애플과는 아무런 연관이 없지만, 애플 제품에 대한 그의 평가가 종종 미디어를 통해 알려지고 있다.

애플의 첫 대박은 애플II였다. 지금도 8비트 PC의 전설로 남아 있는 애플II는 1977년 4월에 첫선을 보였으며, 애플I과 마찬가지로 스티브 워즈니악이 개발한 제품이다. 당시에는 수많은 컴퓨터들이 시장에서 경쟁하고 있었는데, 스프레드시트(Spreadsheet) 프로그램인 비지칼크(VisiCalc)가 애플II용으로 출시됨에 따라 많은 소비자들이 인생 첫 PC로 애플II를 선택하게 되고, 결국 당시의 8비트 PC 시장을 제패하게 된다.

현재의 애플을 존재하게 한, 8비트 PC 애플II[12]

스티브 워즈니악이라는 천하의 '너드'와 스티브 잡스라는 최고의 '비즈니스 애니멀(Business Animal, 비즈니스에 미친 사람)'이 만나 엄청난 시너지를 일으킨 것이다.

어떤 산업을 이 세상에 태어나게 하는 데 공헌한 기업을 산파에 비유하자면, 마이크로소프트는 소프트웨어 산업의 산파였고, 애플은 PC(개인용 컴퓨터) 산업의 산파였다고 볼 수 있다. 대부분의 경우 이러한 산파 역할은 한 번에 그친다. 왜냐하면 산업을 태어나게 할 정도로 중요한 산파 역할을 하려면 (1)무엇보다 시대적 요구의 타이밍을 잘 맞춰야 하고, (2)해당 시점에 경쟁업체들을 압도하는 역량과 탁월한 제품을 갖추고 있어야 하는데, 둘 다 상당히 어려운 일이기 때문이다. 전자도 어렵지만 특히 한번 크게 성공한 기업이 해 내기 어려운 게 바로 후자다. 기업이 커지면 관료주의, 사내정치가 만연하고 매너리즘과 오만함에 빠져 잘못된 판단을 하기 십상이기 때문이다. 하지만 애플은 PC 산업, 음원(MP3) 산업, 스마트폰 산업(재창조에 가깝다), 태블릿 산업 등 여러 새로운 산업을 계속 일으켜 왔다. 애플의 놀라운 점이 바로 이것이다.

다시 애플II로 돌아가 보자. 1979년에 처음 등장한 비지칼크는 개인용 컴퓨터에서 최초의 킬러앱으로 평가받는 제품이다. 수치 계산이야말로 컴퓨터가 가장 잘할 수 있는 기능이라고 볼 수 있는데, 당시는 컴퓨터가 대중화되기 전이라서 사람들은 판매, 회계 등에서 발생하는 각종 수치 계산을 계산기와 수작업으로 하고 있었다. 그런 상태에서 애플II라는 플랫폼이 비지칼크라는 킬러앱을 만나 엄청난 시너지를 일으키면서 소비자들에게 크게 어필한 것이다.

1977년 처음 등장한 애플II는, 애플II+(1979년), 애플IIe(1983년), 애플IIGS(1986년) 등으로 계속 업그레이드 모델이 출시되면서 애플에게 있어 가장 오랜 기간 수익을 창출하는 중요한 제품으로 자리매김한다. 애플은 애플II 시리즈의 성공을 기반으로 1980년 12월에 상장을 하게 된다. 이는 법인을 만든 지 겨우 3년 만의 일이었는데, 이를 통해 애플II가 얼마나 큰 성공을 거두었는지 알 수 있다.

당시 애플의 상장은 1956년 포드자동차의 상장 이후로 가장 큰 규모의 상장이었다. 이는 향후 미국의 정체성이 자동차 산업이 아니라 실리콘밸리에 있음을 암시하는 상징적인 사건이었다. 애플의 상장 이후 실리콘밸리에는 벤처캐피털의 숫자가 크게 증가하게 된다. 애플은 (단지 지역적인 의미가 아닌 디지털 중심지로서의) 실리콘밸리의 산파이기도 한 것이다.

애플II 시리즈는 1993년에 단종됐는데, 애플IIe는 동일한 모델명으로 약간씩 기능만 개선해 가면서 거의 11년 동안 출시됐다. 애플IIe는 애플의 역사에서 가장 오랫동안 생존한 제품으로 기록돼 있다. 앞으로도 이 기록은 쉽게 깨지지 않을 것 같다.

플랫폼의 관점에서 아주 중요한 한 가지를 짚고 넘어가야겠다. 애플II는 지금의 애플 제품과는 달리, 완전한 개방형 아키텍처를 취하고 있었다는 사실이다.

나는 1983년에 애플II+를 처음 접했다. 정확히 말하면 애플II+호환기종이었다. 당시 애플II+호환기종은 애플의 제품을 무단으로 복제한 것이었는데, 애플II+용 소프트웨어를 거의 100퍼센트 구동할 수 있었다. 그게 가능했던 이유는 스티브 워즈니악이 애플II+를 설계하면서 너드답게 완전히 개방형 아키텍처로 디자인을 했기 때문이다. 그에 따라 애플II+의 모든 것이 공개되었고 외부 업체들은 이를 이용해 마음껏 주변기기나 소프트웨어를 개발할 수 있었다. 하지만 한편으로는 복제한 애플II+호환기종이 시장에 난무하는 현상이 나타나기도 했다.

스티브 워즈니악의 이러한 개방형 아키텍처는 애플II 시리즈의 성공에 큰 공헌을 하게 된다. 애플II 시리즈가 많이 팔림에 따라 수많은 써드파티 개발업체들이 애플II 플랫폼에 참여해 다양한 종류의 소프트웨어를 만들어 냈다. 그로 인해 플랫폼이 자리를 잡고 놀라운 생태계가 구축됐다. 애플이 애플II를 통해 보여 준 이러한 기반형 플랫폼의 성공 공식은 현재에도 본질적인 측면에서 그대로 유효하다. 본질이란 그런 것이다.

애플은 애플II의 개방형 아키텍처로 경쟁업체를 압도하는 주변기기와 소프트웨어 생태계를 만들어 내며 큰 성공을 거두긴 했지만, 한편으로는 불법 복제 문제로 골머리를 앓게 된다. 그런데 잡스에게 있어서 누군가 자신의 제품을 무단 복제하는 것은 절대 참을 수 없는 일이었다. 이때의 경험은 잡스로 하여금 매킨토시(Macintosh)에서 폐쇄형 아키텍처를 택하는 중요한 계기로 작용하게 된다.

하지만 매킨토시의 판매 부진으로 잡스는 애플에서 쫓겨나게 되고, 다시 애플에 복귀한 후에는 과거의 경험으로부터 배운 절충안, 즉 개방형과 폐쇄형을 적절하게 섞은 형태의 플랫폼을 통해 많은 개발자들을 끌어들이면서 최대의 수익을 창출하는 영리한 비즈니스를 하게 된다.

젊은 잡스가 몰랐던 플랫폼의 성공 방정식

애플II+가 시장에서 한창 인기를 끌고 있던 1979년 12월, 잡스와 당시 애플 직원이었던 제프 라스킨(Jef Raskin)은 제록스 파크 연구소(Xerox PARC)에 방문하게 된다. 이곳에서 잡스는 제록스의 연구원들이 개발한 GUI(Graphical User Interface)를 목격한 후 엄청난 영감을 얻는다. 이 사건은 컴퓨터 산업의 역사에서 워낙 전설적인 것이라 많은 독자들이 익히 알고 있을 것이다.

모든 기업은 정점에서 추락이 시작된다. 승리에 대한 도취감, 자만심, 오만이 온갖 오판을 만들어 내기 때문일 것이다. 지금의 애플은 그런 법칙에서 예외인 것처럼 보이지만, 당시의 애플은 예외가 아니었다.

1980년 애플은 높은 가격의 애플III를 비즈니스용으로 만들어 출시하는데, 애플III는 시장에서 완전히 외면받는다. 당시 애플III의 판매 가격은 4,340~7,800달러였다. 현재의 가치로 환산하면 무려 1~2만 달러에 달하는 금액이다. 또한 애플II 호환 모드를 제공하기는 했지만 상당히 제한적이어서 고객들의 불만이 많았다. 가격도 비싸고 소프트웨어도 부족한 애플Ⅲ는 시장에서 처절하게 외면받게 된다.

이 대목에서 우리는 애플Ⅱ의 성공에 상당한 시운(時運)이 작용했음을 알 수 있다. 애플Ⅱ를 출시했던 당시의 젊은 잡스는 플랫폼의 성공 방법을 정확히 알지 못했던 것으로 추정된다. 당시 애플은 ⑴개인용 컴퓨터의 대중화라는 시대적 요청에 부합하는 적시의 비즈니스 타이밍, ⑵스티브 워즈니악의 개방형 아키텍처 디자인과 완성도 높은 제품, ⑶스티브 잡스의 마케팅 역량이 결합한 결과로 큰 성공을 거둘 수 있었다. 시운과 그들의 역량이 결합함으로써 마법과 같은 일이 벌어진 것이다.

당시의 잡스가 플랫폼의 성공 방법을 정확히 몰랐다고 추정하는 이유는, 애플Ⅱ에 이어 출시한 애플Ⅲ와 리자(Lisa) 때문이다. 애플Ⅱ는 고객의 요구에 부합하는 가성비와 개방형 아키텍처를 택해 놀라운 생태계를 만들어 냈다. 그런 이점을 통해 더 성능이 뛰어난 경쟁 제품들을 물리치고 시장에서 성공했음에도 불구하고, 잡스는 높은 성능의 제품을 폐쇄형 아키텍처로 만들어 더 비싼 가격에 팔고 싶어 했다. 수익의 대부분을 애플 혼자서 차지하고 싶었던 것이다.

1981년 말에 이르자 애플Ⅲ는 한 달에 겨우 500대밖에 팔리지 않았고 창고에는 엄청난 재고가 쌓여 갔다. 애플Ⅲ의 실패를 만회하기 위해 잡스는 개발 중이던 리자(잡스의 딸 이름에서 따왔다)에 제록스 파크 연구소에서 영감을 얻은 GUI와 마우스를 채택했다. 하지만 잡스의 괴팍한 성격과 언행으로 인해 리자 팀 내부에 심각한 불화가 생

애플에 상당한 재정적 압박을 가져다준, 애플 리자[13]

겼고, 잡스는 리자 프로젝트에서 나와 매킨토시 프로젝트를 떠맡게
된다. 이후 1983년에 리자가 출시되는데, 리자는 GUI를 채택한 최초
의 PC였다.

　하지만 리자는 애플III와 마찬가지로 가격이 너무 비싼 데다, GUI
로 인해 속도가 느렸고, 쓸 만한 소프트웨어도 많지 않았다. 리자
의 판매가는 9,995달러였는데 이는 현재 가치로 환산하면 무려 2만
3,000달러에 달하는 금액이다. 리자는 2년 동안 10만 대밖에 팔리지
않았으며 출시 3년 만인 1986년에 단종된다. 애플III와 리자는 애플
에 심각한 재정적 부담을 안겨 주었다. 다행히 애플IIe는 잘 팔리고
있는 상태였지만 애플III와 리자의 손해를 감당할 정도는 아니었다.
1989년 애플은 재고와 세금 부담 등을 이유로 팔리지 않은 리자 약
2,700대를 유타 주의 쓰레기 매립지에 폐기한다.[14] 이것이 잡스가

딸의 이름을 붙인 리자의 결말이다. 지금의 애플 모습으로는 상상하기 어려운 일이지만, 애플에도 이런 흑역사가 있었다.

매킨토시 프로젝트는 리자보다 저렴한 컴퓨터를 만드는 것을 목표로 했으며, 리자와 마찬가지로 GUI와 마우스를 채택했다. 잡스는 매킨토시를 리자보다 먼저 출시하길 원했지만 결국 리자가 먼저 출시됨으로써 최초의 GUI 탑재 PC라는 타이틀은 리자가 가져갔다.

1984년 드디어 매킨토시가 출시되었는데 리들리 스콧(Ridley Scott) 감독이 제작한 매킨토시의 TV 광고 '1984'는 광고 역사에 전설로 남게 된다.[15] 당시 발표장에서 잡스가 매킨토시를 처음으로 선보이는 동영상을 보면, 청년 잡스가 청중의 환호성 속에서 아빠 미소를 짓고 있는 것을 볼 수 있다.[16] 잡스가 가장 행복했던 시간 중 하나일 것이다.

매킨토시는 초기엔 그럭저럭 팔렸지만 이내 판매 부진에 시달리게 된다. 그 이유는 새로운 것이 아니라 애플III, 리자와 동일한 것이었다. 매킨토시는 리자보다 저렴하긴 했지만 경쟁 제품들에 비해서는 여전히 비쌌고 소프트웨어 또한 많이 부족했다. 그런 상황에서 잡스의 마케팅과 매력적인 GUI만으로는 판매에 한계가 있을 수밖에 없었다.

1985년이 됐다. 드디어 잡스에 대해 이야기할 때면 거의 항상 등장하는 사건이 발생한다. 잡스는 자신이 영입한 존 스컬리(John Sculley) CEO와의 갈등, 그리고 신제품의 연이은 판매 부진에 대한 책임을 지고 사실상 애플에서 쫓겨나게 된다. 같은 해에 워즈니악도 그만둠으로써 이제 애플은 공동창업자 중 아무도 남아 있지 않은 상태가 된다.

이후 매킨토시는 IBM PC(와 수많은 호환기종) 및 윈도우의 틈바구니 속에서 자기 나름의 틈새시장, 즉 교육용 및 출판용 컴퓨터로 그럭저럭 매출을 올린다. 하지만 1991년부터 잡스가 CEO로 복귀하는 1997년까지 재정 상태가 악화되면서 애플은 암흑기를 보낸다.

여기까지의 중요한 교훈은, 애플과 잡스가 애플II 시리즈를 통해 전설적인 성공을 경험했음에도 불구하고 그 교훈을 후속 제품들에 반영하지 못했다는 점이다. 애플II 시리즈는 개방형 아키텍처와 그로 인해 만들어진 수많은 주변기기와 다양한 소프트웨어들을 갖고 있었으며, 소비자들이 납득할 만한 가격에 판매됐다. 반면에 후속 제품인 애플III, 리자, 매킨토시는 폐쇄형 아키텍처로 인해 생태계 조성에 어려움을 겪었다. 게다가 가격까지 비싸서 상황은 더욱 악화됐다. 잡스는 한마디로 삼진아웃 당한 것이며, 잡스의 퇴진은 어쩌면 당연한 결과였다.

하지만 잡스는 강한 정신의 소유자였고, 실패로부터 많은 것을 배우는 사람이었다. 이후 잡스는 애니메이션 회사 픽사(Pixar)로 큰 성공을 거두고, 넥스트(NeXT)를 설립해 시대를 앞서가는 컴퓨터와 운영체제를 만들었다. 1996년 잡스는 넥스트를 4억 2,700달러에 애플에 매각한 후, 1997년 임시 CEO로 애플에 복귀한다.

잡스, 치밀한 플랫폼 전략으로 우뚝 서다

1998년 애플은 새로운 디자인의 예쁜 매킨토시 아이맥(iMac)을 출시한다. 아이맥은 출시 5개월 만에 80만 대가 팔리면서 상당한 성공을 거둔다.[17] 이는 다시금 애플의 플랫폼이 부흥할 것을 알리는 서막이었다. 이후 거의 매년 애플은 새로운 하드웨어와 소프트웨어를 출시함으로써 고객을 사로잡기 시작한다. 이는 잡스의 플랫폼 전략이었으며 잡스 사후인 지금까지도 그대로 이어지고 있다.

1999년 애플은 동영상 편집 소프트웨어 아이무비(iMovie)를 출시한다. 아이무비는 맥의 킬러앱으로 호평을 받았고, 지금은 모바일로까지 확장돼 있다.

2001년 1월, 애플은 2000년에 인수한 사운드잼MP(SoundJam MP)를 기반으로 만든 아이튠즈(iTunes) 1.0을 출시한다. 당시의 아이튠즈는 현재와 같이 음원을 구입할 수 있는 스토어 기능은 없었고, 단순한 미디어 플레이어였다. 이는 MP3 사용자들이 늘어나고 있는 상황에서 일단 플레이어를 통해 사용자들을 사로잡으려는 잡스의 전략이었다. 당시 애플은 아이튠즈를 '세상에서 최고이자 가장 사용하기 쉬운 주크박스(Jukebox) 소프트웨어'라고 홍보했다.[18]

같은 해 3월, 애플은 너드들로부터 큰 호평을 받았던 넥스트의 기술을 기반으로 새로운 운영체제 '맥OS X'를 개발해 선보인다. 맥의 운영체제를 혁신한 것이다. 맥OS X는 현재도 사용되는 맥의 운영체제이자 아이폰, 아이패드에 사용되는 iOS의 기반이기도 하다. 같은 해 5월, 애플은 오프라인 매장인 애플 리테일 스토어(Apple Retail Store)를 처음으로 버지니아 주와 캘리포니아 주에 오픈한다. 같은 해 11월, 애플은 아이팟(iPod) 판매를 시작했으며 이후 6년 동안 1억 대가 넘게 팔리는 대성공을 거두게 된다.[19]

　　2001년은 애플 역사에서 아주 중요한 한 해라고 볼 수 있다. (1)애플의 소프트웨어 경쟁력을 상징하는 맥OS X, (2)애플의 고객들에게 일종의 성지와 같은 역할을 하는 애플 스토어, (3)애플의 콘텐츠 비즈니스를 이끈 아이튠즈와 이에 기반한 기기이자 아이폰의 조상이라 할 수 있는 아이팟, 이 세 가지의 흥미로운 스토리가 2001년에 시작됐기 때문이다.

2001년 첫 선을 보인 오리지널 아이팟[21]

2003년 애플은 아이팟이 어느 정도 보급되자 드디어 비장의 무기인 아이튠즈 스토어(iTunes Store) 서비스를 개시한다. 음원 하나당 0.99달러에 판매하는 비즈니스 모델은 당시로서는 센세이션을 일으킨다. 애플은 이후 5년 동안 음원 판매만 50억 건을 달성하면서 디지털 콘텐츠 시장의 강자로 우뚝 서게 된다.[20]

　　애플은 맥의 생태계를 확장하려는 시도도 착실히 진행했다.

애플은 인텔 CPU를 탑재한(그전까지는 IBM의 파워PC CPU를 탑재했다) 맥북프로(MacBook Pro), 아이맥 등을 출시하고, 2006년에는 윈도우 사용자를 끌어들이기 위해 부트캠프(Boot Camp)라는 소프트웨어를 출시한다. 부트캠프를 이용하면 맥 컴퓨터에서 윈도우를 구동할 수 있고, 이를 위해 애플은 맥에서 구동되는 윈도우용 장치 드라이버도 제공했다. 이때부터 맥이 윈도우 PC를 점차 잠식하기 시작한다.

드디어 2007년이 됐다. 이때까지 애플은 맥 사용자들을 탄탄하게 결집시키고, 아이팟과 아이튠즈 스토어를 통해 맥 사용자가 아닌 사람들까지 새로운 고객으로 확보하면서 열혈 고객층을 계속 늘려 가고 있었다. 특히 미국 사용자들에게 있어서 콘텐츠를 편하게 구매하고 이용할 수 있는 아이튠즈는 킬러앱으로 어필했다. 만일 미국이 한국처럼 약간의 시간만 투자하면 돈을 지불하지 않고서도 불법으로 콘텐츠를 쉽게 구할 수 있고, 이에 대한 범죄 인식이 약한 국가였다면 아마도 아이튠즈는 그리 성공하지 못했을 것이다. 이러한 내용을 통해 아직까지 애플이 한국에서 제대로 된 콘텐츠 서비스를 하지 않는 이유를 추론할 수 있다. 또한 문화의 차이에 따라 플랫폼 전략도 달라져야 한다는 것을 알 수 있다.

2007년 1월, 잡스는 앞으로 컴퓨터뿐만 아니라 모바일 기기로 사업을 확장한다고 밝혔다. 같은 해 6월, 애플은 1세대 아이폰을 출시한다. 당시 주요 휴대폰 제조사들을 비롯해 IT 업계의 많은 전문가들은 아이폰이 성공하지 못할 것으로 전망했다. 하지만 이후의 상황은 독자 여러분이 알고 있는 그대로다.

2007년 당시 휴대폰 시장 1위는 노키아였지만 현재 스마트폰 시장에서 노키아는 사실상 퇴출된 상태다. 2015년 기준으로 전 세계 스마트폰 제조사는 약 1,000여 개에 달하는데, 애플이 전체 스마트폰 산업에서 발생된 영업이익의 91퍼센트를 차지했다.[22]

애플이 탁월한 플랫폼 기업인 이유

서두에서 밝혔다시피 애플은 취약한 부분을 찾아보기 어려울 정도로 기술 및 비즈니스에서 총체적인 경쟁력을 갖고 있는 기업이다. 정리하는 차원에서, 애플의 핵심 경쟁력을 세 가지 관점에서 살펴보면 다음과 같다.

첫째, 애플은 하드웨어, 소프트웨어, 콘텐츠가 절묘하게 융합된 업계 최고의 플랫폼을 소유하고 있다. 애플의 하드웨어에 대해서는 추가적인 설명을 할 필요가 없을 정도로 독자 여러분도 잘 알고 있을 것이다. 각종 미디어와 블로그, 커뮤니티에서 애플이 출시한 기기들에 대한 수많은 찬사를 찾아볼 수 있다.

애플의 소프트웨어 경쟁력은 하드웨어보다는 덜 알려져 있지만, 기본적으로 애플은 PC 산업 태동기부터 쌓아 온 탄탄한 소프트웨어 실력을 갖추고 있는 기업이다. 넥스트를 기반으로 새롭게 만든 맥 OS X는 윈도우와 더불어 최고의 운영체제 중 하나다. 애플의 소프트웨어에 있어 흥미로운 점은 그 자체만으로도 충분히 뛰어나지만,

자사의 하드웨어와 결합됨으로써 최상의 결과를 만들어 내고 있다는 사실이다.

애플은 하드웨어에 최고 성능의 부품을 사용한다기보다는 원가 절감을 중시하며 가성비가 높은 부품을 사용하는 것으로 알려져 있다. 그럼에도 하드웨어 성능을 최대한 끌어내는 것은 소프트웨어 기술 덕분이다. 아이폰은 듀얼코어만으로도 옥타코어를 탑재한 안드로이드폰에 맞먹는 성능을 보여 준다.

애플이 자사가 만든 소프트웨어의 대부분을 자사의 하드웨어에서만 제공하는 일차적인 이유는 독점적인 수익을 위해 플랫폼을 완전히 개방하지 않는 전략 때문이지만, 또 하나의 이유는 하드웨어의 성능을 최대한 뽑아내기 위해 하드웨어와 소프트웨어가 긴밀하게 결합되어 있기 때문이라고 볼 수 있다. 소프트웨어만 떼어 내서 다른 플랫폼에 제공하려고 해도 쉽지 않다는 의미다. 물론 그럴 생각도 없겠지만 말이다.

IT 업계에서 애플처럼 하드웨어와 소프트웨어의 결합을 통해 완성도 높은 제품을 만들어 내는 기업은 애플이 거의 유일하다. 굳이 꼽는다면, 격차가 많이 나긴 하지만 애플의 추종자 샤오미(Xiaomi)를 꼽을 수 있겠다(샤오미에 대한 내용은 별도의 주제로 다룰 것이다).

또한 애플은 세계 1위의 디지털 콘텐츠 및 앱 마켓플레이스를 갖고 있다. 아이튠즈 스토어를 통해 음원, 영화, TV 프로그램, 전자책 등의 다양한 콘텐츠를 제공하며, 앱스토어를 통해 다양한 종류의 앱을 유통하고 있다. 더군다나 사용자가 구입한 콘텐츠는 애플 플랫폼을 벗어나는 즉시 활용성이 급격히 떨어지고, 앱은 아예 무용지물이 된다.

애플은 과거로부터 배운 교훈을 기반으로, 개방을 하긴 하지만 자세히 들여다보면 폐쇄적인 성벽을 쌓은 자신만의 성을 구축하고 있다. 이 성 안에서 애플은 절대군주다. 모든 규칙은 애플이 정하는데, 애플에게 최대한 유리하게 만들어져 있으며 수익의 상당 부분을 애플이 가져간다.

애플은 자사의 모든 하드웨어, 소프트웨어, 콘텐츠 및 앱 마켓플레이스를 통합함으로써 강력한 생태계를 구축했으며, 이것이 사용자를 붙들어 놓는 커다란 경쟁력으로 작용하고 있다. 아이팟을 구매했던 사람들이 아이폰을 구매하고 또 아이패드를 구매한다. 애플워치도 구매한다. 그런 선순환의 고리를 강력하게 구축한 기업이 바로 애플이다.

애플이 선보이는 모든 제품은 그저 단품이 아니라 애플 플랫폼 및 생태계의 일원으로 등장하는 것이다. 그에 따라 애플의 신제품은 실패를 하고 싶어도 쉽게 실패할 수 없을 정도로 기존 플랫폼의 탄탄한 지원을 받는다. 경쟁업체들이 아무리 노력해도 애플을 이기기 어려운 이유가 바로 여기에 있다. 비유하자면, 치열한 전쟁터에서 경쟁업체의 신제품은 혈혈단신으로 싸워야 하는 반면에 애플의 신제품은 맥, 아이폰, 아이패드, 아이튠즈 등 힘 세고 노련한 형님들이 함께 싸워 주는 구조인 것이다.

둘째, 애플 제품에 강한 애착을 보이는 고객층을 갖고 있다는 점이다. 애플이 라이프스타일 브랜드라는 것을 다시 한 번 떠올려 보

자. 애플의 제품을 단순한 도구 이상으로 생각하는 고객들이 많다. 어떤 고객들은 '팬보이(Fanboy, 광적으로 집착하는 고객)', '애플빠' 등으로 불리기도 하는데, 그들은 신제품이 출시되는 족족 빠짐없이 구입할 뿐만 아니라 하루라도 빨리 구입하기 위해 매장 앞에서 밤새우는 것을 마다하지 않는다.

플랫폼에 대한 정서적인 애착은 로열티(Loyalty)라는 용어로 설명할 수 있으며, 이는 플랫폼의 성공 요인 중 하나일 뿐만 아니라 최고의 플랫폼 기업만이 가질 수 있는 높은 수준의 성공 요인이라고 볼 수 있다. 아주 중요한 내용이므로 마지막 장에서 이에 대해 보다 자세하게 살펴볼 것이다.

셋째, 대기업이면서도 마치 스타트업(Startup, 신생 벤처기업을 뜻하는 실리콘밸리 용어)처럼, 하나의 목표를 향해 강한 집중력을 발휘하는 조직문화를 갖고 있다는 점이다. 앞서 살펴본 두 번째 항목이 외부 고객에 작용하는 마법이라면, 이것은 내부 고객, 즉 임직원들에게 작용하는 마법이다. 애플은 조직문화를 통해 지속적으로 성공적인 신제품을 내놓고 있는 기업이다.

애플Ⅱ 시리즈의 성공에는 시운이 꽤 작용했을지도 모르지만, 1998년의 아이맥 출시 이후부터 현재까지 애플이 보여 준 모습은 고도의 치밀한 플랫폼 전략하에 진행된 것이다. 시운이 작용하지 않았다고 볼 수는 없겠지만, 찾아온 기회를 절대 놓치지 않았으며 최적의 타이밍을 찾기 위해 온 힘을 기울였다. 나머지는 실력과 이미 구축된 플랫폼 및 생태계를 활용하면 됐다.

잡스는 애플II 시리즈의 성공과 뒤이은 애플III와 리자의 완전한 실패, 매킨토시의 판매 부진 등을 통해 많은 교훈을 얻었다. 그는 애플에 다시 복귀한 뒤부터는 자신이 배운 것을 애플이라는 회사의 DNA에 각인시키기 위해 혼신의 노력을 다했다.

거의 모든 기업들이 사업에 부침을 겪는다. 좋은 제품을 출시해 시장에서 찬사를 받고 상당한 이익을 거두기도 하지만, 이내 우월감에 빠져 보수적인 행보를 보이다가 좋은 기회를 놓치고 결국 다른 기업에게 추월을 당하게 된다. 잡스는 그런 함정에 빠지지 않기 위해 애플의 조직문화에 상당한 공을 들였다.

> "때로는 혁신을 추구하다 실수할 때도 있습니다. 그럴 경우 빨리 실수를 인정하고, 다른 혁신을 향해 나아가면 됩니다." -스티브 잡스

애플은 사업 구조를 단순하게 만들어, 마치 스타트업처럼 소수의 핵심 프로젝트에만 역량을 집중함으로써 탁월한 결과물을 만들어내는 방식을 택했다. 잡스가 몇몇 인터뷰에서 밝힌 것처럼 애플은 '영원한 스타트업'을 추구하는 기업이다. 잡스는 대기업의 관료주의를 끔찍하게 싫어해 애플이 언제까지나 실리콘밸리의 스타트업처럼 작동하기를 바랐으며, 생전에 그런 조직문화를 만들기 위해 노력했고 실제로 그런 문화를 애플에 각인시켰다.

애플에서 최고로 우대하는 직종은 디자이너와 소위 DEST라고

불리는 엔지니어 그룹이다. DEST는 탁월한(Distinguished) 엔지니어(Engineer), 과학자(Scientist), 기술자(Technologist)를 뜻하며 회사에서 특별 대우를 받는 것으로 알려져 있다.[23] 일반적인 기업에서는 기획팀이 전체 계획을 수립한 다음에 해당 내용이 디자이너와 엔지니어에게 하달되지만, 애플은 정반대의 프로세스를 갖고 있다. 디자이너와 엔지니어가 수립한 비전에 따라 조직이 움직인다.

이와 같은 애플의 독특한 조직문화는 잡스의 가장 큰 자랑거리였으며, 이는 잡스가 애플에 남긴 최대의 유산이라고 볼 수 있다. 자신이 이 세상에 없어도 자신의 기대대로 계속 작동될 수 있는 기업을 만들어 놓은 것이다. 그런데 좋은 조직문화를 유지하는 것은 어려워도 나빠지는 것은 순간이다. 특히 카리스마 스타일의 리더 한 명에 의존했던 조직이라면 더욱 그렇다. 그 리더가 사라지면 조직문화가 바로 변질되기 십상이기 때문이다.

그런 측면에서 잡스의 위대한 점 중 하나는 자신의 사후에도 애플을 성장시킬 후계자를 잘 선임했다는 점이다. 빌 게이츠가 후계자로 스티브 발머를 지명해 마이크로소프트의 조직문화와 생태계를 망친 것과는 달리, 잡스의 후계자 팀 쿡(Tim Cook)은 잡스의 유산을 살리면서도 자신만의 색채로 애플을 잘 이끌어 가고 있다는 평가를 받고 있다(적어도 이 책을 집필하는 시점까지는 그렇다).

물론 애플이 언제까지 흥할지는 아무도 알 수 없는 일이다. 마이크로소프트의 사례에서 알 수 있듯이, 잘못된 리더 한 명이 기업의 많은 것을 파괴할 수 있기 때문이다. 팀 쿡이 언제까지 올바른 리더십을 보여 줄지 알 수 없고, 팀 쿡 이후의 애플이 어떻게 될지도 알 수 없다.

하지만 애플을 망치는 것은 다른 어떤 기업을 망치는 것보다 어려운 일일 것이다. 왜냐하면 애플이 오랜 시간 공을 들여 구축한 탄탄한 플랫폼, 라이프스타일 브랜드로서의 애플에 매혹된 열혈 고객층, 잘 구축된 특유의 조직문화, 충실한 외부 개발자들, 그 전부를 파괴해야 할 것이기 때문이다.

여기에서 언급한 세 가지 항목 외에도 애플의 강점은 많다. 오프라인 매장인 애플 스토어도 그중의 하나다. 또한 애플은 광고와 마케팅의 달인이기도 하다. 그리고 흔히 간과되는 강점으로 SCM(Supply Chain Management, 공급망 관리)을 꼽을 수 있다. 애플은 기기 제조를 위한 공장을 갖고 있지 않은 기업이다. 애플은 기기에 사용되는 수많은 부품들을 구매하고 이를 다른 업체의 공장에서 조립한다. 이 과정에서 이익을 극대화하기 위해서는 부품 공급업체 및 조립업체 선정을 비롯해 구매 관리의 모든 측면을 효율화하고 수요와 공급이 일치하도록 계속 조정해야 하는데, 이는 무척 어려운 일이다. 애플은 이러한 SCM 역량에서 전 세계 기업 중 1위를 차지하고 있다.[24] 이처럼 애플의 경쟁력은 일반 소비자 눈에는 보이지 않는 부분에서도 발휘되고 있다.

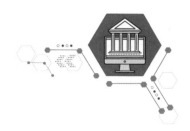

세상을 제패한 **호기심 제국,**
구글과 **알파벳**

아마도 이 글을 읽는 독자들 중에서 구글의 서비스를 이용하지 않는 사람은 거의 없을 것이다. 안드로이드를 사용하고 있거나 지메일, 캘린더 등과 같은 서비스, 아니면 최소한 구글의 검색엔진이라도 이용할 것이기 때문이다.

구글은 검색엔진의 후발 주자다. 그럼에도 불구하고 시장을 제패할 수 있었던 이유는 (1)무엇보다 검색 품질이 뛰어났기 때문이고, (2) 검색엔진에 광고라는 수익 모델을 적절하게 잘 결합했기 때문이다. 구글 이전의 검색엔진들은 아예 수익 모델이 없거나 또는 돈을 벌기 위해 검색 결과를 광고로 도배하거나 둘 중의 하나였다. 인터넷 광고는 광고주와 광고 소비자를 매개한다는 측면에서 대표적인 매개형 플랫폼이면서 그 자체로 하나의 수익 모델이다.

최고의 엔지니어와
최고의 비즈니스맨의 만남

구글의 공동창업자이자 지금도 구글의 사업 방향을 이끌고 있는 래리 페이지와 세르게이 브린은 1996년 스탠퍼드대학교 박사과정에서 검색엔진에 대해 연구하면서 페이지랭크(PageRank)라는 알고리즘을 개발하게 된다. 이는 간략히 말해 링크가 많이 걸린 웹페이지를 중요한 페이지로 인식해 검색 결과의 앞부분에 노출하는 알고리즘이었는데, 간단하면서도 당시로서는 검색 품질을 개선하는 혁신적인 방법이었다.

1998년 11월의 구글 웹사이트(당시 URL은 http://google.stanford.edu였다)[25]

구글에 대한 첫 번째 투자는 법인 설립 직전인 1998년 8월, 썬마이크로시스템즈(Sun Microsystems, 1982년 설립된 실리콘밸리의 유명 IT 기업으로 2010년 오라클에 74억 달러에 인수됐다)의 공동창업자 중 한 명인 앤디 벡톨샤임(Andy Bechtolsheim)에 의해 이뤄졌다. 이 대목에서 우리는 성공한 스타트업의 창업자가 신생 스타트업에 투자하고, 그렇게 성공하게 된 스타트업의 창업자가 다시 다른 신생 스타트업에 투자하는, 실리콘밸리의 선순환 구조를 알 수 있다.

구글의 공동창업자들은 1998년 9월, 자신들의 기술로 검색엔진 서비스를 제공하기 위해 회사를 설립한다. 잘 알려진 대로 구글의 슬로건은 "사악해지지 말자(Don't be evil)"다.[26] 이 슬로건은 2000년 초반에 구글의 한 직원이 제안한 것으로 알려져 있으며, 지금도 구글의 회사 공식 페이지에서 찾아볼 수 있다. 이 말은 이익을 위해 나쁜 짓을 하지 말자는 의미를 담고 있는데, 당시 마이크로소프트가 독점 기업으로서 상당한 사회적 논란이 되었기에 그런 맥락을 반영한 것으로 볼 수 있다.

그러나 기업 경영의 1차적인 목표가 이윤 추구라는 점에서 '악마'는 언제나 기업 가까이에 있다. 실제로 구글도 2004년 상장 이후 "사악해지지 말자"라는 기업 철학이 변했다는 얘기가 나오기도 했고 실제로 그런 면이 발견된 것도 사실이지만, 그래도 다른 기업들보다는 덜 사악한 상태를 유지하고 있다고 볼 수 있다.

2001년 3월, 에릭 슈미트가 이사회 의장으로 구글에 합류하게 된다. 에릭 슈미트는 썬마이크로시스템즈의 창업 초기에 합류한 첫 번째 소프트웨어 매니저 출신이었으며 구글에 들어오기 이전에는 노벨(Novell, 1979년에 설립된 IT 기업으로 한때 네트워크 소프트웨어로 유명했다)의 CEO로 일했다. 에릭 슈미트는 업계에서 명망이 높은 사람으로, 구글의 공동창업자들은 에릭 슈미트를 인터뷰하면서 깊은 인상을 받은 것으로 알려져 있다. 2001년 8월, 에릭 슈미트는 구글의 CEO로 선임된다.

2004년 8월, 구글은 회사를 상장하는데 이때 두 명의 공동창업자와 에릭 슈미트는 향후 20년 동안, 즉 2024년까지 구글에서 함께 일할 것을 맹세한다. 이 같은 결정이 시사하는 바는 적지 않다.

많은 창업자들이 자신만의 독단으로 사업을 추진하다가 한때 잘나가는 회사를 망가트리곤 한다. 특히 엔지니어 출신의 창업자들이 그런 경우가 많다. 왜냐하면 엔지니어 출신의 창업자가 자신의 기술로 만든 제품으로 회사를 성공시키게 되면, 종종 자기 자신이 기술과 비즈니스 모두에 통달한 '신의 손'이라는 착각에 빠지게 되기 때문이다. 자신의 기술로 사업까지 성공을 시켰으니 자신의 결정이 완벽하다는 생각에 사로잡히게 되는 것이다.

그런 맥락에서 래리 페이지와 세르게이 브린이 에릭 슈미트를 영입하고 그를 전폭적으로 신뢰해 함께하기로 한 결정은, IT 역사에서도 손에 꼽을 만큼 영리한 협업 사례라고 볼 수 있다. 이는 최고의 엔지니어와 최고의 비즈니스맨의 결합이라는 점에서, 스티브 워즈니악과 스티브 잡스의 결합에 비견될 만한 일이라고 볼 수 있다.

프리미엄(Freemium) 전략의 달인

　프리미엄은 '공짜(Free)'와 '고급(Premium)'의 합성어로, '어떤 제품이나 서비스를 무료로 제공하면서 추가적인 기능, 가상 상품, 또는 여타 다른 방법으로 수익을 내는 전략'을 의미한다.

　요즘 대부분의 모바일 게임들이 취하고 있는 인앱 구매, 즉 앱을 무료로 설치할 수 있도록 한 후 추가로 필요한 콘텐츠를 앱 내에서 구매하도록 하여 수익을 올리는 모델이 바로 프리미엄 전략의 대표적인 사례다. 모바일 게임이나 여타 서비스들이 내세우는 공짜란 사실상 미끼이며 제대로 사용하기 위해서는 사용자가 별도의 비용을 지불해야 하는 경우가 많다. 반면에 구글은 자사가 만든 서비스의 경우 별도의 과금 없이 모든 기능을 공짜로 제공하는 경우가 대부분이다. 물론 비즈니스용 구글앱스(Google Apps, 지메일·캘린더·문서 등의 몇몇 웹서비스를 묶어서 구글이 부르는 이름)나 클라우드 서비스처럼 기업 고객을 대상으로 하는 경우에는 당연히 유료로 서비스를 제공한다.

　구글은 개인 사용자를 대상으로 다양한 서비스들을 대부분 무료로 제공한다. 더군다나 검색엔진은 인터넷 사용자라면 반드시 이용해야 하는 '인터넷의 킬러앱'이다. 그런 킬러앱을 구글은 무료로 제공한다. 구글은 검색엔진을 비롯해 자사의 각종 서비스들을 무료로 제공하면서, 사용자들에게 광고를 게시하고 이를 통해 상당한 수익을 창출한다. 나아가서는 다른 웹사이트나 앱에도 광고를 제공함으로써 구글 서비스 내에서뿐만 아니라 인터넷의 모든 곳에 광고를 붙여 수익을 거두고 있다.

구글의 광고 사업은 크게 애드워즈(AdWords)와 애드센스(AdSense) 프로그램으로 구성되어 있다. 애드워즈는 광고주를 모으는 프로그램이다. 광고주는 애드워즈에 가입함으로써 구글의 각종 서비스와 애드센스에 가입한 웹사이트, 앱 등에 광고를 할 수 있다. 애드센스는 광고 게시자를 위한 프로그램이다. 블로그, 웹사이트, 앱 등의 소유자들은 애드센스에 가입할 수 있다. 사용자가 광고를 클릭할 때마다 구글은 광고주로부터 돈을 받고 그중 일부를 광고 게시자에게 제공한다.

이와 같은 구글의 수익 모델은 플랫폼의 관점에서 상당한 확산 효과가 있다. (1)구글의 각종 서비스들이 무료로 제공되기에 보다 많은 사용자들이 몰려들고, (2)많은 사용자들이 이용하기에 많은 광고주들이 몰려들고, (3)많은 광고주들이 있어 보다 높은 수익을 올릴 수 있기에 더 많은 외부의 광고 게시자들이 구글의 광고 프로그램에 참여하게 된다. 이와 같은 선순환을 기반으로 구글은 최고의 인터넷 기업이 됐다.

사용자 입장에서는 광고가 짜증 날 때도 있겠지만 구글이 제공하는 서비스를 무료로 이용할 수 있다면 당연히 감내해야 한다고 생각한다. 대부분의 사용자는 이에 대해 큰 불만이 없으며 오히려 구글에 감사한 마음을 갖고 있는 사용자도 많다. 광고주 입장에서는 광고 단가가 불만스러울 수도 있지만, 다양한 소비자를 만날 수 있다는 이점 때문에 계속 구글을 이용한다. 다른 광고 방법에 비해 오히려 구글이 저렴하다고 생각하며 만족하는 광고주도 적지 않다. 애드센스를 이용하는 광고 게시자의 입장에서는 수익 배분에 불만을 가지는 경우도 있겠지만 대부분의 광고 게시자는 만족한다. 구글이 아니라면 어쩌면 한 푼도 벌지 못했을 것이기 때문이다.

이처럼 구글의 플랫폼은 '무료 서비스 + 광고 수익 모델 + 이해관계자들의 욕구 충족'이라는 세 가지 축으로 선순환을 구현하고 있다. 흥미로운 점은 애플의 경우 가능한 한 돈을 받는 유료 모델을 추구하는 반면에, 구글은 가능한 한 돈을 받지 않는 무료 모델을 추구하고 있다는 점이다. 역시 하나의 정답은 없다. 각자 자신의 강점을 발판으로 삼아 최선을 다해 비즈니스를 할 뿐이다.

최고의 딜, 안드로이드와 유튜브 인수

구글이 안드로이드로 모바일 운영체제 시장을 애플과 양분하기 전까지, 구글은 검색엔진이라는 분야에서 1위를 차지하는 대표적인 글로벌 인터넷 기업이었으나 사업 범위가 그리 넓지는 않았다. 검색엔진, 유튜브, 지메일, 문서 등의 몇몇 웹서비스를 제공하는 정도였다. 당시 구글 수익의 거의 대부분은 검색엔진에 붙은 광고와 애드센스를 통한 광고에서 발생했다.

하지만 구글은 끊임없이 신규 사업을 찾았다. 구글은 계속 스타트업들을 인수함으로써 창의적인 인재와 그들의 에너지를 수혈받

왔다. 구글의 인수합병 역사가 정리된 자료에 따르면, 2001년 2월부터 2015년 7월까지 구글은 총 182개의 기업을 인수했다.[27] 인수합병의 양과 질, 그리고 성과라는 측면에서 아마도 구글을 따라올 IT 기업은 없을 것이다(물론 최근 페이스북의 인수합병도 대단한 수준이다).

2005년 8월, 구글은 안드로이드(Android)라는 회사를 5,000만 달러에 인수한다. 구글의 안드로이드 인수는 구글의 인수합병 역사상 '최고의 딜(Best Deal Ever)'이라고 불린다. 인수금액이 저렴했을 뿐만 아니라 구글을 모바일이라는 새로운 시장의 강자로 만들어 준 결정적인 딜이었기 때문이다.

2006년 구글은 유튜브(YouTube)를 16억 5,000달러에 인수한다.

안드로이드 1.0(2008년)[28]

당시 유튜브는 창업한 지 1년밖에 안 됐고, 별다른 수익도 내지 못하고 있었다. 당시 비싼 인수금액에 업계의 많은 전문가들이 우려를 표했지만, 현재 유튜브의 가치와 안드로이드와의 시너지를 생각할 때 구글의 유튜브 인수는 아주 영리한 결정이었다고 볼 수 있다. 지금의 유튜브는 세계 최고의 동영상 서비스로서 사용자들의 일상에서 필수적인 서비스가 됐다. 모바일에서 유튜브의 이용 시간은 계속 증가하고 있으며, 여전히 성장 가능성이 높은 서비스다.

2011년 5월, 구글은 처음으로 월간 방문자 수(Unique Visitors 기준) 10억 명을 돌파했다.[29] 현재 구글은 세계 1위의 웹사이트이며 유튜브가 세계 3위다(2위는 페이스북이다).[30] 구글은 이외에도 수많은 기업을 인수해 자사의 새로운 서비스로 출시하거나 또는 기존 서비스에 새로운 기능으로 덧붙였다. 구글의 사진 관리 서비스인 피카사(Picasa)도 2004년에 인수한 것이다. 구글 문서(Google Docs) 서비스도 업스타틀(Upstartle), 앱젯(AppJet), 닥버스(DocVerse) 등 구글이 인수한 여러 기업의 기술을 통합해 만들어진 것이다.

구글의 핵심 수익 모델이자 인터넷 광고 사업인 애드센스, 애드워즈도 사실 2003년 1억 200만 달러에 인수한 어플라이드 시맨틱스(Applied Semantics), 2006년 1억 200만 달러에 인수한 디마크 브로드캐스팅(dMarc Broadcasting), 2007년 31억 달러에 인수한 더블클릭(DoubleClick), 그리고 스프링크스(Sprinks), 애드스케이프(Adscape) 등 여러 기업의 기술을 기반으로 운영되고 있다. 근래에 구글은 스마트홈, 로봇, 드론, 가상현실 등 차세대 비즈니스를 위해 관련 스타트업들을 계속 인수하고 있다.

앞서 안드로이드와 유튜브의 인수가 구글에게 얼마나 커다란 도움이 되었는지 설명한 바 있다. 구글은 이를 통해 모바일 시장과 동영상 시장을 지배하게 됐다.

구글이 안드로이드와 유튜브를 얻게 된 것은 결코 운이 아니다. 지금까지 살펴본 것처럼 구글은 기업의 혁신성을 유지하는 핵심적인 방법으로서 끊임없이 스타트업을 인수해 왔기 때문이다. 그렇다고 구글의 인수 결과가 항상 성공적인 것은 아니다. 구글은 인수 성공률이 거의 70퍼센트에 달한다고 자체적으로 판단하고 있는데, 바꿔 말하면 30퍼센트 이상은 실패했다는 뜻이다.[31] 거액을 허공으로 날린 셈이다. 하지만 성공한 인수 사례가 만들어 낸 그 이상의 가치를 생각해 볼 때, 앞으로도 구글은 계속 스타트업을 인수할 것이며 과거의 경험들을 바탕으로 인수 성공률을 더욱 높일 것이다.

자유와 공유를 추구하는 조직문화

여기에서 언급한 자유와 공유란 말뿐인 자유와 공유가 아니다. 경영진이 조직 구성원들에게 자율성과 정보 공유를 강조하는 기업은 많다(어쩌면 그런 주장을 하지 않는 경영진을 찾는 것이 더 어려울지도 모른다). 하지만 대부분은 말뿐이다.

조직 구성원들이 실제로 그렇게 느끼고 행동할 수 있는 환경을 만들어 주는 것이 중요하다. 바로 구글처럼 말이다. 구글은 직원들에게 자유를 주는 만큼 아주 까다롭게 직원을 뽑는 것으로 유명하다. 구글의 채용 과정은 총 9단계에 이를 정도로 까다로우며, 첫 단계에서 입사에 이르기까지 길면 1년 가까이 걸리기도 한다. 구글은 후보자가 장차 함께 일할 동료들을 면접관으로 참여시킨다. 이는 뛰어난 직원을 채용하는 데 있어서 아주 중요한 요소다. A급 기업은 A급 인재를 뽑는 데 온 힘을 기울인다. 왜냐하면 A급 인재는 A급을 뽑고, B급 인재는 C급 인재를 뽑기 때문이다.[32]

구글은 그렇게 까다롭게 채용한 직원들로 하여금 일주일 중 하루를 본업 외에 자기가 관심 있는 분야의 프로젝트를 수행할 수 있도록 하는 '20퍼센트의 시간(20 percent time)' 제도를 운영하고 있다. 구글은 '20퍼센트의 시간' 정책을 통해 구글뉴스, 지메일, 애드센스 등과 같은 히트 제품을 개발한 것으로 알려져 있다.[33]

이 제도를 통해 만들어진 결과물이 사내에서 인정을 받으면 공식적인 프로젝트가 되고 이것이 본업으로 바뀌는 식이다. 그러므로 다른 기업들과 달리 구글에서는 하기 싫은 일을 억지로 할 필요가 없다. 자신의 노력으로 업무를 바꿀 수 있기 때문이다. 만일 억지로 일하는 사람이 있다면 능력이 부족하기 때문이라고 생각한다.

출퇴근 시간은 직원마다 다르다. 대부분의 성공적인 소프트웨어 기업들은 근태보다는 성과 위주의 조직문화를 갖고 있는데, 그것은 구글도 마찬가지다. 어차피 대부분의 직원들이 자발적으로 자신이 일할 장소를 택해 가정과 직장을 구분하지 않고 언제 어디서나 일하고 있기 때문에 근태를 체크하는 것 자체가 무의미하다. 어떤 직원은 오전 내내 산악자전거를 타다가 회사에 도착해 마무리 운동까지 하고 점심 식사 후에 일을 시작한다. 또 어떤 직원은 오전 7시에 출근해 점심 이후에 퇴근하기도 한다.

구글의 직원들이 가장 만족스럽게 생각하는 것 중 하나는 뛰어난 동료들과 일하고 있다는 점이다. 예를 들면, 옆 자리의 동료가 유명 해커 출신이거나 베스트셀러 서적의 저자일 수도 있고, 또는 커뮤니티 리더나 유명 블로거일 수도 있다. 구글 직원들은 사무실 곳곳에서 언제든지 즉석 토론을 한다. 매주 금요일에 열리는 TGIF 미팅에서 래리 페이지와 세르게이 브린에게 직접 질문하고 논쟁을 할 수도 있다.[34]

이렇게 자유와 공유를 강조하는 구글의 정신은 내부의 조직 구성원뿐만 아니라 오픈소스(Open Source, 소프트웨어 개발자의 권리를 보장하면서 소스코드를 공개하는 것) 커뮤니티와의 관계에 있어서도 유감없이 발휘되고 있다.

구글이 만든 소프트웨어나 서비스를 보면 너드의 냄새가 물씬 풍긴다. 구글은 수학, 과학, 공학 등을 매우 중요하게 생각하여 모든 것을 수치와 데이터로 환산해 활용하는 기업이다. 그렇기 때문에 디자인, 기능, 사용자 인터페이스 등에 있어서 왠지 너드의 냄새가 난다. 그런 구글 문화의 특성은 오픈소스와 잘 들어맞는다. 또한 구글의 입장에서는 안드로이드, 크롬 등의 기반형 플랫폼을 소유한 기업으로서 사업적인 측면에서도 외부 개발자와의 관계가 상당히 중요하다.

이처럼 구글은 내부 개발자들에게 최고의 대우를 할 뿐만 아니라,

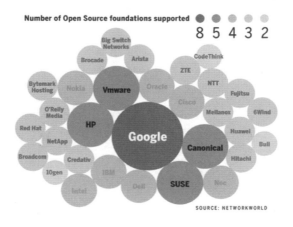

구글은 전 세계 기업들 중에서 오픈소스 재단에 가장 많은 지원을 하고 있다.[35]

외부 오픈소스 커뮤니티의 개발자들과도 긴밀한 관계를 맺고서 여러 프로젝트에 스폰서 역할을 하고 있다. 그런 것들이 구글의 평판을 만들고, 최고의 개발자들로 하여금 구글에 입사하길 원하게 만든다(최고의 개발자들이 들어가고 싶어 하는 기업이 바로 최고의 소프트웨어 기업이다).

구글은 실패를 장려하는 회사다. 실패 없이는 새로운 것을 얻을 수 없다는 사실을 잘 알고 있기 때문이다. 협업을 제공하는 서비스였던 웨이브(Wave), 위키피디아와 유사한 서비스였던 놀(Knol), 마이크로블로그의 일종이었던 자이쿠(Jaiku), 가상세계 서비스였던 라이브리(Lively) 등 수많은 서비스들이 실패했다.

"세상을 변화시키는 방법을 한 문장으로 말해 볼까요? 그것은 마음이 불편하면서도 흥분되는(uncomfortably exciting) 무엇인가를 계속 열심히 하는 겁니다."

-래리 페이지

구글은 다른 기업이라면 절대 투자하지 않을 그런 프로젝트들도 여럿 진행하고 있다. 구글은 구글X(Google X)라는 조직을 만들어 다양한 미래 프로젝트를 수행하고 있는데, 자율주행 자동차(Self-Driving Car), 글래스(Glass) 등 잘 알려진 프로젝트를 비롯해 드론의 일종인 윙(Wing), 거대 풍선을 띄워 인터넷을 제공하는 룬(Loon), 눈에 부착해 건강 상태를 지속적으로 체크하는 콘택트렌즈(Contact Lens) 등의 프로젝트를 진행 중이다.

그리고 2015년 8월, 구글의 공동창업자들은 구글을 비롯해 투자사인 구글벤처스(Google Ventures), 스마트홈 제품을 만드는 네스트랩(Nest Labs), 구글X 등을 자회사로 두는, 지주회사 알파벳(Alphabet)을 설립한다고 발표했다. 대기업에다 상장회사인 구글에서는 아무래도 제약이 있기 때문에, 구글을 통해 기존 사업을 진행하면서 별도의 새로운 회사를 통해 더 신속하고 다양한 시도를 하기 위해서다.

앞으로 알파벳은 지금까지 구글이 그래 왔던 것처럼 "빨리 실패하고, 자주 실패하고, 모든 곳에서 실패하라(Fail Fast, Fail Often, Fail Everywhere)"의 정신을 계승해 더 많은 실패를 할 것이다. 그것이 바로 구글과 알파벳의 강력한 경쟁력이다.

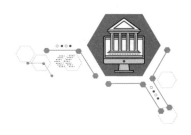

복합형 소셜 플랫폼으로 진화한 페이스북

　2004년에 설립된 페이스북(Facebook)은 10년 만에 매월 약 15억 명의 사용자가 접속하는 세계 최고의 SNS가 됐다. 매일 접속하는 사용자 수도 약 10억 명에 달할 정도다. 스티브 잡스는 생전에 "페이스북이 SNS 산업을 지배하고 있는 것에 존경심을 표한다"고 밝힌 바 있다.[36]

　수많은 SNS들이 등장해 잠시 인기를 끌다 사라져 버린 인터넷 역사에서, 페이스북은 어떻게 최고의 SNS가 되었으며 앞으로도 그런 지위를 지킬 가능성이 큰 기업이 되었을까?

　페이스북은 어떤 기업보다도 플랫폼 사업을 잘 이해하고 그에 맞는 전략을 착실하게 수행해 성공한 기업이다. 페이스북은 자신의 강점을 살리면서 지속적으로 플랫폼을 확장해 나갔다. 페이스북의 경쟁력을 명확히 이해하기 위해서, 먼저 다른 SNS들의 실패 사례에 대해 잠시 알아보자.

싸이월드와
마이스페이스 몰락의 교훈

2000년대 중후반, 업계의 많은 사람들은 페이스북의 미래가 불투명하다고 전망했다. 특히 국내의 IT 업계 사람들은 아이러브스쿨과 같은 서비스를 예로 들며 페이스북도 머지않아 인기가 사그라질 것이라고 말했다.

사실, 사람들이 그렇게 생각하는 데에는 그 나름의 판단 근거가 있었다. 사용자들을 서로 연결해 주는 인터넷 서비스는 웹 초기 시절부터 계속 있어 온 유형의 서비스인데, 한 서비스가 인기를 얻는가 하면 이내 시들해지고, 또다시 새로운 서비스가 인기를 얻었다 다시 시들해지고, 이와 같은 과정을 계속 반복해 왔기 때문이다.

SNS는 사용자들을 서로 연결하는 것이 주된 기능이기에 기본적으로 매개형 플랫폼이다. 사람들은 SNS를 통해 오랫동안 연락이 끊겼던 동창생이나 친구를 만나 기쁨을 느끼면서 그들과 글을 주고받고, 친구의 친구를 새로운 친구로 사귀고, 내가 올린 글에 타인이 반응하는 것을 보면서 짜릿함을 느낀다. 하지만 그런 짜릿함이 오래가지는 않는다. 사용자가 해당 SNS를 통해 더 이상 새로운 자극을 얻지 못하는 순간부터 SNS는 힘을 잃는다.

그런 상황에서 기존 SNS가 주지 못하는 강렬한 자극을 제공하는 신생 SNS가 등장하면, 사용자들은 다시금 새로운 자극을 찾아 신생 SNS로 떠나가게 된다. SNS의 특성상, 많은 사용자들이 사용하면 할 수록 힘이 강해지는 것과 같은 맥락에서, 사용자들이 빠져나가기 시작하고 그게 일종의 경향이 되면 급속히 힘이 약해져 버린다.

한때 국내에서 대표적인 커뮤니티 서비스를 제공했던 프리챌도 그렇게 소멸했다. 2000년대 초반 상당한 인기가 있었지만 수익 모델이 없었던 프리챌은 갑작스럽게 유료화를 결정하게 되는데, 당시 사용자들의 반발이 엄청났다. 이 틈을 타 싸이월드가 '절대 유료화 하지 않겠다'고 선언하면서 많은 사용자들이 싸이월드로 이전하게 된다. 이후 싸이월드는 미니홈피와 미니룸이라는 킬러앱에다 도토리 판매라는 수익 모델이 합쳐져 큰 성공을 거둔다. 싸이월드의 독특한 수익 모델과 성과는 페이스북을 비롯한 해외 여러 기업들이 벤치마킹을 한 것으로 알려져 있다.

싸이월드는 2003년 SK커뮤니케이션즈에 인수된 후, 한때 100원 짜리 도토리 판매로 1,000억 원이 넘는 매출을 올리면서 한국의 대표적인 SNS로서 강력한 지위를 누리기도 했다. 그러한 자부심으로 2004년부터 미국, 중국, 일본, 독일, 대만, 베트남 등 세계 각국에 진출하지만 단 한 곳에서도 성공하지 못한 채 해외 사업에서 모두 철수하게 된다.

싸이월드의 실패는 미니홈피·미니룸과 도토리 판매가 언제까지나 작동할 거라고 생각한 자만심에 있었다. 물론 새로운 서비스에 대한 시도가 없었던 것은 아니지만 언제나 시장 타이밍과 맞지 않게 한발 늦었고 품질도 좋지 않았다. 그런 상황에서 기존 서비스의 약발이 다하는 것은 시간문제였다. 거기에다 과도한 유료화, 개인 정보 유출 사건 등으로 인해 사용자들의 불만은 점점 더 커졌다. 그렇게 싸이월드는 점차 내리막을 걷게 되는데, 그런 싸이월드에 강력한 치명타를 날린 것은 스마트폰이었다.

싸이월드는 스마트폰 시장에 제대로 대처하지 못했고, 사용자들의 이탈은 기하급수적으로 늘어 갔다. 놀라운 사실은 싸이월드가 급변하는 시장 환경에서 자신의 존재감을 각인시킬 만한 혁신적인 시도를 하기는커녕 그저 관성에 의한 경영을 지속했다는 사실이다. 급기야 2014년 SK커뮤니케이션즈는 싸이월드를 종업원 인수 방식으로 분리하는 결정을 한다. 독립 기업으로 재탄생한다고 밝혔지만, 실제로는 버린 것이나 마찬가지였다. 2015년 10월, 독립 기업으로 서비스를 운영하던 싸이월드는 방명록, 일촌평, 쪽지 보관함에 보관된 모든 정보를 삭제한다.

이러한 흥망성쇠는 싸이월드만 겪은 게 아니다. 미국의 마이스페이스(MySpace)도 마찬가지였다. 페이스북보다 6개월 정도 빠른 2003년 8월 서비스를 시작한 마이스페이스는 상당한 인기를 끌며 서비스 개시 2년 만인 2005년 7월, 미디어 재벌 루퍼트 머독(Rupert Murdoch)의 뉴스코퍼레이션(News Corporation)에 의해 5억 8,000만 달러에 인수된다.

마이스페이스는 2006~2007년의 2년 동안 최고의 전성기를 맞지만, 무분별한 광고 게재와 난잡한 화면 구성으로 인해 사용자들의 불만을 사면서도 서비스 개선을 게을리했다. 거기에다 타 업체와의 협력을 거부하는 폐쇄적인 사업 구조, 뉴스코퍼레이션의 대기업 문화와의 부조화도 회사에 나쁜 영향을 미쳤다. 마이스페이스가 단기적인 이익에 치중하면서 서비스를 망친 가장 큰 원인은 뉴스코퍼레이션의 실적 압박 때문이었다는 것이 정설이다.

2008년부터 마이스페이스의 사용자 수는 점차 감소하기 시작했는데 2010년부터는 그 속도가 가속화된다. 마이스페이스는 페이스북과 트위터에 밀려 고전하기 시작한다. 시장조사 업체 컴스코어(comScore)의 조사에 따르면, 2011년 1~2월 한 달 사이에 마이스페이스는 1,000만 명의 사용자를 잃게 된다.[37]

결국 뉴스코퍼레이션은 2011년 6월 광고기업 스페시픽미디어(Specific Media)에 3,500만 달러를 받고 마이스페이스를 매각한다. 뉴스코퍼레이션이 인수한 금액의 고작 6퍼센트에 불과한 가격이었다.

이처럼 싸이월드, 마이스페이스는 한때 정상의 SNS였지만 둘 다 유사한 함정에 빠졌다. 그 외에도 숱한 서비스들이 그렇게 쓸쓸히 역사의 뒤안길로 사라져 갔다.

원래 플랫폼은 시장의 지배적 사업자가 되면 꽤 오랜 기간 우월한 지위를 유지할 수 있는데, SNS는 그 기간이 다른 플랫폼 사업에 비해 상대적으로 짧은 편이다. 다른 분야의 플랫폼은 오랜 기간 쌓아 온 생태계가 큰 자산으로 작용하는 반면에, 일반적으로 SNS가 가진 자산이라곤 사람들의 사회적 관계와 그것을 통해 만들어진 휘발성이 강한 사용자 콘텐츠 외에는 특별한 것이 없기 때문이다. 즉, 사용자들이 생산해 내는 콘텐츠와 상호작용이 핵심 자산인데, 어떤 이유에서건 이용 빈도가 줄어들고 서비스가 무너지기 시작하면 순식간에 모든 게 파도에 휩쓸린 모래성처럼 흔적도 없이 사라져 버린다.

세계 1위의 소셜 플랫폼이 되다

여태까지 등장했던 여러 SNS들의 흥망성쇠 역사를 잘 알고 있는 사람들은 페이스북도 그럴 거라고 생각했다. 하지만 그들이 간과한 중요한 사실이 있다. 바로 페이스북의 창업자이자 CEO 마크 저커버그(Mark Zuckerberg)다. 그는 기존 SNS의 창업자들과는 본질적으로 다른 사람이다. 그는 자신의 SNS가 시장을 영원히 지배할 수 있는 방법에 대해 끊임없이 고민했으며 결국 그 방법을 생각해 냈다.

SNS는 그 특성상 가입 초기에 느꼈던 사회적 관계로 인한 즐거움이 시간이 지날수록 식상함으로 변하고 결국 피로감으로 다가온다. 그렇기 때문에 SNS는 사람들이 이탈하지 않도록 끊임없이 변화하면서 매력적인 모습을 유지해야만 한다. 이는 SNS의 숙명이다. 그런 관점에서 SNS는 어쩌면 모든 매개형 플랫폼들 중에서도 가장 어렵고 피곤한 사업이다.

저커버그는 자신의 서비스를 다른 SNS들처럼 단지 매개형 플랫폼으로 놔두지 않고, 개발자 생태계를 만드는 작업에 들어간다. 페이스북은 2007년 처음으로 F8 컨퍼런스(애플, 구글 등이 매년 개최하는 행사와 흡사하다)를 개최하고, 페이스북의 핵심 기능을 이용해 외부 개발자들이 페이스북 기반의 소셜 애플리케이션을 개발할 수 있는 플랫폼을 공개한다. 페이스북에 마치 운영체제와 같은 기반형 플랫폼의 기능을 추가함으로써 페이스북이 복합형 플랫폼으로 재탄생하는 순간이었다.

2007년 당시는 웹2.0 시절로서 웹사이트들이 자신의 기능을 '오픈 API(Application Programming Interface)'로 제공하는 것이 유행이었다. 그럼에도 SNS로서 페이스북이 자신의 기능을 대폭 개방하기로 한 것은 파격적인 결정이었다. 이후 페이스북은 페이스북을 기반으로 소셜 애플리케이션을 만들 수 있는 각종 기술들을 계속 추가로 공개했다. 이를 기반으로 다양한 분야에서 수많은 페이스북 소셜 애플리케이션들이 만들어지게 되고, 이를 통해 사용자들에게 새로운 기능을 계속 공급할 수 있게 됐을 뿐만 아니라, 유료 결제를 통해 추가적인 수익도 창출하게 된다.

페이스북의 소셜 애플리케이션을 모아 놓은 앱센터(App Center)는 크게 게임(Games)와 앱(Apps)이라는 두 가지 카테고리로 나누어진다. 게임은 액션, 롤플레잉, 카드, 스포츠, 보드 등 게임 장르에 따라 구분되고, 앱에는 서적, 비즈니스, 커뮤니케이션, 교육, 패션, 금융, 건강, 로컬 등 게임이 아닌 모든 분야가 망라되어 있다. 많은 사람이 모바일 게임으로 알고 있는 킹(King)의 캔디크러쉬사가(Candy Crush Saga)는 모바일보다 페이스북에서 먼저 등장한 게임이다.

2007년 첫 F8 컨퍼런스 이후 페이스북은 거의 1~2년에 한 번씩

페이스북의 앱센터(한국에서는 "죄송합니다. 게임산업진흥에 관한 법률에 따라 등급이 매겨지지 않은 게임은 한국에서 이용할 수 없습니다"라는 메시지가 나온다)[38]

성황리에 F8 컨퍼런스를 개최했다. 페이스북은 컨퍼런스에서 페이스북 커넥트(Connect), 소셜 플러그인(Plugins), 그래프(Graph) API, 비주얼라이제이션(Visualization) API 등을 계속 공개하면서 복합형 소셜 플랫폼으로서의 확고한 지위를 구축하게 된다.

페이스북은 개인의 일상, 사회적 관계, 관심사 등 개인의 삶에서 발생하는 거의 모든 요소들을 다루고 연결하고 데이터화해서 활용하는 거대한 플랫폼이다. 글의 서두에서 밝혔다시피, 페이스북의 MAU(Monthly Active Users)는 15억 명이 넘는다. 페이스북은 중국 인구보다 더 많은 실제 사용자를 가진 세계 1위의 SNS이자 전체 인터넷 서비스 중 2위의 트래픽을 가진 사이트다(1위는 구글이다).

기본적으로 사람들은 페이스북을 통해 다른 사용자와 친구 관계를 맺고, 뉴스피드와 타임라인을 통해 활동 내역을 공유하고, 그룹을 통해 서로 의견을 주고받는다. 그런데 페이스북은 사람과 사람의 연결뿐만 아니라 사람들의 관심사 즉 영화, TV 프로그램, 음악, 책, 스포츠 등 여러 분야의 기업, 유명인, 콘텐츠와의 연결을 제공하고 있다.

사용자가 자신의 관심 대상에 대해 '좋아요' 버튼을 클릭하면 그 관심 대상과 연결된다. 사용자가 연결하는 관심 대상을 보다 전문적인 용어로 '소셜 오브젝트(Social Object)'라고 한다. 소셜 오브젝트는 사용자들 간의 상호작용을 유발하는 매개체다. 이를 통해 SNS 내에서 다양한 화학반응이 일어난다.

페이스북은 사람들이 관심을 가질 수 있는 모든 대상을 소셜 오브젝트로서 준비해 놓았다. 그저 좋아요 버튼을 클릭하는 것만으로 대상에 연결이 되고, 그 모든 내역은 페이스북에서 데이터로 관리된다.

이렇듯 한 인간의 일생과 관련된 모든 것을 데이터화해 연결하는 것은 페이스북만의 강점이다. 이를 통해 사용자는 다른 SNS와는 달리 페이스북을 쉽게 빠져나갈 수 없게 된다. 더욱이 페이스북은 계속 발전하고 있으며 다양한 소셜 애플리케이션을 계속 추가로 공급하고 있다. 페이스북은 사용자들이 식상하고 지루할 틈을 주지 않는 SNS다.

페이스북은 동영상을 통한 광고 수익의 창출, 페이스북 내에서 상품 정보를 얻고 구매할 수 있는 구매 버튼의 추가, 페이스북 메신저와 연동된 게임 제공 등 새로운 기능도 계속 추가하고 있다.

그리고 서비스 과정에서 얻게 되는 사용자의 개인 정보와 데이터를 기반으로 소셜 광고를 제공함으로써 상당한 수익을 얻고 있다. 페이스북은 그렇게 얻은 수익을 더 강력한 플랫폼으로 만들고 전도유망한 신생 서비스를 인수하는 데 사용한다.

페이스북의 사업 영역이 확장될수록 페이스북이 너무나 많은 개인 정보를 취득하고 이를 상업적으로 활용한다는 사실에 대한 우려도 커지고 있다. 이에 대해서는 이 책의 마지막 장에서 추가적으로 살펴볼 것이다.

인스타그램, 왓츠앱, 오큘러스 VR을 가진 페이스북

페이스북은 놀랄 만한 베팅을 통해 차세대 비즈니스를 담당할 여러 기업들을 확보해 놓은 상태다. 만에 하나 페이스북의 인기가 하락해도 별 상관이 없다. 사진 기반 모바일 SNS 인스타그램(Instagram), 모바일 메신저 왓츠앱(WhatsApp), 가상현실 전문 기업 오큘러스 VR(Oculus VR) 등을 통해 차세대 비즈니스를 꼼꼼히 대비하고 있기 때문이다.

2010년 10월 서비스를 개시한 인스타그램은 스마트폰 사용자의 폭증과 함께 10대들을 중심으로 큰 인기를 끌기 시작했다. 그리고 2012년 4월 페이스북은 10억 달러에 인스타그램을 인수했다. 서비스를 개시한 지 겨우 18개월 지난 서비스를, 인수 협상 48시간 만에 초스피드로, 그것도 10억 달러라는 거액에 인수하자 업계에서는 우려를 표했다.

하지만 인스타그램은 2014년 12월에 트위터 사용자 수를 추월했고, 2015년 9월 공식 블로그를 통해 사용자 수가 4억 명을 돌파했음을 밝혔다.[39] 인스타그램은 명실상부한 세계 1위의 사진 기반 모바일 SNS로서, 등록된 사진이 총 400억 장을 돌파했으며 매일 8,000만 장이 넘는 사진이 새롭게 등록되고 있다. 또한 전체 사용자의 75퍼센트가 미국 외의 국가에 거주하는 것으로 나타나 글로벌 SNS임이 증명되었고, 한국에서도 상당한 인기를 끌고 있다.

2009년 서비스를 개시한 왓츠앱은 모바일 메신저의 원조라 불리는 서비스로 카카오톡, 라인이 모방한 서비스다. 2014년 2월 페이스북은 무려 190억 달러에 왓츠앱을 인수한다. 이후 왓츠앱은 빠르게 성장해 2015년 9월 기준, 9억 명의 MAU를 확보한 세계 1위의 모바일 메신저로 자리를 잡았다.[40] 트위터의 MAU가 3억 명인 것과 비교하면 왓츠앱의 사용자 수가 얼마나 많은지 알 수 있다.

라인과 카카오톡의 성장세가 둔화되고 있는 상황에서도 왓츠앱은 1년 만에 50퍼센트가 성장할 정도로 인기를 끌고 있다. 페이스북은 왓츠앱뿐만 아니라 직접 서비스하는 페이스북 메신저도 갖고 있다.

세계 2위의 모바일 메신저가 바로 페이스북 메신저다. 페이스북이 세계 1위와 2위의 메신저를 모두 소유하고 있는 것이다.

페이스북은 페이스북뿐만 아니라 인스타그램, 왓츠앱 등을 통해 엄청난 양의 소셜 데이터를 수집하고 있다. 페이스북은 다양하고 방대한 소셜 데이터를 기반으로 더 많은 광고 수입을 올리기 위해 다양한 소셜 광고 기법을 연구하고 있다. 구글이 검색 광고로 최고의 수입을 올리는 업체라면, 페이스북은 소셜 광고로 최고의 수익을 올리고 있는 업체다.

페이스북이 SNS만 인수한 건 아니다. 2014년 3월 페이스북이 가상현실 전문 기업 오큘러스 VR을 인수한다고 발표했을 때, 업계는 아직 제품 상용화도 하지 않은 2년차 신생 기업을 20억 달러가 넘는 거액을 주고 인수했다는 사실과 인수 주체가 페이스북이라는 사실에 경악했다. 오큘러스 VR은 향후 가상현실 시장에서 가장 성공할 가능성이 높은 기업으로, 자세한 사항은 뒤에 나오는 가상현실 플랫폼에서 다시 살펴보게 될 것이다.

페이스북의 최고 경쟁력은 마크 저커버그

2003년 10월, 하버드대 2학년에 재학 중이던 마크 저커버그는 페이스매쉬(Facemash)라는 서비스를 만들었다. 처음에는 하버드대 학생들의 외모를 평가하는 서비스였지만, 이듬해인 2004년 2월 하버드대에서 같은 수업을 듣는 학생을 검색하고 친구의 친구를 확인하는 더페이스북(thefacebook.com)이라는 새로운 웹사이트를 개설한다. 그리고 2005년, 이름에서 더(the)를 떼어낸다. 이후 페이스북은 빠르게 성장해 최고의 SNS가 됐다.

IT 업계의 역사적 인물이라는 관점에서 빌 게이츠와 스티브 잡스를 1세대 리더라 칭하고, 2세대 리더로 딱 한 명만 뽑아야 한다면 나는 저커버그를 뽑겠다. 2명을 뽑을 수 있다면 아마존의 창업자이자 CEO인 제프 베조스를 추가하겠다(다음 주제가 아마존이다).

더페이스북(2004년 2월 12일 당시)[41]

마크 저커버그는 개발자 출신이면서도 상당한 비즈니스 감각을 가진 인물이다. 즉, 스티브 워즈니악과 스티브 잡스를 합한 것과 같은 사람이다. 그런 측면에서 빌 게이츠와 매우 흡사하며 실제로 빌 게이츠와 상당히 친한 것으로 알려져 있다. 저커버그는 자신감이 가득하고 주도면밀하게 비즈니스 전략을 수립하고 뛰어난 실행력을 발휘한다는 점에서 스티브 잡스, 제프 베조스와 많이 닮았다. 안하무인의 성격과 부하 직원들에게 아주 혹독한 상사라는 점에서도 그렇다.

여기에 저커버그가 어떤 사람인지를 이해할 수 있는 대표적인 사건이 있다. 페이스북 창업 초기에 발생한 저커버그와 윙클보스 형제의 분쟁은 IT 역사상 가장 유명한 스캔들 중 하나로 남아 있다. 이 사건은 데이빗 핀처 감독이 만든 영화 〈소셜 네트워크 *The Social Network*〉로 대중에게도 알려지게 된다. 윙클보스 형제는 저커버그가 자신들의 아이디어를 훔쳤다며 법적 분쟁을 시작하게 되고, 2008년 저커버그는 페이스북 주식 120만 주(페이스북 상장 시의 주가 기준으로 약 3억 달러)를 주는 조건으로 윙클보스 형제와 합의한다.[42]

> "재빨리 움직이고 문제를 끝장내라. 문제를 부숴 버리지 않으면, 당신은 결코 빨리 움직이지 못할 것이다."　　　　　**-마크 저커버그**

페이스북의 아이디어는 윙클보스 형제의 것이었다는 것이 일반적인 업계 정설이다. 이를 통해 우리는 두 가지 사실을 알 수 있다. 저커버그가 그리 도덕적인 사람은 아니라는 점과, 기회라고 느끼면 어떤 대가를 치르고서라도 그것을 쟁취하는 사람이라는 점이다. 비즈니스 세계에서 전자는 큰 문제가 되지 않는다. 오히려 우리는 비도덕적인 사람들이 더 성공하는 사례를 많이 목격한다. 아마도 그들이 도덕으로부터 자유롭기에 더 많은 기회를 얻을 수 있기 때문일 것이다. 바로 저커버그처럼 말이다. 저커버그는 최고의 비즈니스 애니멀이다(이건 찬사의 의미와 그 반대의 의미를 동시에 내포한 말이다). 이것은 인간의 사회적 성공에 있어서 아주 중요한 요소다. 누구든지 습득 가능한 기술 및 비즈니스 역량이 아니라, 본능에 각인된 강력한 직관이자 자신이 목표한 것을 반드시 달성하고 마는 실행력이기 때문이다.

저커버그는 그런 직관과 더불어 상당한 기술 역량과 통찰력을 갖고 있는 사람이다. 빌 게이츠가 창업 초기 자신이 직접 만든 소프트웨어를 팔았던 것처럼, 저커버그는 초기 페이스북을 직접 만든 개발자다. 앞에서 살펴본 복합형 플랫폼으로의 진화는 저커버그가 개발자 출신이기에 가능했다고 볼 수 있다. 자신이 잘 알고 있는 개발자 생태계를 SNS에 접목한 것이다. 또한 개발자들의 심리를 잘 이해하고 그들에게 어필함으로써 플랫폼의 성공을 이끌어냈다.

페이스북의 지속적인 변신, 소셜 광고를 통한 수익 창출, 그리고 인스타그램·왓츠앱·오큘러스 VR 등과 같은 기업을 경쟁자들이 상상하기 어려울 정도의 베팅을 통해 인수하고 이후 해당 기업들의 가치를 크게 높인 점은 모두 저커버그가 가진 기술 및 비즈니스 역량으로 인한 것이다. 오큘러스VR의 CEO가 밝힌 바에 따르면, 저커버

그는 인수 얘기를 꺼낸 지 불과 열흘도 안 돼 협상을 마무리지었다고 한다.[43]

물론 저커버그가 전략적으로 항상 올바른 의사결정만 하는 것은 아니다. 잘못된 판단으로 인해 위기를 맞은 순간도 있었다. 스마트폰과 관련된 에피소드를 하나 소개하겠다.

페이스북은 데스크톱에서 거의 독보적인 SNS로서의 지위와 더불어 최고의 소셜 애플리케이션 생태계를 구축했고 그것을 기반으로 SNS 전쟁에서 승리한 후 확고한 힘을 누려 왔다. 하지만 세계적으로 스마트폰이 인기를 얻어 가던 2010년 전후의 시기에 페이스북은 스마트폰 대신 피처폰(Feature Phone, 스마트폰이 아닌 일반폰)을, 그리고 네이티브 앱(Native App, 특정 운영체제에 최적화된 설치형 앱) 대신 모바일 웹 방식에 우선순위를 둔 전략을 택함으로써, 스마트폰 시장에서 어려움을 겪게 된다. 당시 페이스북 앱에 대해 느리고 불편하다는 사용자들의 불만이 많았다.

저커버그가 당시 피처폰 및 모바일 웹 위주의 전략을 택한 이유는, 그때는 피처폰 사용자가 스마트폰 사용자보다 많았던 시절이었고 전 세계 사용자들이 모두 페이스북을 이용하도록 만들겠다는 생각을 갖고 있었기 때문이었다. 그래서 피처폰 지원에 투자를 하고 운영체제에 상관없이 동작하는 웹 기술을 기반으로 모바일 전략을 수립한 것이었다. 하지만 스마트폰은 저커버그의 판단보다 훨씬 빠르게 퍼지면서 시장의 주류가 됐고, 저커버그가 큰 관심을 갖고서 주력했던 HTML5(새로운 웹 표준으로 2014년 10월에 확정됐다) 기술은 당시에는 표준화도 덜 됐고 속도도 느렸었다. 그런 이유로 HTML5 기술을 채택한 페이스북 앱에 대한 사용자들의 불만이 컸던 것이다.

이에 대해 저커버그는 2012년 9월 테크크런치(TechCrunch) 행사에서 큰 실수를 저질렀다고 솔직히 시인한 바 있다.[44] 모든 리더는 실수를 한다. 문제는 그러한 실수를 빨리 교정하고 그로부터 교훈을 얻는 것이다. 어떤 리더가 단지 한 번의 성공이 아니라 지속적인 성공을 하기 위해서는 이런 덕목이 아주 중요하다. 한 번의 성공은 운덕분일 수 있지만, 지속적인 성공은 실력이기 때문이다.

이후 저커버그는 스마트폰 시장에서의 뒤처진 입지를 강화하기 위해 앞서 살펴본 것처럼 여러 유망한 스타트업들을 인수하고 발 빠르게 변신했다. 그에 따라 페이스북은 스마트폰 시장 초기의 실수에도 불구하고 모바일 시장에서도 확고한 지위를 누릴 수 있게 됐다.

이처럼 저커버그는 기술에 대한 이해도가 아주 높을 뿐만 아니라 영리한 비즈니스 전략을 수립하고 강력하게 실행하는 사람이다. 차세대 비즈니스에서 앞서가기 위해 경쟁자를 압도하는 거액을 투자하는 사람이기도 하다. 거기에다 그는 아주 젊다(1984년생이다). 이미 충분히 놀라운 역량을 보여 주었지만 미래가 더 기대되는 사람이다. 그의 미래가 페이스북의 미래다.

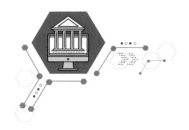

커머스 플랫폼의 대표주자,
대인배 아마존

2015년 7월 23일, 전 세계 유통업계에 상징적인 사건이 발생했다. 아마존(Amazon.com)이 기업 가치 2,640억 달러로 월마트(Walmart)의 2,335억 달러를 제치고 유통업계 시가총액 1위를 차지한 것이다. 아마존이 유통업계 시가총액 1위를 차지한 것은 1994년 아마존의 설립 이후 처음 발생한 일이었다.[45]

그간 월마트는 온라인 매출을 늘리기 위해 많은 노력을 해 왔다. 2013년 당시 월마트의 온라인 매출은 전체 매출의 2퍼센트에 불과한 실정이었고 이를 증가시키는 데 있어서 많은 어려움을 겪었다. 월마트는 IT 전략을 강화하기 위해 인스타그램의 공동창업자 케빈 시스트롬, 야후의 CEO 마리사 메이어 등을 이사로 선임한 바 있다.

하지만 여러 노력에도 불구하고 온라인 매출은 기대만큼 증가하지 않았고, 실적 부진으로 주가까지 급락하면서 아마존에 시가총액을 역전당하게 된 것이다. 미국의 투자자들은 앞으로 미국 소매시장을 아마존이 지배하게 될 것으로 전망하고 있다.[46]

아마존은 가랑비에 옷 젖듯 사업을 착실히 확장하고 있으며, 또한 기존에 성공한 자사의 플랫폼을 기반으로 새로운 사업을 개시한다는 점에서 플랫폼의 성공 공식을 잘 따르고 있는 기업이다. 자신의 플랫폼을 확장해 나가는 전략과 사용자를 사로잡고 있다는 측면에서 아마존은 애플과 비슷한 부분이 있다.

종이책을 팔던 아마존, 세상의 모든 것을 팔다

다양한 판매자와 다양한 구매자를 매개하는 형태의 온라인 쇼핑 서비스(커머스)는 본질적으로 플랫폼이다. 하지만 단지 판매자와 구매자를 매개하는 기본적인 기능만으로 경쟁에서 앞서 나갈 수는 없다. 커머스 플랫폼의 진정한 가치는 단순히 기본적인 쇼핑 기능의 제공 여부가 아니라(물론 커머스 기업으로서 본연의 경쟁력은 당연히 갖추어야 할 요소다), 커머스를 기반으로 다양한 부가 서비스를 확장해 나갈 수 있는 역량을 갖추고 있는지의 여부, 그와 관련된 전략과 실행력, 그리고 생태계 조성 역량에서 나온다고 볼 수 있다.

그러한 커머스 플랫폼의 관점에서 볼 때, 주목할 만한 대표적인 업체로 아마존과 알리바바그룹을 꼽을 수 있다. 이들 업체는 온라인 쇼핑 사업뿐만 아니라 결제 서비스, O2O(Online to Offline) 커머스, 물류업, 금융업 등을 통해 사업을 지속적으로 확장해 나가고 있으며, 이미 많은 분야에서 성공했거나 또는 성공을 향해 가고 있다.

아마존의 독특한 점 중의 하나는, 유통 사업을 하면서 동시에 IT 업계에서 최고 수준의 테크놀로지 기업으로 평가받고 있다는 사실이다. 아마존의 사업 범위는 너무 넓어서 일일이 나열하기 어려울 정도다. 무엇보다 지구상의 모든 물건을 팔겠다는 비전하에 쇼핑몰을 운영하고 있고, 클라우드 시장의 1위 사업자로 전 세계 최고 수준의 기술 경쟁력을 갖추고 있다. 전자책을 비롯해 동영상, 음원, 소프트웨어 등의 디지털 콘텐츠를 판매하고 있는 콘텐츠 사업자이기도 하며, 킨들 브랜드로 전자책 단말기, 태블릿 등을 만들어 파는 제조사이기도 하다.

그간 온라인 커머스 기업들은 가격 경쟁과 광고 외에 경쟁에서 앞서 나갈 다른 마땅한 방법을 찾지 못했다. 하지만 아마존은 경쟁 업체들을 압도하는 탁월한 고객 서비스를 통해 경쟁에서 앞서가고 있다.

국내에서도 아마존을 통해 해외 직구를 이용하는 소비자들이 많다. 아마존의 24시간 고객 응대, 신속한 문제 해결, '묻지 마 교환·환불·재발송' 서비스 등은 국내 소비자 커뮤니티에서 종종 회자되고 있는데, 기대 이상의 고객 서비스를 제공해 준다는 의미에서 '대인배 아마존'으로 불린다.

만일 직배송으로 받은 물품에 하자가 있으면 반품비를 아마존이 부담하며 새 물품도 바로 보내 준다. 또한 아마존은 연 99달러의 회비를 받는 프라임(Prime) 멤버십을 통해 미국 내 이틀 무료 배송, 무료 콘텐츠 스트리밍, 책 무료 대여, 무제한 사진 저장 등의 다양한 서비스를 제공하고 있다. 이 때문에 프라임에 가입한 소비자들은 아마존을 통해 계속 상품을 구입하게 된다.

아마존의 놀라운 점은, 규격화된 공산품을 주로 판매하는 온라인 쇼핑몰의 특성상 가격 경쟁이 치열하고 소비자를 묶어 두기 어려운 상황에서 고객을 락인(Lock-in, 빠져나가지 못하는 상태)하는 방법을 찾아냈다는 점이다. 프라임은 아마존이 가진 독특한 킬러앱이며 다른 커머스 기업들은 갖고 있지 않을 뿐만 아니라 앞으로도 갖기 어려운 킬러앱이다. 아마존은 프라임 멤버십을 제공하기 위해 창고, 물류, 배송 등의 관련 프로세스 및 시스템 개발에 엄청난 자금, 인력, 시간을 투자했다.

아마존은 그렇게 구축한 인프라를 기반으로 아마존프레시(Amazon Fresh)라는 브랜드로 신선 채소 및 식료품 사업에도 진출해 월마트를 긴장시키고 있다. 또한 아마존은 2011년 아마존로컬(Amazon Local)이라는 명칭으로 음식 배달 및 테이크아웃 서비스를 개시하기도 했다. 그런데 아마존은 2015년 12월 아마존로컬 서비스를 중단하게 된다. 경쟁업체들에 비해 뒤늦게 서비스를 개시한 데다 날로 경쟁이 격화되고 수익성도 악화돼 서비스 중단을 결정한 것이다. 그렇지만 오프라인과 온라인을 연계하는 비즈니스는 커머스 기업으로서 포기할 수 없는 분야이기 때문에, 앞으로 아마존은 다른

형태의 서비스를 개시하거나 또는 기존 업체를 인수하는 등의 방식
으로 또 다시 새로운 도전을 할 것으로 전망된다.

세계 최고 수준의
IT 역량을 가진 아마존

아마존은 AWS(Amazon Web Services)라는 클라우드 서비스를
2006년에 개시해 전 세계 190여 개국에서 서비스를 제공하고 있으
며, 클라우드 사업에서도 상당한 매출을 올리고 있는 기업이다. 아마
존은 전 세계 클라우드 시장의 약 30퍼센트에 달하는 점유율로 1위
를 차지해 클라우드의 공룡으로 불리고 있다.[47] 2위 마이크로소프트
(10퍼센트), 3위 IBM(7퍼센트), 4위 구글(5퍼센트)이니 클라우드 분야에
서 아마존의 위력이 얼마나 대단한지 알 수 있다.

2014년 4월에는 아마존프레쉬와 연동되는 사물인터넷 기반의 쇼
핑기기 대시(Dash)를 공개했다. 대시는 음성인식 기능에 바코드 리
더기를 결합한 스틱 형태의 제품으로, 상품의 바코드를 스캔하거나
음성으로 원하는 상품을 말하면 장바구니에 자동으로 상품을 추가
해 준다. 장바구니에 담긴 상품은 소비자의 승인 후 배송된다. 오전
10시 전에 주문한 상품은 저녁 식사 전에 배송되고, 오후 10시까지
주문한 상품은 다음 날 아침 식사 전에 배송된다.

대시의 기능을 단순화시킨 것이 대시 버튼(Dash Button)이다. 최근

아마존 플랫폼의 한 자리를 차지한 대시 버튼[48]

아마존이 대형 브랜드들과 함께 공급하고 있는 대시 버튼은, 버튼을 한 번 누르기만 하는 것으로 버튼과 연계된 생필품이 주문되는 방식으로 작동한다. 예를 들어 세탁기 옆에 붙여 두고 세제가 떨어지면 누르는 식이다. 그러면 소비자의 아마존 계정과 연계되어 자동으로 구매가 이뤄진다. 이는 '주문형 경제(On-demand Economy)'의 한 사례라 볼 수 있다. 주문형 경제란 소비자가 원하는 상품 및 서비스에 즉각적으로 대응하는 기업의 경제 활동을 뜻하는 용어다.[49]

2014년 8월 아마존은 소매 점포들을 위한 POS와 결제 시스템을 제공하는 아마존 로컬레지스터(Local Register) 사업도 개시했다. 이는 유명 핀테크 서비스인 스퀘어(Square)와 흡사한 사업 모델이다. 스마트폰이나 태블릿에서 사용할 수 있는 앱을 제공하고 이를 이용해 결제하면 건당 2.5퍼센트의 수수료를 제외한 나머지 금액을 다음 날 은행 계좌로 입금해 준다.

아마존은 2014년 11월 다목적의 음성 비서 기기 에코(Echo)를 출시했다. 에코는 터치스크린이나 다른 종류의 사용자 인터페이스 없이 오로지 음성인식만으로 작동한다. 아마존의 음성인식 서비스인 알렉사(Alexa)에게 날씨, 뉴스, 백과사전 등의 정보를 물어보거나 음악을 재생하고 조명을 켜고 끄는 등의 명령을 내릴 수 있으며 구매할 물품명을 말해 장바구니에 넣을 수도 있다.

그 외에도 드론(Drone)을 통한 배송, 산업용 로봇 활용 등 아마존은 여러 분야에서 첨단 기술력을 자랑하는 기업이다.

제프 베조스의 카리스마 리더십

아마존의 창업자이자 CEO 제프 베조스(Jeff Bezos) 특유의 리더십은 아마존의 중요한 경쟁력이다. 아마존은 조직문화라고 하기에도 뭐할 정도로 CEO 한 명의 리더십에 의존하는 기업이다. 사실, 이것은 강점이면서 동시에 커다란 리스크이기도 하다. 제프 베조스가 잘못 판단하면 브레이크를 걸 사람이 아무도 없기 때문이다.

제프 베조스는 일에 미쳤고, 더할 나위 없이 꼼꼼하고, 끊임없이 새로운 사업을 계획하고, 직원들을 혹사시키는 것으로 악명이 높다. 그런데 바로 그런 점이 현재의 아마존을 만들었다.

제프 베조스와 비슷한 리더십을 가진 사람으로 스티브 잡스, 소프트뱅크의 손 마사요시(한국명 손정의) 등을 꼽을 수 있다. 그런 혹독한 카리스마 리더는 특유의 통찰력을 바탕으로 새로운 무엇인가를 끊임없이 찾고, 자신과 직원들을 한계까지 밀어붙인다. 그로 인해 실패하는 경우도 적지 않지만, 언젠가는 놀라운 결과물을 만들어 내기도 한다. 물론 통찰력도 없이 단지 가혹하기만 한 리더는 그저 직원들을 혹사시키다 끝나겠지만 말이다.

제프 베조스는 고객들에게는 한없이 너그럽지만 직원들에게는 한없이 가혹한 사람이다. 그것에는 아마도 커머스 산업의 특성상 치열한 경쟁 상황에 놓여 있다는 점도 하나의 이유로 작용했을 것이다. 제프 베조스는 한 푼에 쩔쩔매는 천하의 구두쇠이면서(그가 타는 차는 1996년식 혼다 어코드다), 한편으로는 적자에 아랑곳하지 않을 정도로 고객에게 퍼 주는 서비스를 제공하는 사람이기도 하다. 물론 그것은 더 큰돈을 벌기 위한 전략에 기반을 둔 것이다.

> "세상에는 두 종류의 기업이 있다. 하나는 더 많은 요금을 받기 위해 노력하는 기업이고, 다른 하나는 더 적은 요금을 받기 위해 노력하는 기업이다. 우리는 후자다."
>
> **-제프 베조스**

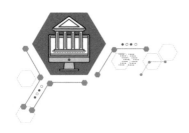

13억 **중국**의 **플랫폼** 기업,
알리바바와 **샤오미**

중국은 일본을 넘어 세계 2위의 경제 대국이 되었다. 매일 미디어에는 중국에 대한 기사가 넘쳐난다. 중국의 대단한 점은 ⑴13억 인구를 가진 거대 시장이라는 측면, ⑵중국 기업들의 무서운 발전이라는 측면으로 구분해 볼 수 있다. 여기에서는 후자의 관점에서 주목할 만한 중국의 플랫폼 기업으로 알리바바 그룹(Alibaba Group, 阿里巴巴集团, 이하 알리바바)과 샤오미(Xiaomi, 北京小米科技有限责任公司)에 대해 살펴보도록 하겠다.

커머스와 금융, 양쪽의 플랫폼을 소유한 알리바바

2014년 뉴욕증권거래소에 상장한 알리바바는 애플, 구글, 마이크로소프트 다음가는 시가총액 4위의 IT 기업으로 전 세계적인 주목을 받고 있다. 알리바바는 세계 최대 규모의 B2B 상거래를 제공하는 알리바바닷컴, 오픈마켓 기반의 쇼핑몰 타오바오(Taobao, 淘宝网)를 포함해 결제 서비스 알리페이(Alipay, 즈푸바오, 支付宝) 등 다양한 서비스를 운영하고 있다. 무엇보다 알리바바는 알리바바닷컴과 타오바오를 통해 B2B(Business-to-Business)와 B2C(Business-to-Consumer) 전 분야에서 막강한 시장 지위를 자랑하고 있다. 타오바오에 워낙 저렴한 상품이 많고 종류가 다양하기 때문에, 타오바오에서 상품을 직구하는 한국 소비자들도 계속 증가하고 있는 추세다.

알리페이는 중국의 대표적인 결제 서비스로 실질 사용자 수가 3억 명(등록 사용자 수는 8억 명 이상)에 달한다. 알리페이는 순이익이 약 30퍼센트에 달하는 알짜 사업이기도 하다. 소위 요우커라 불리는 중국 관광객들을 위해 이미 국내에서도 알리페이가 도입된 상태다.

"가장 뛰어난 모델은 종종 가장 단순한 것에 있다."

−마윈, 알리바바의 창업자

그런데 사실, 이러한 알리바바의 사업 모델은 이베이(eBay)와 페이팔(PayPal)을 모방한 것이라고 볼 수 있다. 하지만 알리바바는 이베이와 페이팔의 사업 모델에 머물지 않고 새로운 사업을 계속 확장해 나가고 있다. 이제 더 이상 알리바바는 카피캣(Copycat, 무엇이든 그대로 모방하는 흉내쟁이)이 아니다.

알리바바는 위어바오(Yuebao, 余额宝)라는 온라인 머니마켓펀드(MMF) 상품을 알리페이와 연계했다. 이를 통해 알리페이의 잔액을 위어바오에 보관할 경우, 일반은행 수시입출금 예금이자 0.35퍼센트보다 높은 5~6퍼센트대의 이자를 지급함으로써 서비스 개시 1년도 안 돼 무려 100조 원을 모으는 등 폭발적인 인기를 끌게 된다.[50]

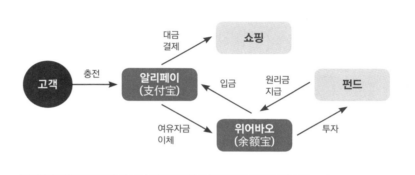

위어바오 상품의 메커니즘[51]

알리바바의 특기는 커머스와 금융업의 연계에 있다. 최근 알리바바는 80여 개 금융기관의 900여 개 펀드를 구매할 수 있는 자산관리 앱을 출시했으며, 앞으로도 계속 각종 금융 서비스를 알리페이 및 자사의 커머스 사업과 연계해 나갈 것으로 전망된다.

알리바바는 커머스를 통해 판매자와 구매자를 매개하고 금융을 통해서도 판매자와 구매자를 매개한다. 커머스와 금융, 양쪽의 플랫폼을 소유하고 있는 것이다. 알리바바는 사업 초기에는 이베이와 페이팔의 많은 부분을 모방했지만, 지금은 이베이와 페이팔을 능가하는 기업이 됐다.

알리바바는 자체 모바일 메신저 라이왕(来往)과 알리페이를 연계해 오프라인 매장에서 QR코드를 통해 결제할 수 있는 서비스도 제공하고 있다. 2014년 3월 알리바바는 홍콩 증시에 상장된 유통업체 인타임리테일(Intime Retail)의 지분을 확보하는 데 6억 9,200만 달러를 투자했다. 또한 2015년 1월에는 독특한 QR코드를 제공하는 이스라엘의 벤처기업 비주얼리드(Visualead)에 약 600만 달러를 투자하기도 했다. 비주얼리드는 QR코드와 그림을 조합해 매력적인 QR코드를 생성해 내는데 중국에서 인기가 많은 것으로 알려져 있다.

이처럼 알리바바는 기존의 플랫폼과 신규 사업에 대한 지속적인 투자를 바탕으로, 단순히 온라인 기업에 머물지 않고 오프라인 매장과 연결하는 O2O 커머스 등 새로운 사업 영역을 계속 확장해 나갈 것으로 전망된다.

샤오미는 애플, 구글, 아마존을 합한 회사

샤오미는 삼성전자, 애플, 화웨이(Huawei, 华为技术有限公司) 등과 함께 세계적으로 주목받는 스마트폰 제조사다. 그런데 샤오미는 불과 2010년에 만들어진 회사다. 사업 초기에 샤오미는 애플의 제품부터 프레젠테이션 방식까지 모방한 카피캣 기업으로 유명했지만, 이제는 성공적인 다른 중국 기업들과 마찬가지로 자신만의 전략으로 사업을 하고 있다.

샤오미는 스마트폰으로 사업을 개시했지만 현재는 스마트폰 미(Mi) 시리즈뿐만 아니라 태블릿 미패드(Mi Pad), 웨어러블 기기 미밴드(Mi Band)를 비롯해 미(Mi)라는 이름을 앞에 붙인 공유기, 셋톱박스, 보조 배터리, 액션캠 등 수많은 제품을 만들어 팔고 있다. 스마트홈 키트, 공기 정화기, 램프, 웹캠 등 각종 스마트홈 기기들도 출시한 상태다. 또한 개인용 이동 수단 나인봇 미니도 발표했다.

샤오미는 저렴한 가격과 해당 가격대에서 찾아보기 어려운 괜찮은 디자인, 좋은 품질로 전 세계 소비자들을 공략하고 있다. 무엇보다 샤오미 제품들의 가장 큰 경쟁력은 가격이다. 그런데 가격이 싸다고 해서 소비자들이 무조건 구매하지는 않는다. 샤오미 제품은 꽤 근사한 디자인과 품질을 갖고 있다. 그런 상태에서 가격까지 싸다. 한마디로 가성비가 끝내주는 제품들을 출시하고 있는 것이다.

그로 인해 국내에서도 샤오미의 팬들이 계속 늘어나고 있다. 국내 오픈마켓에서 판매되는 샤오미의 제품들은 상당한 인기를 끌고 있다. 대부분 중국에서 직배송되는 형태로 판매되고 있으며 배송비를 제외하면 구매 가격에 있어서 중국 현지와 큰 차이가 나지도 않는다. 샤오미의 보조배터리는 국내 보조배터리 시장에서 무려 80퍼센트의 점유율을 차지하고 있다.[52] 이는 샤오미 제품의 디자인과 품질이 경쟁 제품에 비해 뛰어날 뿐만 아니라 무엇보다 가격에서 경쟁이 안 되니 당연한 결과라고 볼 수 있다.

국내 소비자들에게 좋은 반응을 얻고 있는 미밴드도 마찬가지다. 손목에 착용하면 미핏(Mi Fit) 앱을 통해 운동량과 소모된 칼로리를 알 수 있고 수면의 질도 분석해 준다. 수면 관리는 총 수면 시간, 깊은 수면 시간, 얕은 수면 시간을 구분해 알려 주고, 진동 알람으로 사용자를 깨워 주는 기능도 제공한다. 또한 매일매일 수면 시간을 차트로 확인할 수 있어 꽤 유용하다. 이런 기능을 제공해 주는 기기를 79위안(약 1만 5,000원)에 판매하는 것이 바로 샤오미의 마법이다. 삼성전자, LG전자와 같은 대기업은 사업 구조상 미밴드와 같은 제품을 1만 5,000원에 판매하는 것이 불가능하다. 원가, 마진, 유통비용, 기타 간접비 등을 고려할 때 도저히 경쟁을 할 수가 없는 것이다.

샤오미의 이러한 전략이 지향하는 바는 명확해 보인다. 그것은 바로, 사용자들에게 필요할 만한 제품을 꽤 괜찮은 디자인과 품질로 만들어 최대한 저렴하게 공급하는 것이다. 이를 통해 새로운 소비자를 샤오미 고객으로 만드는 전략이다. 제품의 가격이 워낙 저렴하니 소비자는 '나도 한번 써 볼까?'라는 생각을 갖게 된다. 막상 써 보니 마음에 들고, 그렇게 샤오미의 세계에 입문한 소비자들은 샤오미가 출시하는 신제품에 관심을 갖고서 계속 구매하게 되는 것이다.

샤오미를 주목해야 하는 중요한 이유 중 하나는 샤오미가 MIUI(미유아이)라는 기반형 플랫폼을 소유하고 있다는 점이다. MIUI는 오픈 소스 기반의 안드로이드를 수정해서 만든 운영체제인데, iOS와 안드로이드의 장점을 적절히 섞은 사용자 인터페이스로 잘 알려져 있다.

샤오미 외에도 여러 기업들이 안드로이드를 고쳐서 자사의 기기에 적용하고 있는데, 그중에서 MIUI는 가장 성공적인 것으로 평가받고 있다. MIUI의 성공 비결은 사용자들의 요구를 적극 반영해 신속하게 업그레이드 버전을 제공하는 것이다. 일주일 단위로 MIUI를 개선해 배포할 정도다. 샤오미가 고객과의 커뮤니케이션 및 요구 사항 수용에 적극적이고 신속하다 보니, 많은 중국 사용자들이 샤오미와 정서적 유대감을 갖고 있다고 느낀다. 이 대목에서 우리는 샤오미가 애플과 비슷한 라이프스타일 브랜드가 되어 가고 있다는 것을 알 수 있다.

애플에 애플 팬보이(또는 애플빠)가 있다면 샤오미에는 미펀(Mi Fen, 米粉)이 있다. 미펀은 샤오미의 열렬한 팬을 지칭하는 용어다. 미펀

샤오미의 스마트폰과 MIUI 화면[53]

은 샤오미의 신제품이 나오자마자 사는 소비자이자 샤오미의 제품을 타인에게 추천하는 고객 전도사이며, 샤오미의 프레젠테이션에 참석해 환호성을 지르는 사람들이다. 스마트폰 시장에서 애플과 샤오미만이 그런 고객층을 갖고 있다고 볼 수 있다.

MIUI야말로 샤오미를 다른 안드로이드폰 제조사와 차별 짓는 중요한 특징이다. MIUI는 샤오미의 스마트폰이 팔리는 데 있어서 핵심적인 역할을 하고 있다. 물론 완전히 독자적인 운영체제가 아니라 안드로이드를 기반으로 고친 것이긴 하지만, 그로 인해 안드로이드 앱을 그대로 사용할 수 있다는 장점이 있다. 샤오미는 MIUI를 통해 다른 제조사에서는 찾아볼 수 없는 매력적인 사용자 인터페이스를 제공하며, 이런 샤오미만의 소프트웨어가 자사의 하드웨어와 결합함으로써 상당한 시너지를 발휘하고 있는 것이다.

또한 샤오미는 클라우드 스토리지 미클라우드(MiCloud), 모바일 메신저 미토크(MiTalk) 등을 제공하는 인터넷 서비스 기업이기도 하다. 최근 샤오미는 미모바일(Mi Mobile)이라는 명칭으로 MVNO(Mobile Virtual Network Operator, 한국의 알뜰폰) 사업에까지 진출했다.

샤오미는 애플을 모방한 기업들 중에서 가장 성공한 기업이면서 이제는 독자적인 길을 가고 있는 기업이다. 최근의 샤오미는 애플이 진출하지 않는 분야까지 진출하면서 자신만의 특색을 드러내고 있다. 이처럼 샤오미는 가성비 높은 각종 하드웨어, 자신만의 소프트웨어 플랫폼, 이와 결합된 인터넷 서비스에다 이동통신 서비스까지

더해 샤오미 제국을 만들어 가고 있다.

샤오미의 경쟁력에 대해서는 논쟁의 여지가 있더라도, 샤오미의 소프트웨어 역량은 인정할 수밖에 없다. 샤오미는 수많은 안드로이드폰 제조사들 중에서 소프트웨어 역량이 가장 뛰어난 업체다.

샤오미의 소프트웨어 역량이 뛰어난 이유는 창업자 레이쥔(Lei Jun) 회장 및 7명의 공동창업자들과 그들이 만든 조직문화에서 찾을 수 있다.[54] 린빈(Lin Bin) 사장은 마이크로소프트에서 윈도우, 인터넷 익스플로러를 개발하다 구글로 옮겨 구글차이나에서 부사장으로 일하며 연구개발 인력을 총괄했던 사람이다. MIUI 개발을 맡은 홍펑(Hong Feng) 부사장은 미국 퍼듀대학교를 나온 후 시벨(Siebel)에서 일하다 구글로 옮겨 캘린더, 지도 등을 개발했고, 구글차이나에서 수석 제품 관리자로 일했던 사람이다. 류더(Liu De) 부사장은 미국에서 디자인을 전공하고 베이징과학기술대(Beijing University of Technology)에서 공업디자인과를 만들고 학장을 지낸 사람이다.

샤오미는 애플의 많은 것을 모방했지만 조직문화는 구글과 비슷하다. 샤오미는 자유롭고 수평화된 조직 구조를 추구하는데, 공동창업자들 외에는 아무도 직위가 없을 정도다. 공동창업자들 모두가 개발자와 엔지니어에 최적화된 마인드를 갖고 있고, 그에 맞는 조직문화를 구축함으로써 다른 스마트폰 제조사들과 차별화된 소프트웨어를 만들고 있는 것이다.

이러한 사실은 스마트폰 시장에서 샤오미와 경쟁하는 삼성전자,

LG전자에게 무척 곤혹스러운 점이다. 하드웨어, 소프트웨어 두 분야 모두에서 샤오미를 대적할 마땅한 방법을 찾기 어렵기 때문이다. 샤오미의 하드웨어와 가격 경쟁을 해서 이길 수 있을까? 아마도 불가능할 것이다. 그렇다면 품질로 경쟁을 해서 이길 수 있을까? 그나마 가격 경쟁보다는 가능성이 조금은 더 있을 것이다. 하지만 품질 경쟁이라는 측면에서 앞으로는 하드웨어보다 소프트웨어가 더 중요한 요소로 작용할 것이다. 이미 스마트폰 시장에서는 하드웨어의 평준화가 많이 이뤄진 상황이기 때문이다.

문제는 소프트웨어다. 이미 국내 기업의 수준을 넘어선 샤오미의 소프트웨어 역량을 어떻게 따라잡을지에 대해 심각한 고민이 필요한 시점이다.

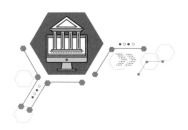

한국의 플랫폼 강자,
카카오와 네이버

한국에도 많은 플랫폼 기업이 존재한다. 그들의 성공과 실패 사례를 통해서 좋은 교훈을 얻을 수 있다. 앞서 살펴봤듯이 싸이월 드는 스마트폰이 가져온 시장 변화에 제대로 대응하지 못하고 쓸쓸히 역사의 뒤안길로 사라지게 됐다. 반면에 스마트폰이 가져온 시장 변화에 적극 대응해 새롭게 플랫폼의 강자로 떠오른 기업들도 있다.

> "태풍의 길목에 서면 돼지도 날 수 있다."
>
> **−레이쥔, 샤오미의 회장 겸 CEO**

샤오미뿐만 아니라 카카오, 네이버도 돼지가 되어 날아올랐다. 카카오는 국내 시장에서, 네이버는 라인을 통해 해외 시장에서 말이다.

모바일의 지배자, 카카오

국내 2위의 포털 다음과 모바일 메신저로 국내 모바일 시장의 강자가 된 카카오는 합병한 지 1년 만에 사명을 다음카카오에서 카카오로 바꿨다. 이것은 여러 의미를 담고 있다. 이는 국내 1세대 인터넷 기업의 퇴진이자 PC 시대가 지나가고 모바일이 시대의 중심임을 선언하는 것이다. 또한 한국 IT 업계에서는 좀처럼 찾아보기 힘든 30대 나이의 CEO 선임을 통해 세대교체를 상징하는 사건이기도 하다.

앞으로 한국 인터넷 시장에서 가장 주목해야 하는 기업은 카카오다. 카카오는 모바일 최고의 킬러앱이면서 플랫폼의 역할을 하고 있는 모바일 메신저 카카오톡, 그리고 카카오톡으로 연결된 지인들을 기반으로 하는 모바일 SNS 카카오스토리를 소유하고 있다. 그간 카카오는 카카오톡을 플랫폼으로 삼아 게임, 커머스 등을 통해 수익을 올려 왔다.

지금은 문자(SMS/MMS) 무제한 요금제가 많이 나와 있지만 과거에는 건당 요금을 내야 하는 경우가 많았다. 그런 시절에 카카오톡을 통해 무료로 문자를 보낼 수 있다는 것은 상당히 매력적인 일이었다. 돈을 절약할 수 있는데 누가 사용하지 않겠는가? 이후 벌어진 일은 독자 여러분이 잘 알고 있는 그대로다. 카카오톡은 사람들의 필수적인 일상의 앱으로 자리를 잡았다.

카카오톡이 사용자들의 연락처를 모두 차지하고 일상의 커뮤니케이션을 장악한 것은 비즈니스 관점에서 볼 때 엄청난 일이다. 10년에 한 번 일어날까 말까 한 강력한 락인(Lock-in)효과의 사례다. 자물쇠도 이런 자물쇠가 없다. 네이버가 검색을 통해 사용자들을 락인한 것과 유사한 일이라고 볼 수 있다. 그런데 사용자가 항상 소지하고 다니는 스마트폰에서 발생한 락인이기에 네이버의 검색 기능보다 더 강력한 효과를 발휘하고 있다.

그럼 점에서 볼 때 카카오가 앞으로 계속 수익을 증대시키고 새로운 사업을 일으키기 위해 가장 중요한 기반은, 바로 카카오톡과 카카오스토리라고 볼 수 있다. 물론 카카오는 다음이 과거에 PC를 중심으로 만들었던 수많은 서비스들을 갖고 있지만 그런 서비스들 중에서 다른 신규 서비스의 기반이 된다거나 또는 새로운 수익 모델을 만들어 낼 가능성이 있는 서비스는 거의 없다. 이것이 바로 '다음카카오'가 아니라 '카카오'가 된 이유다.

국내에서 카카오는 새로운 모바일 사업을 하는 데 있어서 경쟁업체인 네이버를 비롯해 스타트업을 포함한 그 어떤 업체들보다도 유리한 환경에 놓여 있다. 현재 카카오의 사용자들은 보다 짧고 친밀한 커뮤니케이션은 카카오톡으로, 자기중심적이면서 좀 더 방대한 사람들과의 커뮤니케이션은 카카오스토리를 이용하고 있다.

앞으로 카카오는 카카오톡을 기반으로 가랑비에 옷 젖듯이 신규 서비스나 수익 모델을 추가할 것이다. 물론 이용률이나 수익이 기대에 못 미치는 경우도 나오겠지만 그래도 큰 상관은 없다. 카카오톡을 능가하는 대안이 등장하기 전까지 사용자들은 여전히 카카오톡을 이용하고 있을 테니까 말이다. 락인된 사용자들을 대상으로 또

다른 서비스를 시도하면 된다. 이것이 바로 플랫폼을 보유한 업체의 막강한 힘이자, 경쟁업체들의 입장에서는 싸워야 할 실체적 본질이다.

카카오는 다음과 합병하면서 가장 주력할 분야 중 하나로 O2O 커머스를 꼽은 바 있다. 카카오는 일차적으로 승객 운송 분야에 공을 들이고 있다. 카카오택시의 마케팅에 집중하고 있을 뿐만 아니라 경쟁력 강화를 위해 서울버스 앱, 지하철 네비게이션 앱을 차례로 인수했다. 또한 스마트폰 네비게이션 앱 김기사를 서비스 중인 록앤올의 지분 100퍼센트를 626억 원에 인수해 화제가 되기도 했다. 이는 버스, 지하철, 자가용, 택시 등 주요 교통수단 전부를 아우를 수 있는 기반을 구축한 것이라 볼 수 있다. 또한 운송 분야에 국한하지 않고 O2O의 여러 분야, 로컬 시장 전체를 점차 장악해 나갈 것으로 예상된다.

카카오의 영향력을 알 수 있는 하나의 사건이 2015년 7월 20일, 분당의 카카오 사옥 앞에서 발생했다.[55] 당시 업계에는 카카오가 대리운전 시장에 진출한다는 소문이 돌고 있었는데, 카카오가 이에 대해 어떤 공식적인 입장조차 밝힌 바 없음에도 카카오의 대리운전 사업에 대해 환영하는 시위와 반대하는 시위가 동시에 열린 것이다. 환영하는 측은 대리운전 기사들로 구성된 전국대리기사협회 소속 회원들이었다. 사업자의 횡포를 근절할 기회라면서 나선 것이다. 반대하는 측은 대리운전 사업자들로 구성된 전국대리운전연합회 소속 회원들이었다. 골목상권 침해라는 입장이었다.

이 같은 사건은 이제 시작에 불과하다. 카카오는 하고자 하는 모든 사업을 카카오톡을 기반으로 삼아 비교적 수월하게 해 나갈 수 있다. 사회적 관계는 모든 서비스에 활용할 수 있는 좋은 기반이기 때문이다. 하지만 모든 것을 한꺼번에 할 수는 없기에 우선순위를 정해서 하나하나씩 해 나갈 것이며, 카카오가 새롭게 손대는 분야에는 앞에서 언급한 대리운전 찬반 맞불 시위와 같은 일들이 계속 벌어질 가능성이 크다.

추가적으로 카카오가 정부와 어떤 관계를 유지하는가 하는 점을 유의 주시할 필요가 있다. 한국에서는 안타깝게도 정부와의 관계가 사업에 상당히 중요한 변수로 작용한다. 정부가 인터넷 기업을 성공시키지는 못하지만 망칠 수는 있기 때문이다.

카카오의 가장 큰 교훈은, 스마트폰이라는 태풍이 휘몰아칠 때 그 기회를 놓치지 않고 날아올랐다는 점이다. 그것을 해낸 대가로 사람들의 일상을 장악한 플랫폼을 소유하게 됐으며, 당분간(다시금 태풍이 오는 그날까지) 그저 숟가락 하나 얹듯이 신규 서비스를 출시할 수 있는 힘을 갖게 됐다. 아주 중대한 실수만 하지 않는다면, 실패하고 싶어도 실패하기 어려울 정도의 막강한 힘이다.

라인 타고 글로벌하게 날아오른 네이버

스마트폰이라는 태풍이 몰려왔을 때 국내 시장에서 그 기회를 잡은 업체는 카카오였다. 네이버는 국내 1위 포털로서 강력한 플랫폼, 많은 자본, 탁월한 인재들을 소유하고 있었음에도 불구하고 기회를 잡지 못했다.

하지만 네이버는 역시 네이버였다. 네이버가 모바일 메신저 라인을 통해 글로벌 기업으로 거듭날 수 있었던 것은, 네이버의 창업자 이해진 의장이 일본에 뿌린 씨앗 덕분이었다. 그는 일본 시장에 진출하기 위해 오래 시간 부단한 노력과 상당한 투자를 해 왔다. 그는 네이버 포털의 일본어 버전을 만들기 위해 네이버재팬을 설립하고 2007년부터 일본에서 일부 서비스를 제공하기 시작했다.

하지만 네이버재팬의 여러 시도에도 불구하고 기대만큼의 성과는 나오지 않았다. 네이버재팬은 실패했다는 인식이 팽배해 가던 즈음, 2011년 3월 11일 일본에서 쓰나미 참사(동일본 대지진)가 발생한다. 그에 따라 한국 본사에서는 네이버재팬을 방치하게 되고, 할 일이 없었던 네이버재팬의 일본 직원들은 한번 해 본다는 생각으로 라인을 만들게 된다(한번 해 본다는 생각으로 만들어진 건 카카오톡도 마찬가지였다).

라인의 개발이 치밀한 전략에 의해 이뤄진 것이 아니라고 해서 라인의 성공을 폄하해서는 곤란하다. 만일 이해진 의장이 네이버재팬을 만들지 않고 또한 좋은 인재를 채용하지 않았다면 라인은 결코 만들어지지 않았을 것이기 때문이다.

라인은 2011년 6월 일본 시장에서 먼저 출시됐다. 그런데 국내에서는 그보다 1년 3개월 빠른 2010년 3월에 이미 카카오톡이 출시돼 선풍적인 인기를 끌고 있는 상태였으며, 그때 네이버는 네이버 본사가 만든 네이버 아이디 기반의 네이버톡을 밀고 있었다. 뒤늦게 네이버는 네이버톡을 포기하고 라인을 밀기 시작했지만, 그때는 이미 카카오톡이 규모의 경제를 달성한 이후라서 한국 시장에서는 2인자로 만족할 수밖에 없었다. 플랫폼은 시장에서 한 번 고착화되면 설령 더 나은 기능이나 사용자 인터페이스를 제공하는 후발 주자가 나타난다고 해도 웬만하면 그 지위가 흔들리지 않는다. 카카오톡도 마찬가지였다.

일본에서 라인은 성공했다. 한국도 스마트폰 보급이 꽤나 늦은 편이었지만, 일본은 한국보다 더 늦었다. 당시 휴대폰 시장이 세계 최고 수준으로 발달했던 일본은 피처폰에서 스마트폰과 유사한 서비스들을 거의 제공하고 있었다. 그래서 일본 사용자들로서는 스마트폰에 그다지 매력을 느끼지 못했다. 하지만 뒤늦게 일본에서 아이폰이 대히트를 치면서 스마트폰의 보급이 가파르게 증가하는데, 바로 그 시점에 라인이 등장한 것이다. 참고로, 일본인의 아이폰 사랑은 특히 유별난데 일본은 아이폰의 시장점유율이 세계에서 가장 높은 국가다.[56] 심지어 미국보다도 높을 정도다.

라인의 성공은 네이버재팬과 네이버 본사를 깜짝 놀라게 했다. 돈 냄새를 잘 맡는 네이버가 그런 기회를 놓칠 리 없었다. 스마트폰 보급이 먼저 이뤄진 미국, 유럽 등의 국가에서는 이미 원조 모바일 메신저인 왓츠앱(WhatsApp)이 시장을 장악하고 있었지만, 스마트폰 보급이 늦었거나, 왓츠앱이 그리 사용되고 있지 않거나, 자국 모바일 메신저가 없었던 국가들을 위주로 시장에서 좋은 성과를 내게 된다. 결국 라인은 일본을 비롯해 중동과 동남아시아 국가들을 위주로 시장을 차지하게 되며, 2015년 8월 기준 2억 1,100만 명의 사용자 수를 가진 세계 7위의 글로벌 모바일 메신저가 됐다.[57] 반면에 카카오톡은 국내용에 머물게 됐다.

현재 라인은 네이버재팬이 아니라 2013년 설립된 라인주식회사를 통해 서비스되고 있다. 라인주식회사는 일본 도쿄에 있고 직원 중 80퍼센트가 일본인이며 대부분의 일본 사람들은 라인을 일본 회사로 알고 있다. 사실 라인주식회사는 직원 구성, 문화 등 모든 면에서 일본 회사라고 할 수 있다. 네이버가 100퍼센트의 지분을 갖고 있다는 사실을 제외하면 말이다.

네이버는 국내 검색 시장 점유율 70퍼센트를 넘는 사실상의 독점 기업이다. 인터넷 검색과 이를 기반으로 하는 광고 시장이 사라지지 않는 한, 네이버는 PC든 스마트폰이든 아니면 다른 기기에서든 이를 기반으로 계속 수익을 낼 것이다. 하지만 모바일에서 제1의 킬러앱은 검색이 아니라 모바일 메신저이고, 그에 따라 국내 모바일 시장에서는 카카오가 네이버보다 유리한 위치를 차지하게 됐다.

앞으로 네이버는 국내 인터넷 기업 중 PC 시장에서는 1위, 모바일 시장에서는 2위 아니면 경우에 따라서는 그 이하의 순위를 차지하게 될 수도 있다. 물론 카카오가 중대한 사업상 실수를 저지른다면 순위가 역전될 수도 있을 것이다.

그런 국내 시장에 대한 전망과는 별개로, 네이버는 라인의 지분 100퍼센트를 소유하고 있고 라인은 최소 10조 원 이상의 가치를 지닌 것으로 평가받고 있다.[58] 네이버와 라인이 앞으로 글로벌 시장에서 어떻게 대응하는가에 따라 수십조 원의 가치가 될 수도 있다. 하지만 최근 라인의 실적 우려에 대한 목소리도 커지고 있어 그 결과는 지켜봐야 하는 상황이다.

PART》 03

천의 얼굴을 가진
플랫폼

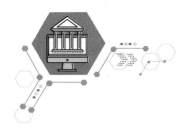

공유와 협업의 플랫폼,
크라우드소싱

크라우드소싱(Crowdsourcing)은 대중(Crowd)과 아웃소싱(Outsourcing)의 합성어로, 대중이 참여하여 아이디어, 콘텐츠, 제품, 서비스 등을 만들어 가는 프로세스를 뜻한다. 본업 외에 자신이 좋아하는 일을 가진 사람들이 여가 시간을 이용해 크라우드소싱에 참여한다. 다양한 분야의 사람들이 자신의 관심사 및 전문성에 따라 서로의 생각을 공유하고 협업한다는 점에서 크라우드소싱 서비스는 매개형 플랫폼이다.

크라우드소싱의 등장 배경과 사례

크라우드소싱이라는 용어는 2006년 6월 미국의 디지털문화 전문

잡지 〈와이어드 Wired〉에서 제프 하우(Jeff Howe)에 의해 처음 소개됐다. 당시는 참여·공유·개방을 표방하는 웹2.0 시절로, 정보 소비자가 정보 생산자가 되어 가는 현상이 크게 주목을 받던 시기였다. 사실 크라우드소싱은 특정 현상을 용어로 정의한 것일 뿐 새로운 것이 아니며 이전부터 존재했다. 예를 들어 2001년에 등장한 위키피디아는 의심할 여지없이 크라우드소싱의 대표적인 사례다.

크라우드소싱에 청사진을 제공한 건 바로, 오픈소스(Open Source) 소프트웨어 운동이다. 오픈소스란 '소프트웨어 개발자의 권리를 보장하면서 소스코드를 누구나 열람할 수 있도록 하는 개발모델'이다. 오픈소스의 장점은 일차적으로 소스코드의 공개에서 비롯된다고 볼 수 있다. 공개된 소스코드의 열람을 통해 많은 사람들이 이를 연구하면서 오류를 찾아낼 수 있고, 나아가서는 제품 수정, 새로운 기능 추가 등의 참여로 이어진다. 커뮤니티의 사람들이 서로 개발과 관련된 의견을 교환하고, 버그를 수정하고, 기능을 개선하면서 더 나은 소프트웨어를 만들어 나가게 된다. 그렇게 만들어진 결과물 또한 공개됨으로써 새로운 혁신의 기반이 되고, 이 같은 과정을 통해 선순환이 구축된다.

웹2.0 시절을 거치면서 소프트웨어 개발뿐만 아니라, 인터넷 서비스의 다양한 분야에서 오픈소스 문화의 상속자인 크라우드소싱이 적극적으로 도입되기 시작한다. 앞서 살펴본 오픈소스의 선순환 구조는 크라우드소싱이 추구하는 선순환 구조와 본질적으로 동일하다고 볼 수 있다. 오픈소스는 사람들이 기업 환경보다 커뮤니티 환경에서 더 즐겁고 창의적이고 효율적으로 일한다는 걸 증명했다. 크라우드소싱도 마찬가지다. 오픈소스와 크라우드소싱은 찰떡궁합이다. 내용을 개방하면 그것이 오픈소스이고, 여러 사람들이 힘을 모아 어떤 결과물을 만들면 그것이 크라우드소싱이다.

크라우드소싱은 한마디로 '모든 사람이 문제 해결에 달려든다면 해결하지 못할 문제는 없다'는 철학에서 출발한다. 예를 들어 대표적인 크라우드소싱 서비스 중 하나인 이노센티브(InnoCentive)는 크라우드소싱을 연구개발(R&D) 문제 해결에 도입한 사례다. 이노센티브는 전 세계의 과학기술자들과 기업들을 연결해 문제 해결을 돕는다. 기업이 해결을 바라는 문제를 이노센티브에 올리면, 등록된 과학기술자들이 문제를 해결하고 금전적 보상을 받게 된다. 이노센티브는 화학, 제약, 바이오, 농업, 식품, 소비재 상품 등 거의 모든 분야를 망라해 서비스를 제공하고 있다. 전 세계 200여 개 국가의 과학기술자 약 30만 명이 1,600건이 넘는 문제 중 85퍼센트를 해결하고 약 4,000만 달러가 넘는 상금을 받았다.[1]

99디자인스(99designs)는 디자인 분야에 크라우드소싱을 적용한 기업이다. 99디자인스는 로고, 웹사이트, 모바일 앱, 명함, 티셔츠, 책표지 등의 디자인을 의뢰받아 이를 기반으로 콘테스트를 열고 의뢰인이 스스로 원하는 것을 고르도록 한다. 비즈니스 모델 자체가 크라우드소싱인 것이다.

메이커봇(MakerBot)이 운영하는 싱기버스(Thingiverse)에서는 다른 사용자와 3D프린팅 콘텐츠를 공유하고 의견을 교환하고 원본을 리

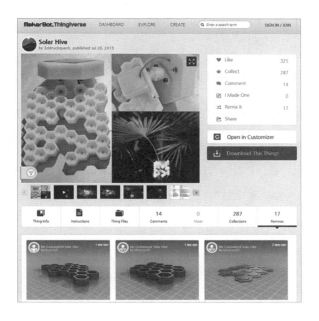

싱기버스에 등록된 LED램프와 이를 리믹스한 결과물들[2]

믹스하여 새로운 콘텐츠를 만들 수 있다. 싱기버스에서 사용자와 콘텐츠는 작업 내용에 따라 연결되어 있어 하나의 거대한 유기체처럼 보인다. 싱기버스에는 10만 개 이상의 3D프린팅 콘텐츠가 등록되어 있다. 싱기버스의 운영사인 메이커봇은 오픈소스 기반의 3D프린터를 만드는 업체로, 세계 1위의 3D프린팅 업체이자 나스닥 상장사인 스트라타시스(Stratasys)에 의해 인수된 바 있다.

크라우드소싱 제조사 퀄키의 교훈

크라우드소싱이 여러 분야로 확산됨에 따라 크라우드소싱을 제조업에 접목한 기업도 등장했다. 퀄키(Quirky)는 크라우드소싱 방식으로 독특한 제품을 개발해 시장에 선보이는 기업으로 유명세를 탔다. 크라우드소싱은 웹2.0 시절부터 주목할 만한 트렌드로 평가받아 왔지만, 제품 제조와 같이 전문성이 필요한 분야에는 제한적으로 사용돼 왔다. 하지만 퀄키는 크라우드소싱을 제품 개발에 전면적으로 도입하고 제품 디자인 및 생산에 3D프린터를 적극 활용했다.

2009년부터 사업을 개시한 퀄키는 지금까지 휘어지는 멀티탭 [Pivot Power], 달걀의 신선도를 체크할 수 있는 장치[Egg Minder], 개인이 원하는 정보를 지속적으로 표시해 주는 대시보드[Nimbus], USB 허브가 결합된 모니터 스탠드[Space Bar], 다목적의 LED 조명 장치[Mantis] 등 다양한 상품을 선보였다.

퀄키는 크라우드소싱에 참여하는 수십만 명의 회원을 확보하고, 수백여 개가 넘는 제품을 개발했다. 또한 유명 벤처캐피털인 안드리센 호로비츠, GE 등 여러 투자사들로부터 총 1억 8,500만 달러가 넘는 투자를 유치하기도 했다.

하지만 퀄키는 2015년 9월 파산 신청을 하게 된다. 참신한 비즈니스 모델과 거액의 투자금 유치로 벤처업계의 스타였던 퀄키가 왜 파산을 했는지에 대해서는 뒤에서 살펴보겠다. 먼저, 퀄키가 남긴 유산을 살펴보자.

퀄키는 특유의 크라우드소싱 프로세스를 통해 독특한 제품을 개발했으며 퀄키가 만든 제품들은 아이디어, 디자인, 품질 등의 여러 면에서 좋은 평가를 받았다. 퀄키의 제품 개발 프로세스는 아이디어 제출, 이용자들의 투표, 아이디어 평가 행사 개최, 제품 기획 과정의 이용자 참여, 실제 제품 제조, 제품 출시로 진행됐다. 각각의 단계에 대한 구체적인 내용은 다음과 같다.

(1) **아이디어 제출:** 간단한 낙서 또는 화학 공식 등 어떠한 형태의 아이디어든 퀄키에 등록하고 타인과 공유할 수 있었다. 그것이 가치가 있는 아이디어라면 어떻게든 이용자들의 관심을 획득하고 발전해 나갈 것이라고 퀄키는 믿었다. 퀄키에는 매주 수천 개에 달하는 아이디어들이 등록됐다.

(2) **이용자들의 투표:** 이용자들은 퀄키에 등록된 새로운 아이디어들을 검토하고 마음에 드는 아이디어에 간단하게 투표를 했다. 이용자들의 선택을 많이 받은 아이디어는 다음 단계로 나아갈 수 있었다.

(3) **아이디어 평가 행사 개최:** 퀄키는 매주 목요일에 전문가, 커뮤니티 멤버 등을 모아 뉴욕 본사에서 오프라인 행사를 개최했다. 행사 내용은 인터넷 라이브로 중계됐다. 참가자들은 맥주를 마시면서 좋은 평가를 받은 아이디어들에 대해 의견을 나누고 논쟁을 하며 다음에 생산할 제품을 결정했다. 퀄키는 이 행사를 '의식(Ritual)'이라고 표현했는데, 이것이야말로 온·오프라인 융합을 통해 시너지를 일으키는 퀄키의 핵심 엔진이었다.

(4) **제품 기획 과정의 이용자 참여**: 개발할 제품이 선정되면 본격적인 제품 기획에 들어가는데 이용자들은 디자인, 기능, 색상, 스타일, 네이밍, 가격 등 전 과정에 참여할 수 있었다. 특히 엔지니어링 이슈가 발생했을 때 해결책을 제시할 수도 있었다. 이용자가 참여한 행위는 영향력(Influence) 수치로 측정되고 퀄키는 그에 따른 보상을 참여자에게 제공했다. 이는 크라우드소싱의 기여도에 따라 수익을 배분했다는 점에서 의미를 지닌다.

(5) **실제 제품 제조**: 기획을 마친 제품은 퀄키에 의해 실제 제품으로 만들어졌다. 이를 위해 퀄키는 제조 전문가와 최신 제조 기술 및 시설을 확보하고, 특히 3D프린터를 적극 활용했다.

(6) **제품 출시**: 마지막 단계로 제품이 출시되고, 퀄키가 운영하는 쇼핑몰 및 판매처를 통해 제품 판매를 개시했다.

퀄키는 온라인, 오프라인의 융합을 통한 독특한 제품 선정 및 기획 과정을 거쳐 제품을 만들었는데, 일반 사용자뿐만 아니라 전문가 참여를 통해 전문성을 담보하려고 노력했다.

퀄키는 처음엔 주로 생활용품을 개발하다가 분야를 점차 확장했다. 퀄키는 미국의 유명 가전업체 GE와 협력해 윙크(Wink)라는 스마트홈 플랫폼을 기반으로 가전과 연동되는 다양한 제품을 개발했다(윙크에 대해서는 스마트홈을 다루는 부분에서 다시 살펴볼 것이다).

퀄키의 독특한 부분 중 하나는 제품 판매 시 해당 제품의 아이디어 발명자를 적극적으로 알렸다는 점이다. 실제로 퀄키 제품을 구매하면 동봉된 종이에 발명자의 이름이 적혀 있는 것을 확인할 수 있다. 또한 퀄키는 웹사이트를 통해 제품 개발 과정에 참여한 사람들의 이름과 활동 내역을 모두 살펴볼 수 있는, 제품 개발 이력의 조회 기능도 제공했다.

  퀄키의 시도는 (1)제품 개발에 전면적으로 크라우드소싱을 도입하고, (2)참여자의 기여도에 따라 수익을 배분하고, (3)제품에 강력한 '스토리텔링(Storytelling)'을 도입했다는 점에서 뚜렷한 의의를 지닌다. 퀄키의 이상은 훌륭했다.

  하지만 퀄키는 파산했다. 퀄키가 파산 신청을 하게 된 주된 이유는 너무 많은 제품을 만들었고 그로 인해 많은 비용이 소요된 반면에, 판매 수익은 그에 미치지 못했기 때문이다. 퀄키는 1년에 무려 50개 이상의 제품을 개발했다.[3] 거기에다 제품의 분야까지 다양했다. 인력과 자원이 제한적인 스타트업으로서 이렇게 많은 제품들을 마케팅하고 판매하는 것은 거의 불가능한 일이다. 퀄키는 모든 분야에서 모든 브랜드와 경쟁해야 했다. 그런데도 퀄키는 제품을 계속 만들기만 했다.

  크라우드소싱을 통해 개발할 제품을 선정하기 때문에 아이디어는 넘쳐났다. 판매 수익과 별개로 제품 개발 프로세스는 계속 진행됐다. 그 모든 게 활기차고 즐거운 과정이었다. 하지만 퀄키의 프로세스는 오로지 새로운 제품의 개발에만 초점을 맞추고 있었으며, 출시한 제품에 대해 고객의 반응을 세심하게 살피고 개선하는 과정은 결핍되어 있었다. 경영과 판매에도 그다지 관심이 없었다. 오로지 개발에만 모든 게 맞춰져 있었다. 결국 자금이 바닥나면서 6년 만에 퀄키의 여정은 막을 내리게 된다. 퀄키는 시장에서 좋은 평가를 얻은 윙크 플랫폼을 분리 매각한다고 밝혔다.

퀄키는 비전과 수익 사이에서 균형을 이루지 못했다. 대부분의 업계 전문가들이 퀄키의 비전이 훌륭했다고 인정한다. 하지만 퀄키의 경영은 끔찍할 정도로 낙제점이었다. 어떤 기업이 파산했다고 해서 그 기업의 모든 것이 저평가되어서는 안 된다. 비록 퀄키는 파산했지만 퀄키의 비전은 다른 기업에 의해 계속 이어질 것이다.

크라우드소싱으로 만들어지는 오픈소스 건축물

소프트웨어, 하드웨어뿐만 아니라 이제는 건축물도 오픈소스로 만들어지는 시대가 됐다. 오픈소스 건축물을 이용하면 건축업에 종사하는 전문가가 아니더라도 누구든지 공개된 건축물의 설계도면을 이용해 직접 건축물을 만들 수 있다. 건축 자재는 구매하거나 3D프린터로 출력할 수도 있다.

런던의 건축가 칼 터너(Carl Turner)는 홍수와 같은 수재가 발생했을 때 물에 떠다닐 수 있는 조립식 형태의 오픈소스 건축물 플로팅하우스(Floating House)를 만들어 공개했다. 플로팅하우스는 하단에

오픈소스 기반의 건축물, 플로팅하우스[4]

장착된 부력판을 통해 물에 떠다닌다. 2층 집의 크기에 침실 두 개, 거실, 욕실, 주방, 서재, 난방 및 전기시설 등을 갖추고 있다. 외부에 장착된 대형 태양광 패널을 통해 전기를 생산하고 빗물 저장시설을 통해 빗물을 정화한 후 식수로 사용한다. 전 세계가 기후변화 문제로 고통받고 있는 상황에서 플로팅하우스와 같은 건축물은 변화하는 자연환경에 대응하기 위한 주목할 만한 사례라고 볼 수 있다.

위키하우스(WikiHouse)는 각종 디지털 기술을 활용해 자동화를 지원하고 에너지 소비를 최적화하는 오픈소스 건축물이다. 위키하우스는 설계도면, 건축 방법, 집 짓는 과정을 공개하고 있으며, 이를 그대로 따라 하면 건축 지식이 없는 사람이라도 집을 지을 수 있다. 위키하우스는 나무를 조립해 집의 뼈대를 만드는데 건축 자재는 플로팅하우스와 마찬가지로 3D프린터로 출력해 이용할 수 있다. 사용자는 3D모델링 도구 스케치업(SketchUp)과 위키하우스 플러그인을 이용해 건축물의 모델을 살펴볼 수 있다. 또한 스케치업을 통해 기존 모델을 수정하거나 자신이 직접 모델을 만들 수 있고, 이를 다른 사람과 공유할 수도 있다.

위키하우스를 이용해 집을 지을 경우, 기존의 방법으로 비슷한 규모의 집을 짓는 것과 비교해 대략 절반 정도의 비용을 절약할 수 있는 것으로 알려져 있다. 위키하우스는 건축가뿐만 아니라 디자이너, 개발자, 엔지니어, 일반인 등 다양한 분야에 종사하는 사람들의 협업을 통해 개선되고 있다. 또한 하나의 형태가 아니라 사용자의 필요에 따라 변형할 수 있는 유연성을 갖고 있다.

이러한 오픈소스 건축물 제작에 참여하는 방법은 다양하다. 그저 공개된 자료들을 다운로드해 활용하거나, 좀 더 적극적으로 오픈소스 커뮤니티에 참여해 공부하고 의견을 나눌 수도 있다. 위키하우스 재단의 경우에는 상업적으로 서비스를 제공하려는 업자를 인증하고 수익의 일부를 기부받기도 한다.

위키하우스의 창시자 알라스테어 파빈(Alastair Parvin)은 TED 2013에서 "사람을 위한, 사람에 의한 건축(Architecture for the people by the people)"이라는 제목으로 발표를 했는데, TED 웹사이트를 통해 공개된 발표 동영상은 30개국의 언어로 자막이 만들어지고 120만 명 이상이 시청했을 정도로 화제가 됐다.[5]

위키하우스는 버전을 높여 가며 계속 발전하고 있다. 위키하우스 4.0은 스마트홈으로 설계돼 집 안의 각종 시설이 자동화되어 있으며, 모바일 기기로 각종 장치를 제어할 수 있다. 에너지도 최소한으로 소비하는 형태로 만들어졌다. 위키하우스4.0에서 발생하는 각종 데이터는 사용자 스스로 어떻게 활용하고 다른 사용자와 공유할 것인지 선택할 수 있다.

이처럼 건축 과정에서 얻은 시행착오와 교훈은 타인과 공유되고, 그런 내용들이 쌓여서 오픈소스 건축물의 콘텐츠는 계속 발전하게 된다. 향후에는 여러 오픈소스 건축물들에서 발생하는 데이터가 모두 취합되고, 이를 종합적으로 분석해 사람들의 주거 문화를 개선하는 데에도 활용될 것이다.

크라우드소싱이 가진 엄청난 잠재력

오픈소스로 진행되는 프로젝트들은 그것이 다른 무언가의 기반이 되고 또한 사람들을 매개해 결과물을 만들어 낸다는 점에서 그 자체로 플랫폼의 역할을 한다. 아무리 똑똑한 개인이라도 혼자 일하게 되면 실패의 위험이 커진다. 하지만 오픈소스 방식에서는 자신의 아이디어와 지적 자산을 공개함으로써 그것이 곧 활발한 토론과 피드백을 가져오고, 크라우드소싱을 통한 공동 개발로 이어지게 되고, 결국 한 개인(또는 한 기업)이 만들 수 없었던 창의적인 결과물을 만들 수 있게 되는 것이다. 그렇게 만들어진 결과물은 또다시 공개되고 마찬가지의 선순환 과정을 거쳐 더 확산되고 더 발전하게 된다. 물론 모든 프로젝트가 성공하는 것은 아니지만, 성공적인 프로젝트는 그러한 과정을 거쳐 진행된다고 볼 수 있다.

미래에 그런 크라우드소싱 플랫폼을 소유하거나 또는 그런 플랫폼에 적극 참여한 기업이 상당한 경쟁력을 갖게 되리라는 것은 자명한 일이다. 그런 의미에서 크라우드소싱은 단순한 트렌드가 아니며 점점 더 기업의 중요한 경쟁력으로 평가받게 될 것이다.

수많은 개인들의 전문성과 창의성, 그리고 그러한 개인들이 가진 막대한 여가 시간의 총합은 크라우드소싱이 가진 엄청난 잠재력을 보여 준다. 하지만 대중을 모으고, 대중의 사회적·정서적 욕구를 만족시키고, 그들이 생산적으로 협업하는 플랫폼을 구축하고, 그것을 통해 수익을 창출하는 것이 결코 쉬운 일이 아니다.

그런 맥락에서 현재 한국 사회가 처한 현실이라 할 수 있는 (1)사람들에게 주어지는 '자율성' 부족, (2)업무 또는 학업에 대한 강한 압력과 과도한 헌신을 요구하는 풍토로 인한 '여유시간' 부족, (3)'다양성'을 용납하지 않고 발휘하기도 어려운 사회문화적 환경이 사람들로 하여금 생산적인 크라우드소싱에 동참하지 못하도록 만들고 있는 것은 아닌지 생각해 봐야 할 것이다.

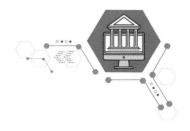

십시일반의 **투자 플랫폼,**
크라우드펀딩

크라우드펀딩(Crowdfunding)은 인터넷을 통해 불특정 다수의 개인들로부터 자금을 모으는 행위를 뜻하는데, 소셜펀딩(Socialfunding) 또는 하이퍼펀딩(Hyperfunding)이라고도 한다. 최근 글로벌 IT 업계에서는 창의적인 제품 개발을 위한 자금 조달의 새로운 방식으로 크라우드펀딩이 주목을 받고 있다.

투자자와 창업자를 연결하는
크라우드펀딩

크라우드펀딩은 지분 투자, 공동 구매, 대출, 후원, 기부 등 다양한 형태로 이용되고 있다. (1)지분 투자는 제품, 서비스, 콘텐츠 개발을 위한 자금을 지원하는 방식으로 투자 금액에 따른 이익을 배분받을 수 있다. (2)공동 구매는 프로젝트가 완료된 후 개발된 제품, 서비스, 콘텐츠 등을 제공받는 형태다. (3)대출은 자금을 대출해 주는 것으로 이자와 원금을 회수할 수 있다. (4)후원은 지원한 자금에 대해 금전적 보상 이외의 형태로 보상을 받는 것이며 주로 공연예술, 영화, 음악 등의 분야에서 이용된다. (5)기부는 금전적 및 금전 외적인 보상이 없는 순수 기부를 목적으로 한다.

크라우드펀딩의 여러 유형 중에서 제품 개발을 위한 지분 투자 방식에 대해 좀 더 자세히 살펴보자. 기존에는 제품을 개발하기 위해 창업자 개인의 자금을 투자하거나 대출을 받거나 또는 엔젤투자자, 벤처캐피털로부터 투자를 받아야 했다. 하지만 창업자들은 자신의 돈을 투자할 만큼 자금 사정이 넉넉하지 않은 경우가 대부분이고, 대출의 경우 쉽게 받을 수 있는 것도 아닐 뿐더러 성공 여부에 관계없이 반드시 갚아야 하는 돈이기에 창업자의 입장에서는 상당한 리스크가 된다. 그렇다고 해서 선뜻 돈을 투자할 엔젤투자자를 만나는 것이 쉬운 일도 아니고, 더욱이 제품 개발도 안 된 상태의 창업자에게 벤처캐피털이 투자하는 일은 실리콘밸리에서도 흔치 않다.

국내의 경우에는 투자 환경이 더 열악해 엔젤투자자나 벤처캐피털로부터 투자를 받는 것이 훨씬 더 어렵기 때문에, 창업자 개인의 돈이나 대출로 창업하는 경우가 많은 편이다. 그래서 실패했을 경우에는 재기가 어려울 정도로 치명상을 입게 된다. 이런 이유로 벤처 창업을 기피하고, 그래서 성공 사례가 적고, 그 결과 창업을 기피하는 악순환의 강한 고리가 형성돼 있는 상황이다.

해외의 경우 국내보다는 나은 편이지만 투자를 받기 어려운 것은 마찬가지다. 그런 상황에서 크라우드펀딩은 불특정 다수로부터 십시일반 투자를 유치해 제품 개발을 할 수 있는 좋은 방법이다. 특히, 시장에서 검증되지 않은 참신한 아이디어를 제품화하는 데 있어서 크라우드펀딩은 큰 위력을 발휘한다.

킥스타터와 다양한 프로젝트들

2009년 서비스를 개시한 유명 크라우드펀딩 서비스 킥스타터 (Kickstarter)는 총 모금액 20억 달러를 돌파했으며, 성공적으로 모금된 프로젝트 개수만 해도 10만 개에 달하고 모금에 참여한 사람 수도 1,000만 명이 넘는다.[6]

킥스타터와 같은 크라우드펀딩 서비스는 자금이 필요한 사람과 투자(또는 후원)하려는 사람을 연결해 주는 매개형 플랫폼이라 할 수 있다. 킥스타터에는 테크놀로지 분야를 비롯해 공연예술, 영화, 음악, 만화, 게임 등 문화적 영역에 이르기까지 다양한 분야의 프로젝트들이 투자자를 기다리고 있다. 킥스타터를 비롯한 대부분의 크라우드펀딩 서비스는 아이디어와 역량이 있지만 개발 자금이 없는 사람이 자신의 아이디어를 소개하고 개발에 필요한 목표 모금액을 제시하면, 이를 본 수많은 개인들이 십시일반 투자하는 방식으로 진행된다.

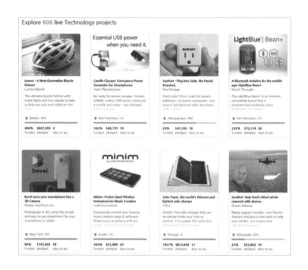

킥스타터에 등록된 수많은 테크놀로지 프로젝트들[7]

예를 들어 가상현실 스타트업 오큘러스 VR이 만든 가상현실 기기 오큘러스 리프트(Oculus Rift)는 9,522명이 243만 달러를 투자해 만들어졌다.[8] 바꾸어 말하면, 만일 크라우드펀딩에 성공하지 못했다면 오큘러스 VR의 제품은 어쩌면 세상에 나오지조차 못했을 수도 있다는 뜻이다(오큘러스 VR에 대해서는 가상현실 플랫폼에서 다시 살펴본다). 그렇다면 페이스북이 오큘러스 VR을 인수하는 일도 생기지 않았을 것이다.

크라우드펀딩의 성공 사례로 가장 유명한 프로젝트 중 하나는 전자잉크 기반의 스마트워치 페블(Pebble)이다. 페블은 3주 만에 1,000

만 달러의 모금액을 모으고 선주문 물량도 8만 개에 달해 큰 화제가 된 바 있다. 페블은 개발자들이 페블용 앱을 만들 수 있다는 점에서 최초의 스마트워치이자 기반형 플랫폼이라고 볼 수 있다.

페블은 애플과 삼성전자보다 먼저 스마트워치를 출시했을 뿐만 아니라, 애플워치가 출시되기 이전에 가장 성공한 스마트워치다. 페블에는 사용자의 스포츠와 운동 상태를 지원하거나 이메일, 페이스북, 트위터 등을 지원하는 앱을 탑재할 수 있다. 페블은 149달러라는 비교적 저렴한 가격에 베스트바이(미국의 전자제품 전문 유통업체)를 통해 판매되면서 소비자로부터 좋은 평가를 받았다. 이처럼 페블은 신생 기업이 크라우드펀딩을 통해 주류 시장에 진입한 대표적인 사례다.

킥스타터의 테크놀로지 카테고리는 다른 카테고리들과 비교해 평균적으로 가장 많은 모금액을 유치하고 있으며 다양한 전자기계 장치, 드론, 스마트 가전, 사물인터넷 기기 등 기존에 찾아보기 힘든 참신한 프로젝트들이 많이 등록되고 있다.

예를 들어 뇌파를 이용해 게임 안에서 생각만으로 무기를 발사하거나 지형을 바꿀 수 있는 기술, NFC(Near Field Communication) 기능을 내장해 현관문을 열거나 스마트폰의 잠금을 해제할 수 있는 반지, 초저가의 소형 PC인 라즈베리파이(Raspberry Pi)를 이용해 만든 인간형 로봇, 학교나 디자이너들이 저렴한 가격으로 이용할 수 있는 3D 프린터, 사용자가 인터넷으로 직접 조작해 자신만의 우주 사진을 찍을 수 있는 천체망원경, 안드로이드 기반의 99달러짜리 콘솔 게임기 등 다수의 창의적인 프로젝트들이 등록된 바 있다. 특히 근래에는

3D프린팅과 관련된 프로젝트들이 인기를 끌고 있다.

킥스타터에서는 모금 기간 종료 시 총 모금액이 목표액에 도달하면 프로젝트에 자금을 전달하고, 목표액에 미달하는 경우에는 투자가 성사되지 않는다. 펀딩에 성공한 경우 킥스타터는 총 모금액의 5퍼센트를 수수료로 받는다. 투자를 받은 프로젝트는 제품 개발을 진행하게 되고, 프로젝트가 성공할 경우에는 사전에 약정된 조건에 따라 투자자에게 제품 및 각종 특전을 제공하거나 판매에 따른 이익을 배분하게 된다.

하지만 프로젝트가 실패하게 되면 투자자는 손해를 감수해야 하고 킥스타터는 투자금의 환불을 비롯한 어떤 책임도 지지 않는다. 그러므로 개인들은 그런 위험을 감수하고서 투자를 결정해야 하는데, 각자의 투자금이 소규모이기 때문에 일반적으로 프로젝트가 실패한다고 하더라도 개인에게 큰 손해가 발생하는 것은 아니다.

크라우드펀딩이 제품 개발을 위한 새로운 투자 방식으로 인기를 끌면서 미국과 유럽의 선진국들을 중심으로 크라우드펀딩 규모가 크게 성장하고 있다. 그에 따라 크라우드펀딩 사업에 뛰어드는 업체들도 지속적으로 증가하고 있다.

해외의 크라우드펀딩 서비스들을 살펴보면 테크놀로지 분야에서는 킥스타터와 더불어 인디고고(IndieGoGo)가 유명하며, 그 외에도 다양한 분야에 특화된 여러 서비스들이 존재한다. 2001년 서비스를 개시해 최초의 크라우드펀딩 사이트로 알려진 아티스트쉐어(ArtistShare)는 음악가와 팬을 연결해 음반 작업을 위한 자금을 모은다. 아티스트쉐어를 통해 만들어진 음반은 2005년 이후 거의 매년 그래미 어워드에서 수상하거나 후보에 오르고 있다. 그 외에도 해외에는 플레지(Pledgie), 기브포워드(GiveForward), 로켓허브(RocketHub), 펀들리(Fundly), 고펀드미(GoFundMe), 앱스플릿(Appsplit), 패트리온(Patreon) 등의 수많은 크라우드펀딩 서비스들이 있다.

앱스플릿은 앱 개발에 특화되어 있는데 앱 개발 자금을 모으거나 소스코드를 팔 수도 있고 협업할 사람을 구할 수도 있다. 패트리온은 음악, 미술, 만화, 게임 등 다양한 분야의 콘텐츠 창작자들을 위한 크라우드펀딩 서비스로 창작자에게 정기적으로 후원을 할 수 있다는 특징이 있다. 패트리온은 스탠퍼드 대학교, CRV, 인덱스 벤처 등으로부터 총 1,710만 달러의 투자를 받았으며, 〈타임 Time〉에서 선정한 '주목할 만한 스타트업 10'에 오르기도 했다.[9] 이러한 내용에서 알 수 있는 사실은, 창작자의 가치를 높이 평가하는 사회문화적 환경이 크라우드펀딩의 활성화와 밀접한 관계를 맺고 있다는 점이다.

국내에서는 텀블벅(tumblbug.com), 굿펀딩(goodfunding.net), 펀듀(fundu.co.kr), 와디즈(wadiz.kr) 등의 업체들이 크라우드펀딩 사업을 하고 있는데, 대부분 사회적 기부나 만화, 영화, 게임 등의 엔터테인먼트 콘텐츠 투자에 그치고 있으며, 아직까지는 해외와 달리 테크놀로지 분야의 수준 높은 프로젝트 투자 사례는 거의 찾아보기 어려운 실정이다.

성공과 먹튀 사이의 위험성

    크라우드펀딩의 기본적인 기능은 대중으로부터 십시일반 자금을 모으는 것이다. 그리고 이것이야말로 제품, 서비스, 콘텐츠 개발자의 입장에서 크라우드펀딩의 가장 큰 장점이라고 볼 수 있다. 하지만 이러한 기본 기능 외에도 크라우드펀딩은 몇 가지 중요한 장점을 갖고 있는데, 이것은 크라우드소싱과도 깊은 연관이 있다. 왜냐하면 크라우드펀딩을 진행하는 프로젝트의 적지 않은 수가 단지 자금만 모으는 것이 아니라, 제품 개발에 투자자가 관여함으로써 크라우드소싱까지 같이 진행되기 때문이다. 여기에서 크라우드펀딩의 장점을 세 가지로 정리해 보았다.

    첫째, 사회적인 관점에서 볼 때 크라우드펀딩은 위험을 분산함으로써 창의적인 시도를 촉진한다. 크라우드펀딩은 프로젝트가 성공하게 되면 그 이익을 투자한 다수가 나누어 갖고, 실패하게 되면 그 손실을 다수가 나누어 부담함으로써 개발자가 창의적인 시도를 할 수 있도록 지원하면서 위험 부담은 줄인다. 이와 같은 형태는 시장에서 검증되지 않은 창의적인 제품의 개발에 유용하다고 볼 수 있다.

    둘째, 크라우드펀딩 과정에서 대중의 피드백을 받음으로써 아이디어를 검증하고 개선할 수 있다. 기존의 방식에서는 제품 개발을 마치고 시장에 출시한 이후에야 대중의 피드백을 받을 수 있었다. 하지만 크라우드펀딩은 미리 아이디어를 공개하기 때문에 대중으로부터 다양한 피드백을 받을 수 있고 이를 제품 개발에 반영할 수 있다. 또한 시장성이 없는 제품이라면 펀딩 과정에서 대중의 피드백과 목표 금액 달성 여부를 통해 자연스럽게 제품의 가치에 대한 냉혹한 진실을 알 수 있다. 결국 실패한다 하더라도 신속하게 실패할 수 있어 시간이 절약된다.

셋째, 크라우드펀딩은 제품의 마케팅 및 열혈 팬의 확보에 있어서도 큰 도움이 된다. 만일 제품이 사람들의 호기심을 자극하는 경우에는 관련 내용이 페이스북, 트위터 등의 다양한 소셜미디어 채널을 통해 퍼져 나간다. 이를 통해 자연스럽게 저비용·고효율의 마케팅이 이뤄지고, 만일 제품이 매력적인 경우에는 열혈 팬을 확보하고 강한 유대감을 맺을 수 있다. 제품 개발이 시작되기도 전에 이미 상당한 예비 소비자를 확보하는 것이다. 이와 같은 이유로 인해 개발 자금에 여유가 있어도 제품 마케팅과 팬 확보를 목적으로 크라우드펀딩 서비스에 프로젝트를 등록하는 업체들도 늘고 있다.

이처럼 크라우드펀딩은 여러 장점을 갖고 있지만, 한편으로는 개발자가 제품 개발에 실패하거나 아예 처음부터 사기를 목적으로 모금을 한 후 자금만 챙기고 잠적하는 경우에는 투자자들이 그대로 손해를 보게 된다는 문제점이 있다. 또한 제품 개발 전에 해당 내용이 공개돼 지적재산권(IP: Intellectual Property)이 침해될 가능성이 있고, 사업을 제대로 시작도 하기 전에 부정적인 평판의 희생양이 될 수도 있다. 그럼에도 크라우드펀딩이 가진 장점이 워낙 명확하기 때문에 일부 부작용들이 크라우드펀딩의 성장세를 막을 수는 없을 것으로 판단된다.

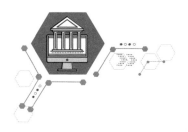

돈의 **흐름**을 바꾸는
금융 플랫폼, **핀테크**

핀테크(Fintech)라는 용어는 '금융(Financial)'과 '기술(Technique)'
의 합성어로, 금융과 IT의 융합을 통해 새롭게 만들어진 기술 및 서
비스를 통칭한다. 핀테크는 그 본질적 성격이 금융기관과 금융 소비
자를 매개하는 것이기에, 기본적으로 매개형 플랫폼인 경우가 대부
분이며 경우에 따라서는 기반형 또는 복합형 플랫폼도 존재한다.

IT 시장조사 업체 벤처스캐너가 조사한 바에 따르면, 핀테크 산업
에는 19개 분야에 약 1,300여 개 이상의 업체가 존재하는 것으로 나
타났다.[10] 지난 수년간 핀테크 스타트업에 대한 전 세계 투자 규모
는 계속 증가해 왔다. 핀테크 산업에서 가장 두각을 나타내고 있는
국가 중 하나는 영국이다. 런던은 세계 금융의 대표적인 중심지다.
2008년 글로벌 금융 위기 이후 핀테크 스타트업들이 런던에서 적극
적으로 사업을 개시하고 거대 금융자본들이 투자에 나서면서 수많

은 핀테크 기업이 등장하였다.

영국이 금융 허브인 런던을 중심으로 핀테크 산업을 발전시키고 있다면, 미국의 핀테크 산업은 금융 중심지인 뉴욕의 월스트리트와 기술 중심지인 실리콘밸리로 분산되어 있다고 볼 수 있다. 미국의 핀테크 산업은 뉴욕과 실리콘밸리가 가진 압도적인 금융 및 IT 역량을 바탕으로 전 세계 핀테크 산업의 중심이 되어 가고 있다. 실제로 최근의 핀테크 투자 건수와 규모를 보면 미국에 집중되고 있는 모양새다. 미국은 이미 핀테크 혁명의 초기를 지나 사람들의 라이프스타일을 바꾸는 수준에 도달해 가고 있는 상태다.

영국, 미국과 함께 주목해야 할 국가는 중국이다. 중국은 방대한 내수 시장과 모바일 인터넷 사용자, 중국 정부의 핀테크 지원 정책을 바탕으로 핀테크 산업을 계속 확대해 나가고 있다.

주요 플랫폼 기업 중 핀테크 분야에서 상대적으로 좋은 성과를 내고 있는 업체는 애플이다. 애플은 전 세계 750여 개 이상의 금융기관과 제휴를 맺고 있으며 그 숫자는 늘고 있다. 미국에서는 애플페이를 통한 결제 건수와 결제액이 계속 증가하고 있어 현재와 같은 추세라면, 머지않아 미국 전체 소매 시장에서 무시하지 못할 비중을 차지할 것으로 전망되고 있다.[11]

핀테크 분야에서 주목할 만한 투자를 받은 업체들로, 모바일 결제 서비스의 개척자 스퀘어(Square), 온라인 결제 서비스 스트라이프(Stripe), 중국의 P2P 대출 서비스 렌렌다이(Renrendai), 금융 정보 관리 서비스 크레디트 카르마(Credit Karma) 등을 꼽을 수 있다.

핀테크 플랫폼의 다양한 유형과 사례

핀테크는 다양한 형태로 분류될 수 있는데 여기에서는 그 기능에 따라 지급결제 서비스, 가상통화, 대출 서비스, 금융 소프트웨어, 인터넷 은행 등의 다섯 가지로 구분해 살펴보도록 하겠다.

(1) **지급 결제 서비스**: 핀테크를 언급할 때 가장 많이 예로 드는 서비스로, 보다 간편하게 송금을 하거나 결제할 수 있는 기능을 제공한다. 일반적으로 신용카드, 은행 계좌 등과 연동해 송금 서비스를 제공하거나 온라인과 오프라인에서 결제 서비스를 제공하는데, 서비스에 따라 기능의 범위에는 차이가 있다. 페이팔, 알리페이, 애플페이, 스퀘어, 카카오페이, 삼성페이 등이 이에 해당된다.

트위터의 공동창업자 잭 도시(Jack Dorsey)가 만든 모바일 지급 결제 서비스인 스퀘어(Square)는 모바일 기기의 오디오 잭에 연결하는 신용카드 리더기를 통해 결제할 수 있어 노점, 이동판매상, 지역 사업자 등에게 각광받고 있다. 스퀘어는 신용카드 리더기를 무상으로 제공하고 거래 발생 시 2.75퍼센트의 수수료를 받는다. 스퀘어는 결제 서비스뿐만 아니라 이메일로 송금이 가능한 서비스도 제공하고 있다. 스퀘어는 2015년 11월 뉴욕 증시에 상장했으며 시가총액이

스퀘어의 결제 화면[12]

약 30억 달러에 달한다.[13]

    스트라이프(Stripe)는 웹사이트 또는 모바일 앱에 아주 간단하게 결제 시스템을 통합할 수 있는 기능을 제공한다. 애플페이가 스트라이프의 기술 지원을 받아 만들어진 것으로 알려져 있다. 스트라이프는 많은 고객사를 갖고 있다. 킥스타터는 원래 아마존의 결제 시스템을 이용했으나 스트라이프로 변경했다. 트위터는 사용자가 트윗을 통해 물건을 구입할 수 있도록 하는 데 스트라이프를 도입했다. 스트라이프의 투자에는 여러 대형 투자회사 및 테슬라 모터스(Tesla Motors)의 창업자 일론 머스크(Elon Musk) 등이 참여했으며, 총 2억 달러에 달하는 투자를 유치한 바 있다.

(2) **가상통화**(전자화폐): 시장조사 업체에 따라서는 가상통화를 핀테크에 포함하지 않거나 또는 지급결제 서비스 중 하나로 보기도 한다. 가상통화는 그 자체로 송금과 결제가 가능한데, 비트코인 사례에서 볼 수 있듯이 독자적인 영역을 구축한다는 점에서 이를 구분해 살펴볼 필요가 있다(비트코인에 대해서는 뒤에서 별도의 항목으로 살펴볼 것이다). 비트코인 외에도 시장에는 각 국가의 화폐로 교환 가능하고 전 세계에서 통용되는 양을 1,000억 개로 한정한 리플코인(Ripple) 등 다양한 가상통화가 존재한다.

세계에서 가장 유명한 가상통화 비트코인은 지난 몇 년간 여러 이슈를 만들었다. 비트코인의 가치가 크게 오르면서 투자자들의 관심을 모으기도 했지만, 한때 세계 최대 비트코인 거래소였던 마운트곡스가 2014년에 도산하면서 최악의 평가를 받기도 했다. 그렇지만 다시금 투자를 유치하는 비트코인 관련 업체가 늘어나고 있고 사용처도 증가하고 있는 추세다. 이와 더불어 2015년 1월 미국 24개 주에서 인가를 받은 공인 비트코인 거래소인 코인베이스 익스체인지(Coinbase Exchange)가 오픈하면서 비트코인에 대한 신뢰가 다시 높아지고 있다. 지난 몇 년간 비트코인은 많은 등락폭을 보였고 여전히 불안한 부분들이 존재하지만, 비트코인의 미래를 밝게 보는 전문가들도 많다.

(3) **대출 서비스**: 기존 금융기관의 대출이 가진 한계로 인해 해외의 사용자들에게 크게 각광받고 있는 핀테크 분야가 바로 대출(대부) 서

비스다. 미국의 최대 P2P 대출 기업인 렌딩 클럽(Lending Club)은 투자자와 대출을 원하는 사람을 모집해 연결해 주는 서비스를 제공한다. 뉴욕증시에도 상장됐는데, 시가총액이 한때 80억 달러에 달하기도 했다.

렌딩클럽이 개인 고객에 중점을 두고 있다면, 온덱(OnDeck)은 소상공인을 주된 고객으로 삼고 있는 대출 서비스다. 뉴욕증시에 상장한 온덱은 첫 거래에서 공모가 대비 주가가 40퍼센트 상승했으며 시가총액은 18억 5,000만 달러를 기록했다. 온덱은 대출 신청이 간편할 뿐만 아니라 신청 후 24시간 내에 입금이 될 정도로 신속하게 일을 처리한다. 또한 소상공인의 매출 규모와 현금 흐름 등 합리적인 내용을 따져 대출을 집행해 소상공인들로부터 좋은 반응을 얻고 있다.

(4) **금융 소프트웨어**: 빅데이터 분석, 인공지능, 통합 사용자 인터페이스 등을 통해 금융의 편의성을 증대시켜 주는 소프트웨어들이 이에 해당된다. 예를 들어 빌가드(Billguard)는 사용자의 신용카드와 은행계좌를 모바일 앱을 통해 통합 관리하고 독자적인 데이터 분석 알고리즘을 통해 신용카드 도용이나 수수료 오류 등을 발견하여 사용자에게 알려준다.

금융 정보 관리 서비스 크레디트 카르마(Credit Karma)는 사용자가 자신의 신용 점수를 관리할 수 있게 해 주는 서비스인데, 총 2억 달러의 투자를 유치할 정도로 가치를 인정받고 있다.

(5) **인터넷 전문 은행**: 이미 많은 국가에 오프라인 점포를 전혀 갖고 있지 않은 인터넷 전문 은행들이 다수 존재한다. 그중 하나를 살

펴보면, 2003년에 설립된 독일의 인터넷 전문 은행 피도르(Fidor)는 인터넷 커뮤니티 은행을 표방하고 있다. 페이스북을 통해 피도르 계좌를 신청할 수 있고, 고객이 금융 상품의 개발 및 유통에 직접 참여할 수도 있다. 또한 커뮤니티를 통해 타인에게 조언할 수도 있고 사용자가 제안한 아이디어가 선정되면 사용자에게 금전적인 보상도 한다.

지금까지 핀테크의 유형을 기능 위주로 구분해 살펴보았는데, 이 유형들 외에도 기존 금융기관의 변화에 대해 살펴볼 필요가 있다.

스페인의 대형 은행 BBVA는 핀테크 기업 심플(Simple)을 1억 1,700만 달러에 인수했다. 심플은 예금, 예산 수립, 지출 내역 등을 한꺼번에 관리할 수 있는 편리한 사용자 인터페이스를 제공한다. 또한 BBVA는 유망 핀테크 스타트업을 발굴하는 콘테스트를 매년 개최하고 있으며, 최근 대회에는 전 세계 56개 국에서 850여 팀이 참여하기도 했다.[14] BBVA는 핀테크 스타트업 투자를 위해 1억 달러 규모의 펀드를 운영하고 있으며, 지금까지 세이브업(SaveUp), 섬업(SumUp), 프리모니(FreeMonee) 등 여러 핀테크 벤처에 투자했다.

그 외에도 영국의 HSBS, 스위스의 USB, 미국의 시티은행 등 전 세계 여러 금융기관들이 핀테크 스타트업 투자를 위한 펀드를 조성해 투자에 나서거나 창업 지원 서비스를 제공하고 있다.

간편결제 서비스의 춘추전국시대

간편결제 서비스는 앞서 살펴본 핀테크의 유형 중 지급 결제 서비스의 일종이다. 국내 핀테크 산업의 선발 주자는 간편결제 서비스다. 핀테크에 대한 관심이 높아지면서, 국내에서는 가히 간편결제 대란이라 할 정도로 수많은 간편결제 서비스가 쏟아졌다. 이미 미국에서는 1998년에 등장한 간편결제 서비스 페이팔(PayPal)이 폭넓게 쓰이고 있고, 중국에서도 2004년 등장한 알리페이(Alipay)가 소위 국민 서비스로 등극한 지 오래다.

국내 시장에서는 SK플래닛의 시럽, 삼성전자의 삼성페이, 카카오의 카카오페이, 네이버의 네이버페이, 비씨카드의 페이올, 신세계의 SSG페이, G마켓과 옥션의 스마일페이, NHN엔터의 페이코, LG유플러스의 페이나우 등 수많은 간편결제 서비스가 경쟁하고 있으며, 새로운 서비스가 계속 등장하고 있다. 흥미로운 점은 네이버에서 분할된 NHN엔터까지 간편결제 사업에 진출했다는 사실이다.

그렇다면 국내 간편결제 시장은 앞으로 어떻게 전개될까? 무엇보다 서비스 제공 주체가 다 다름에도 불구하고, 국내 간편결제 서비스들의 기능 및 사용자 편의성에는 차별성이 거의 없다는 사실에 주목할 필요가 있다. 간편결제라는 것은 말 그대로 간편한 결제 서비스를 제공하는 것인데, 간편함에 대단한 다양성이 있을 리 없다. 간편결제라는 기능만 놓고 보면 차별화를 할 수 있는 재료가 별반 없다는 의미다. 그러니 다들, 사전에 신용카드 번호와 결제 비밀번호를 등록해 놓고, 결제 시에는 비밀번호만 입력해 결제를 마치는 방식으로 작동한다(오프라인에서는 바코드 스캔을 제공한다). 물론 지문 인식을 사용하는 경우에는 좀 더 편하게 결제할 수 있다.

소비자 입장에서 보면, 이는 간편함에 있어서 기존에 신용카드 회사에서 자사 고객을 대상으로 제공하던 간편결제(앱카드)와 별 차이가 없다. 다만, 특정 신용카드 회사에서 제공하는 서비스와는 달리 여러 회사의 신용카드를 등록해 놓고 골라서 결제할 수 있다는 점에서 조금 더 간편할 수는 있다. 그런데 대부분의 소비자들이 주력으로 한두 개의 카드를 사용한다는 점을 감안할 때 대단한 매력 포인트라고 보기는 어렵다.

이렇듯 수많은 간편결제 서비스들이 그 기능과 특성에 있어 차별성이 거의 전무한 실정이기에, 상황은 머니게임으로 치닫고 있다. 다르게 말해, 마케팅 예산을 많이 확보해 여러 쇼핑몰에서 다량의 할인쿠폰을 뿌리고 이를 통해 경쟁 서비스보다 더 빨리 더 많이 사용자를 확보하는 것이 거의 유일한 전략인 것이다.

그렇다면 이러한 상황은 언제까지 갈까? 일단 사업을 개시한 업체들 간에 치열한 경쟁이 벌어질 테고, 그러한 흐름은 새로운 업체가 시장에 진입하는 동안은 계속 이어질 것이다. 그러다 어느 순간 정점을 찍고, 어느 시점이 되면 실탄(돈)이 떨어져 손들고 퇴장하는 업체들이 하나둘 늘어날 것이다. 경쟁자들이 쓰러져 가는 가운데, 엄청난 비용을 쓰면서 끝까지 버티고 가장 많은 사용자를 확보한 업체가 결국 게임의 승자가 될 가능성이 크다. 그걸 알면서도 끝까지 버티는 것이 결코 쉽지는 않을 것이다.

삼성전자도 삼성페이를 개시했는데 MST(Magnetic Secure Transmission, 마그네틱 보안 전송) 기술을 통해 오프라인 매장의 기존 결제 단말기에서도 간편하게 이용할 수 있다는 장점이 있다. 그런데 사실 간편결제와 같은 서비스 사업은 삼성전자가 잘할 수 있는 사업 분야는 아니다. 이는 갤럭시폰의 기능 중 하나로 그 나름의 의미가 있더라도, 실제 핀테크 비즈니스로 돈을 버는 것은 별개의 문제라는 뜻이다. 갤럭시폰을 더 많이 팔기 위한 하나의 방법 내지는, 경쟁업체인 애플이 하고 있는 데다 주목받는 시장이니 구색을 맞춰 시도하는 정도로 봐야 한다. 설령 삼성페이 이용자가 기대 이상으로 많아진다고 하더라도, 애플이나 다른 업체와 달리 서비스를 통해 수익을 내기는 쉽지 않을 것이다. 삼성전자는 뼛속까지 제조업체이며, 서비스 사업을 통해 제대로 수익을 내 본 적이 없고 그럴 준비도 되어 있지 않기 때문이다.

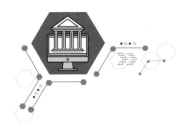

온·오프라인의 **경계**를 **허문**
유통 플랫폼, 옴니채널

근래 들어 유통 환경에 중요한 변화가 일어나고 있다. 대한상공회의소가 발표한 유통산업 통계를 살펴보면 백화점 및 대형마트의 매출이 역성장하고 있는 것으로 나타났다.[15] 백화점의 경우 중국 관광객의 쇼핑으로 그나마 버티고 있는 상황이며, 대형마트는 규제로 인해 앞으로도 성장을 기대하긴 어려워 보인다. 이런 가운데 편의점은 1~2인 가구의 증가와 경기 침체에 따른 소량 구매 패턴으로 인해 당분간 성장할 것으로 전망된다.

홈쇼핑, PC 기반의 온라인 쇼핑, 모바일 쇼핑 등 무점포 소매의 경우는 어떨까? 홈쇼핑의 경우 소비자의 불신과 전반적인 경기 침체로 인해 전망이 그리 밝지는 않다. 인터넷 쇼핑 중 PC 기반의 온라인 쇼핑은 이미 역성장 국면으로 들어선 상태이고 계속 규모가 감소할 것으로 예상된다. 반면에 모바일 쇼핑은 최근까지도 높은 성장세를 보이고 있다. 이런 성장세가 스마트폰 대중화 이후 몇 년간 이어지고 있는데, 당분간 이와 같은 추세가 지속될 것으로 보인다.

쇼루밍과 해외 직구가 가져온 충격

최근 쇼루밍(Showrooming)족이 급증함에 따라 전자제품, 패션상품, 주방용품 등 과거에는 오프라인 매장에서 주로 구매하던 상품들의 모바일 구매가 계속 증가하고 있다. 쇼루밍이란 오프라인 매장에서 상품을 보고 실제 구매는 스마트폰, 태블릿, PC 등을 이용해 인터넷에서 하는 것을 뜻하는 용어다.

쇼루밍족이 증가하는 가장 큰 이유는 무엇보다 스마트폰을 통한 가격 비교 및 정보 검색이 쉬워졌기 때문이다. 구글이 매장에서 쇼핑하는 소비자들의 스마트폰 이용 행태를 조사한 내용에 따르면, 미국 스마트폰 이용자의 약 80퍼센트가 최소 한 달에 한 번 이상 스마트폰을 이용해 쇼핑한다고 답했으며 그 수치는 계속 증가하고 있다.[16] 스마트폰으로 쇼핑한다고 답한 사람 중 84퍼센트가 오프라인 매장에서의 쇼핑에 스마트폰을 이용한다고 답했으며, 쇼핑에 스마트폰을 이용하는 주된 이유로 시간 절약(51퍼센트), 비용 절약(44퍼센트) 등을 꼽았다. 또한 가장 많이 이용하는 기능으로는 가격 비교(53퍼센트), 그리고 할인쿠폰 등의 프로모션(39퍼센트)을 꼽았다.

컨설팅 업체 베인앤컴퍼니(Bain & Company)는 온라인 경쟁업체의 매출 점유율이 15~20퍼센트에 도달하면 오프라인 매장을 닫는 위기가 올 수 있다고 분석했다.[17] 베스트바이(Bestbuy)는 쇼루밍을 막기 위해 독자적인 바코드 시스템을 도입하기도 했지만 오히려 역효과만 불러일으켰다. 모바일 쇼핑의 위력이 점차 강력해짐에 따라 오랫동안 인터넷에서의 판매를 거부해 온 구찌, 에르메스, 버버리, 미쏘니 등의 명품 브랜드들도 인터넷 쇼핑몰을 통해 제품을 판매하고 있다.

모바일 쇼핑과 함께 해외 직구도 빠르게 증가하고 있다. 대한상공회의소가 발표한 '내국인 해외 쇼핑 실태 조사'에 따르면, 해외 직구를 해 본 소비자는 57.4퍼센트였으며 1인당 연평균 소비금액은 87만 원으로 집계됐다.[18] 남성은 의류(26.1퍼센트), 시계·선글라스 등의 액세서리(19.6퍼센트), 화장품(13.9퍼센트) 순으로 많이 구매했으며, 여성은 화장품(26.0퍼센트), 가방·지갑(16.4퍼센트), 액세서리(15.5퍼센트) 순으로 많이 구매한 것으로 조사됐다. 해외 쇼핑을 선호하는 이유로는 저렴한 가격(58.7퍼센트), 국내에 없는 브랜드 구매(24.1퍼센트), 다양한 상품 종류(12.4퍼센트) 등을 꼽았다.

소비자들은 해외 직구를 통해 주로 패션 상품들을 구매하는 것으로 나타났는데, 이는 그간 오프라인 매장을 방문해 구매하던 소비 패턴이 변하고 있음을 시사한다. 이와 같은 내용을 통해 모바일 쇼핑과 해외 직구라는 양대 소비 트렌드가 국내 유통업체들에게 커다란 영향을 미치고 있다는 사실을 알 수 있다.

수입 제품의 국내 가격에 대해 많은 소비자가 불만을 갖고 있고, 해외 직구를 경험한 소비자들이 빠르게 늘어남에 따라 기존 유통업체들은 점점 더 어려운 상황에 처하게 됐다. 유통업체들은 이에 대한 대응 전략 중 하나로서 개별적으로 구축했던 웹사이트, 모바일, 오프라인 매장, 소셜미디어, 콜센터 등의 다양한 고객 유입 채널을 유기적으로 통합해 일관된 고객 경험을 제공하는 옴니채널(Omnichannel) 전략을 추진하고 있다.

옴니채널이란 쉽게 말해, 오프라인과 온라인에 관계없이 고객들에게 언제 어디서나 일관된 서비스를 제공하는 유통체계다. 기존에 개별적으로 구축됐던 여러 고객 유입 채널(멀티채널)에서 한층 더 나아간 개념이다. 예를 들어 옴니채널 환경에서는 모바일로 상품을 구매한 후 오프라인 매장에서 상품을 수령하거나 반품을 할 수도 있다.

유통업체들의 옴니채널 전략과 관련 기술

유통업체들이 옴니채널 전략에 대해 고민하지 않을 수 없는 이유는 소비자들이 점점 더 가격에 민감해지고 있고, 모바일 기기의 활용 역량이 날로 증대하고 있으며, 각종 소셜미디어를 통해 온갖 정보를 공유하고 있기 때문이다. 이와 더불어 시장 환경의 측면에서 보면 채널 장벽이 허물어지고 있으며, 커머스 벤처들이 발 빠르게 혁신적인 서비스를 선보이고 있고, 가격·품질·고객 서비스 등 모든 것이 경쟁업체와 실시간으로 비교되는 상황에 처해 있다.

스마트폰은 쇼핑 기기로서 양면성을 갖고 있다. 그 하나는 스마트폰이 오프라인 및 온라인·모바일 쇼핑의 경계를 파괴함으로써 오프라인 매장의 붕괴를 가속화하는 측면이다. 기존의 PC 기반 쇼핑은 오프라인 쇼핑과 서로 격리되어 있었다(매장에 자신의 PC를 들고 와서 가격 비교를 하고 쇼핑할 수는 없는 노릇 아닌가?). 그러나 이제 소비자들은 언제 어디에서나 스마트폰을 통해 가격 비교를 하고 쇼핑을 한다. 출퇴근 시간에 버스나 지하철에서도 쇼핑을 하며 심지어는 근무 시간에 쇼핑을 하기도 한다.

또 다른 측면은 스마트폰이 오프라인 매장의 이용을 유도할 수도 있다는 것이다. 만일 유통업체가 효과적인 옴니채널 전략을 갖추고 소비자가 매력을 느낄 만한 서비스를 제공한다면 보다 많은 소비자들이 매장에 방문하도록 만들 수도 있을 것이다. 유통업체가 어떤 관점에서 사업을 추진하는가에 따라, 어려운 상황에 처할 수도 있고 새로운 모멘텀을 찾을 수도 있다.

미국의 메이시스(Macy's) 백화점, 월마트(Walmart) 등은 옴니채널에 적극적인 업체로 유명하다. 메이시스 백화점은 옴니채널 책임자(COO: Chief Omnichannel Officer)를 임명하고 옴니채널에 적극 투자하면서 매출이 증가했다. 월마트는 매장에서 고객이 앱을 통해 제품을 구매할 수 있도록 하고, 온라인에서 주문한 후 매장에서 결제하고 물건을 수령할 수 있는 서비스를 제공하고 있다. 또한 이들 업체들은 온라인, 오프라인 등의 채널에 따른 매출 실적을 구분하지 않기로 결정했다. 아무래도 오프라인 매출의 마진이 더 높기에 그동안 유통업체들은 오프라인 매출의 가치를 더 높게 평가해 왔으며 온라인 사업에는 소극적인 면이 있었다. 하지만 더 이상 그런 소극적 자세로는 급변하는 유통 환경에서 살아남을 수 없다는 것을 깨닫고는, 그간 차별해 왔던 온라인 매출의 가치를 인정하는 결정을 하게 된 것이다.

월마트는 2014년 2월 새로운 '최저가 보장 제도(Price Match)'를 개시한다고 밝혔다. 세이빙캐처(Savings Catcher)라는 명칭의 이 프로그램은 월마트 매장에서 식료품과 생활용품을 구매한 후 영수증 번호만 입력하면 자동으로 지역 내 다른 경쟁업체들의 제품 가격과 비교해 비쌀 경우 그 차액을 보상한다. 단지 영수증 번호만 입력하면 될 뿐 소비자가 최저가를 찾아 증명할 필요가 없다. 이는 유통업체들이 기존에 구색만 갖춰 놓은 최저가 보장 제도와는 상당한 차이가 있는 것이다.

또한 미국의 많은 유통업체들은 소비자가 물품을 구매한 후 일정 기간 이내(업체에 따라 다르며 1~14일 이내)에 가격이 내려갔을 경우 차액을 환불해 주는 '가격 조정 제도(Price Adjustment)'도 시행하고 있다.

일본에서 1872년에 설립된 화장품 제조업체이자, 전국적으로 자사 제품을 판매하는 매장을 소유해 화장품 유통업체이기도 한 시세이도(Shiseido)는 옴니채널을 성공적으로 추진하고 있는 업체 중 하나다. 시세이도는 자사의 고객층이 관심을 가질 만한 라이프스타일 전반의 콘텐츠를 제공하는 뷰티앤코(Beauty&Co.) 사이트를 일종의 모객 사이트로 운영하고 있다. 뷰티앤코를 통해 미용뿐만 아니라 패션, 여행, 요리, 건강 등 다양한 분야의 흥미로운 콘텐츠를 제공하고 있다. 뷰티앤코의 콘텐츠 작성에 여러 외부 전문가들을 참여시킴

시세이도가 운영하는 모객 사이트, 뷰티앤코[19]

으로써 콘텐츠의 질을 높이고 있으며, 자사 제품을 직접적으로 홍보
하기보다는 모객 효과를 높이는 데 집중하고 있다. 또한 뷰티앤코의
사용자들은 일종의 활동 포인트인 뷰티포인트를 모아 호텔, 식당, 공
연, 체험 등을 신청하거나 상품을 받을 수도 있다.

　또한 시세이도는 공식 브랜드 사이트로서 와타시플러스(watashi+)
를 운영하고 있는데, 이 사이트에서는 제품 카탈로그, 미용 상담, 미
용 정보, 온라인 쇼핑, 오프라인 매장 검색 및 예약 등의 기능이 종합
적으로 제공된다. 무엇보다 24시간 언제나 뷰티 카운슬링을 받을 수
있으며, 상담원들은 소비자와의 맞춤 상담을 통해 만족도를 높이고
방문 예약을 진행해 자연스럽게 매장으로 유도한다.

픽앤텔(Pickn'Tell)은 패션 매장에 대형 전신 거울(디지털 미러)을 설치해 SNS와 연계하는 솔루션을 제공하고 있다. 작동 방식은 간단하다. 픽앤텔 앱의 메뉴에서 매장 아이디를 입력하면 매장에 설치된 디지털 미러와 연결된다. 고객은 매장에서 옷을 입어 보고 디지털 미러에 비친 자신의 모습을 사진이나 동영상으로 촬영한 후 즉시 친구들과 공유할 수 있으며, 이를 본 친구들은 '좋아요' 혹은 '싫어요'를 선택할 수 있다. '싫어요'를 선택한 경우, 색상, 핏, 스타일, 가격 등의 이유를 입력할 수도 있다. 또한 고객이 상품의 바코드를 스캔하면 관심 상품으로 등록돼 '내 옷장'에 자동으로 담기며 상품 정보를 친구들과 공유할 수 있다.

고객의 입장에서 디지털 미러를 이용하면 셀카를 이용하는 것과 달리 멋진 모델 포즈를 취할 수 있고, 친구들로부터 실시간 피드백을 받을 수 있다는 이점이 있다. 또한 매장의 입장에서는 고객 충성도를 높이고 SNS를 통해 매장을 프로모션할 수 있다는 이점이 있다.

물론 디지털 미러를 대단한 킬러앱이라고 보기는 어렵지만, 이를 통해 오프라인과 온라인

디지털 미러를 통해 동영상을 촬영하는 모습[20]

을 매개하고 매장의 가치를 상승시켜 준다는 점에서 의미를 찾을 수 있다. 국내에서도 이를 본떠 만든 솔루션이 등장했다. 디지털 미러는 자세한 상품 정보를 제공하거나 옷을 입지 않아도 입은 모습을 보여 주는 가상 피팅을 제공하는 등의 방향으로 계속 발전해 나가고 있다.

최근 유통업체들이 관심을 갖고 있는 옴니채널 전략 중 하나는 매장에 비콘(Beacon)을 설치하고 이를 이용해 사용자의 스마트폰과 자동으로 연동하는 것이다. 비콘은 초정밀 실내 측위(Indoor Positioning)를 위한 기기와 서비스를 뜻한다. 대표적인 사례가 애플이 출시한 아이비콘(iBeacon)이다.

대형 마트나 백화점 등의 유통업체는 고객에게 상품 정보나 프로모션 정보를 제공하기 위해 매장 내 고객의 동선을 파악하고자 하는 욕구를 갖고 있다. 하지만 실외에서 이용하는 GPS와 달리, 실내에서는 정확한 위치 추적이 어려웠다. 기술적으로 가능한 방법이 없었던 것은 아니지만 복잡하거나 비용 문제가 발생했다. 반면에 비콘은 간단하게 작동하면서도 비용이 비교적 저렴하다.

아이비콘의 경우, 와이파이 및 저전력 블루투스(BLE: Bluetooth Low Energy) 기술을 이용해 약 5센티미터에서 최대 49미터의 거리까지 고객의 정확한 위치를 측정하고 고객에게 상품 정보, 광고 동영상, 리뷰 정보, 각종 할인 혜택, 결제 등의 다양한 서비스를 제공할 수 있다. 다른 기술인 NFC(Near Field Communication, 근거리 무선통신)가 10센티미터 미만의 거리에서 리더기에 기기를 가져다 대야만 작동하는 것과 달리, 아이비콘은 훨씬 먼 거리에서도 감지할 수 있고 또한 지나가기만 해도 감지가 가능하다. 즉, 고객이 스마트폰으로 어떤 조작을 하지 않고 그냥 소지만 하고 있어도 정보 제공 및 결제가 가능할 정도로 편리하다고 볼 수 있다. 물론 간편함에 뒤따르는 보안 문제나 사생활 침해의 우려도 제기되고 있다.

최근 아이비콘과 같은 실내 측위 기술에 대한 관심이 커짐에 따라, 애플뿐만 아니라 페이팔(PayPal), 샵킥(ShopKick), 아일411(Aisle411) 등의 업체들도 비슷한 서비스를 제공하고 있다.

SK텔레콤을 비롯한 몇몇 국내 기업들도 국내 시장에 비콘을 출시한 상태다. SK텔레콤의 자회사 SK플래닛은 미국에서의 플랫폼 사업을 위해 2014년 9월 샵킥을 인수했는데, 정확한 인수 금액을 밝히지는 않았지만 업계에서는 약 2억 달러 수준일 것으로 추정하고 있다.

유통업체들의 옴니채널 전략을 지원하기 위한 옴니채널 플랫폼도 시장에 나와 있다. 탭타겟(TapTarget)은 모바일 마케팅 자동화를 지원하는 플랫폼을 제공하는데, 이를 이용하면 사용자의 위치를 파악하는 비콘 서비스를 신속하게 제공할 수 있으며 사용자를 프로파일링하고 사용자가 처한 환경을 파악하고 그에 따라 적절한 프로모션을 제공할 수 있다. 고객과 스마트폰으로 채팅을 하거나 바로 전화를 연결하는 기능도 제공한다. 물론 이런 시스템을 직접 구축할 수도 있겠지만, 탭타켓은 일종의 기반형 플랫폼으로 이와 같은 기능을 제공함으로써 어떤 앱이든 옴니채널 기능을 손쉽게 탑재할 수 있도록 도와준다.

스마트폰으로 무장한
소비자를 어떻게 상대할 것인가?

소비자들이 스마트폰으로 무장하고 매장을 활보하면서 쇼루밍을 하고 해외 직구에 나섬에 따라 국내 유통업체들도 변화를 모색할 수밖에 없는 형편에 놓이게 됐다.

홈플러스는 매장에 키오스크를 설치하고 이를 통해 상품을 주문하고 집으로 배송을 받는 서비스를 개시했다. 웹사이트나 모바일 앱에서 상품을 주문하고 원하는 시간에 매장에서 찾아가는 픽업 서비스도 제공하고 있다. 이와 같은 픽업 서비스는 백화점, 대형마트와 같은 유통업체들이 전면적으로 확대해 나가는 대표적인 옴니채널 서비스 중 하나다.

롯데백화점은 스마트픽업 데스크라는 명칭의 픽업 서비스를 지방으로까지 확대한 상태다. 또한 본점에서는 스마트비콘 서비스라는 명칭으로 비콘 서비스를 제공하고 있다. 신세계그룹은 백화점몰, 이마트몰, 트레이더스몰 등을 아우르는 형태로 SSG.COM 웹사이트를 출범시키고 SSG페이라는 명칭의 간편결제 서비스도 출시했다.

이처럼 국내 유통업체들도 옴니채널 전략을 고민하면서 각자 나름의 방안을 찾고 있지만, 유통 환경의 변화에 대응하는 것은 녹록하지 않을 것으로 보인다. 그렇다면 앞으로 유통업체들이 급변하는 시장 환경과 최신 쇼핑 트렌드에 효과적으로 대응하기 위해 필요한 경쟁력은 무엇일까?

상대적으로 국내 유통업체들의 역량이 부족한 요소를 먼저 살펴본다면, 일차적으로 기술력을 꼽을 수 있다. 예를 들어 아마존과 같은 업체는 단순한 쇼핑몰 업체가 아니다. 웬만한 IT 기업을 능가하는 기술적 리더십을 갖추고 있다. 즉, 그저 기술을 활용하는 수준에 그치는 것이 아니라 기술을 선도하는 수준의 업체다. 아마존은 고도의 소프트웨어 역량이 필요한 클라우드, 빅데이터 등에 있어서 최고의 기술력을 갖추고 있다. 또한 아마존은 뉴스를 통해 알려진 것처럼, 드론 기반의 신개념 배송 서비스를 제공하기 위한 준비도 하고 있다. 물류센터에서 로봇을 가장 잘 활용하고 있는 기업이기도 하고(로봇을 만드는 자회사도 있다), 음성인식 기반의 사용자 인터페이스도 제공하고 이를 통해 상품도 주문할 수 있다. 인터넷 업체로서는 드물게 오프라인에서 상품 픽업이 가능한 아마존라커(Amazon Locker) 서비스를 제공하고 있기도 하다. 일종의 옴니채널 서비스다. 그 외에도 아마존은 주기적으로 커머스와 관련된 새로운 기술을 선보이며 뉴스의 중심에 서고 있다.

인터넷 업체뿐만 아니라 그간 오프라인 중심으로 사업을 해 왔던 유통업체들에게 있어서도 기술력은 점점 더 중요해지고 있다. 앞으로 유통업체는 상품, 가격, 마케팅, 광고 등에 있어서의 경쟁뿐만 아니라 기술력으로도 경쟁해야 할 것이다.

가격 경쟁력도 점점 더 중요해지고 있다. 이제 소비자들은 언제 어디에서나 가격 비교를 한다. 물론 브랜드나 AS 등 가격 외의 요소로 어필할 수도 있겠지만, 가격은 여전히 가장 중요한 구매 의사 결정의 포인트 중 하나다. 해외의 경우 최저가 보장 제도나 가격 조정 제도가 활성화된 반면에 아직 국내에서는 그렇지 못한 실정이다.

커머스 산업에서 앞으로는 고객 충성도가 결국 성패를 좌우할 것이다. 단지 구매를 유도하는 수준이 아니라 매력적인 개인화 기능, 탁월한 고객 서비스 등을 통해 고객의 마음을 사로잡아야 한다. 아마존의 경우 개인이 원하는 상품들만 콕 집어서 보여 주는 진짜 개인화 기능을 제공할 뿐만 아니라 배송 사고나 반품에 대한 응대, 특유의 신속하고 친절한 24시간 실시간 채팅, 가격 조정 제도 등을 통해 국내 쇼핑 커뮤니티에서도 높은 평가를 받고 있다.

이처럼 기술은 점점 더 쇼핑의 모든 요소와 결합하고 있고, 가격 경쟁은 점점 더 심화되고 있으며, 소비자들은 점점 더 똑똑해지고 있다. 이제 과거에 성공했던 방식은 더 이상 작동하지 않을 것이다.

지금까지 국내 유통업체들은 상당히 보수적인 비즈니스를 고수해 왔다. 특히 대형 유통업체들은 세일, 사은품 등의 방법을 통해 외형 확장에 의존하면서 파격적인 고객 중심 제도는 선보이지 않았다. 하지만 이제는 근본적으로 변화해야만 하는 상황에 놓이게 됐다. 기술의 발전, 1~2인 가구의 증가, 고령화, 경기 침체 등의 환경적 변화로 인해 소비문화 자체가 변하고 있기 때문이다. 모든 상거래가 모바일로 수렴되는 현상도 가속화되고 있다. 최근에 급성장한 스마트폰 기반의 음식 배달, 부동산 중개 등의 O2O커머스도 모두 이러한 환경의 변화에 기반을 두고 있는 것이다.

온라인 소비자를
오프라인으로 끌어들이는
비즈니스 플랫폼, O2O커머스

모바일 시장에서 게임과 더불어 가장 주목을 받고 있는 분야는 커머스다. 무엇보다 둘 다 현금 창출 능력이 탁월하기 때문이다.

최근 소비자들은 O2O(Online to Offline)커머스를 발 빠르게 수용하고 있다. O2O커머스란 온라인을 통해 소비자를 모아 오프라인에서 상거래를 유발하는 것을 뜻한다. 결제가 이뤄진다면 모든 것이 상거래다. 대표적인 서비스로, 승객 운송 분야의 O2O커머스로 잘 알려진 우버(Uber)를 꼽을 수 있다.

O2O커머스는 핀테크와 더불어 전 세계 인터넷 벤처들이 가장 주력하고 있는 사업 분야 중 하나다. 최근 해외에서는 다양한 O2O커머스들이 등장해 성장세를 보이면서 시장 및 벤처캐피털로부터 큰 주목을 받고 있다. 일부 서비스는 큰 규모의 투자를 받고 주식시장에 상장했을 뿐만 아니라 숙박, 배달, 청소, 주차장 등 기존 오프라인

커머스의 거의 모든 분야로 서비스가 확대되고 있는 추세다.

온라인으로 고객을 모아 오프라인에서 상거래를 유발하는 O2O가 가진 잠재력은 무한하다. 한마디로, 오프라인에서 상거래가 일어나고 있는 분야라면 다 가능하다. 국내 시장에서는 주로 음식 배달, 부동산 중개, 승객 운송 서비스가 주목받고 있는데, 앞으로 인테리어, 이사, 청소, 레저, 미용, 웨딩, 놀이방, 자동차 정비 등 많은 분야에서 O2O적 지각변동이 발생할 것으로 예상된다.

무엇보다 최근 국내 커머스 시장에서 큰 주목을 받은 분야를 하나 꼽는다면 그것은 단연코 음식 배달 서비스의 급성장이다. 국내 전체 음식 배달 시장은 약 10조 원 규모로 추산되는데, 음식 배달 서비스를 통한 주문이 시장을 빠르게 잠식해 나가고 있는 상태다. 배달의민족, 요기요, 배달통 등의 3대 서비스가 음식 배달 분야에서 모바일 결제의 약 90퍼센트를 차지하고 있으며 방송 CF, 할인 쿠폰 및 적립금 제공, 각종 프로모션과 이벤트 등을 통해 치열하게 경쟁하고 있는 중이다.

시장점유율 50퍼센트 이상을 차지하고 있는 업계 1위 배달의민족은 월 주문량이 500만 건을 넘으며, 골드만삭스 등으로부터 400억 원의 투자를 유치해 화제가 된 바 있다. 2014년 말 요기요(딜리버리히어로)가 배달통의 지분 과반수 이상을 인수하고, 이후 요기요 대표가 배달통 대표를 겸임하고 두 회사의 운영이 통합되면서 사실상 2파전이 됐다.

우리나라는 세계 최고 수준의 스마트폰 보급률과 더불어 독특한 음식 배달 및 야식 문화를 갖고 있어 전 세계에서 가장 빠르게 관련 시장이 성장 중이지만, 한편으로는 과다 수수료 논란이 계속 제기되기도 했다. 배달의민족이 결제 수수료를 받지 않기로 하면서(대신 월 정액요금 상품으로 수익을 낸다) 한때 시끄러웠던 수수료 논란은 소강상태이나, 과도한 마케팅으로 인한 수익성 악화, 미성년자의 술 주문 문제, 취소 및 환불 등 소비자 보호 미비에 대한 지적이 끊임없이 나오고 있다.

부동산 중개 분야는 직방, 다방, 복방, 방콜 등의 서비스가 경쟁 중이며, 한때 300여 개에 달하는 유사 서비스들이 등장하기도 했다. 직방이 약 70퍼센트의 시장점유율로 업계 1위를 차지하고 있고, 이용자 수에 있어서도 네이버 부동산을 능가한 상태다. 직방이 골드만삭스를 비롯한 여러 투자사로부터 누적 총 650억 원의 투자를 유치하면서 업계는 본격적인 마케팅 경쟁에 들어가게 됐다. 기존의 부동산 중개 서비스들이 그랬던 것처럼 역시 허위 매물, 불공정 행위 등 각종 논란이 있지만, 그럼에도 2조 원 규모의 부동산 중개 시장을 부동산 중개 앱이 상당 부분 잠식할 것으로 전망된다.

승객 운송 분야의 경우, 약 50조 원이 넘는 기업 가치를 가진 우버가 한국 정부의 강력한 규제로 인해 국내에서 공격적인 서비스를 중단하면서 카카오택시, T맵택시, 이지택시, 리모택시, M택시, 티머니택시 등 국내 업체들 간의 치열한 경쟁이 전개 중이다. 이 중 카카오택시가 기사 회원 수와 콜 수에 있어 업계 1위를 차지하고 있으며, 모바일 플랫폼 기업으로서 사용자를 장악하고 있기 때문에 사업상 큰 실수만 하지 않는다면 앞으로도 1위를 유지할 가능성이 높다.

우버겟돈과 시장 파괴

글로벌 업계에서 가장 많은 이슈를 몰고 다니는 기업은 역시 우버다. 승객 운송 네트워크(Transportation Network) 또는 차량 공유 서비스라 할 수 있는 우버는 약 58개국 300여 개 도시에서 영업 중인데, 총 60억 달러가 넘는 투자를 유치했으며 기업 가치는 무려 500억 달러가 넘는 것으로 평가되고 있다. 우버는 대표적인 스타트업 시상식인 크런치어워드(Crunchies Award)에서 최고의 스타트업으로 선정되기도 했다.[21]

우버 이용 시 고객이 내는 비용은 요일, 시간, 날씨, 교통 체증 등에 따라 탄력적으로 변동되며, 운전기사는 20퍼센트의 수수료를 내야 한다. 목적지에 도착하면 계산서가 자동 발급되며 사전에 등록된 신용카드로 결제된다. 우버는 신용카드사 아메리칸익스프레스와 제휴하여 포인트 적립을 제공하기 시작했으며, 법인 고객이 직원의 요금을 지불하는 비즈니스용 우버 서비스도 개시했다.

우버가 막대한 자본을 바탕으로 전 세계 각국에서 영업을 개시하면서 각국 정부기관 및 택시기사들과 곳곳에서 마찰을 빚고 있다. 영국 런던, 프랑스 파리, 독일 베를린, 이탈리아 밀라노, 스페인 마드리드 등에서 3만여 택시기사들이 우버 반대 및 총파업 시위를 벌이기도 했으며, 한국의 서울개인택시조합도 우버 반대 시위를 했다. 그에 따라 우버가 가져온 사회적 혼란을 뜻하는 말로, 우버와 아마겟돈의 합성어인 '우버겟돈(Ubergeddon)'이라는 신조어까지 등장했다.

우버뿐만 아니라 O2O커머스는 기본적으로 기존 오프라인 사업자들의 시장에 침투하는 성격을 갖고 있기 때문에 분야를 막론하고 우버겟돈과 같은 일이 언제든지 일어날 수 있다.

각종 논란에도 불구하고 우버는 전 세계에서 생태계를 지속적으로 확장하고 있다. 대부분의 국내 언론과 보고서가 우버만을 소개하고 있지만, 시장에는 리프트(Lyft), 해시(Haxi), 블라블라카(BlaBlaCar), 겟택시(GetTaxi), 르캡(LeCab), 사이드카(Sidecar), 헤일로(Hailo), 스냅카(SnapCar), 알로캡(Allocab) 등의 수많은 경쟁 서비스들이 존재한다. 그중 미국에서 우버의 경쟁업체로 꼽히는 리프트에 대해서도 살펴볼 필요가 있다. O2O커머스는 경쟁을 통해 급격히 시장이 성장하는 특징을 갖고 있기 때문이다.

핑크 콧수염을 단 차량이 트레이드마크인 리프트는 2007년 페이스북 커넥트(Facebook Connect)를 통해 친구, 동급생, 회사 동료 등의 차량을 카풀할 수 있도록 해 주는 짐라이드(Zimride)라는 서비스를 만들었던 공동창업자들이 2012년에 출시한 서비스다.

우버와 리프트는 투자받은 금액을 마케팅에 쏟아붓고 있다. 우버는 경쟁업체인 리프트 운전기사가 우버에 등록할 시 500달러를 주는 공격적인 프로모션을 진행해 화제가 되기도 했다. 리프트 또한 유사한 프로모션을 진행했으며, 100만 달러까지 보상하는 보험 정책을 마련하는 등 치열한 경쟁을 하고 있다.

핑크 콧수염을 단 리프트 차량[22]

주목할 만한 O2O커머스 사례들

우버와 함께 종종 언급되는 유명한 O2O커머스 업체로 숙박 공
유 서비스를 제공하는 에어비앤비(Airbnb)를 꼽을 수 있다. 200억 달
러의 기업 가치를 가진 것으로 평가되는 에어비앤비는 지금까지 총
23억 달러가 넘는 투자를 유치했다. 전 세계 200여 개 국가의 3만
4,000여 개 도시에 약 120만 개 이상의 숙소가 등록되어 있으며, 한
해 이용객이 4,000만 명을 넘어선 상태다. 에어비앤비는 2016년 브
라질 리우 하계 올림픽의 공식 대안 숙박업체로 선정되기도 했다.

204

시장에는 원파인스테이(Onefinestay), 나인플랫츠(9flats), 서니렌탈스(SunnyRentals), 윔두(Wimdu), 주크박스(Zukbox), VRBO, 홈어웨이(HomeAway), 러브홈스왑(LoveHomeSwap) 등의 여러 경쟁업체들이 존재한다. 이들 업체들의 서비스가 모두 동일한 것은 아니며 사업 방식과 타깃 소비자에 차이가 있다.

원파인스테이는 상류 계층을 위해 고급 주택을 소개해 주며 청소 및 침대 서비스도 제공한다. 원파인스테이는 하얏트호텔에서 투자를 받기도 했다. 에어비앤비보다 먼저 사업을 개시해 2011년 상장한 홈어웨이는 방보다는 주택 단위로 숙소를 제공한다.

라마다호텔 운영사인 윈덤호텔그룹으로부터 투자를 받은 러브홈스왑은 서로 집을 바꿔 생활하는 주택 교환 서비스다. 러브홈스왑은 전 세계 160여 국가에서 7만 개 이상의 주택을 확보하고 있다. 예를 들면 이를 이용해 뉴욕에 사는 사람이 런던의 누군가와 집을 바꿔서 생활할 수 있다. 러브홈스왑의 창업자는 크리스마스 시즌에 미국과 영국의 두 여성이 서로 집을 바꿔 생활하는 영화 〈로맨틱 홀리데이 The Holiday〉에서 영감을 얻어 창업한 것으로 알려져 있다.

에어비앤비에 등록된 국내 숙소는 국내에서 서비스를 개시한 지 3년 만에 6,000여 개를 넘었으며, 한국 숙소를 이용하는 외국 여행객과 해외에 나가 에어비앤비 숙소를 이용하는 한국인의 수도 큰 폭으로 증가하고 있다.

에어비앤비의 성장이 가속화됨에 따라 우버와 마찬가지로 지역 호텔 업계와 분쟁이 일어나기 시작했다. 호텔 업계는 자신들이 세금,

최저임금 보장, 보험 가입 등 여러 규제를 받고 있는 반면에, 에어비앤비는 아무런 규제 없이 불법적인 사업을 하고 있다고 주장한다. 앞으로 이 같은 우버겟돈식의 논란은 점점 더 심해질 것으로 보이는데, 그럼에도 우버와 마찬가지로 에어비앤비의 성장세는 계속될 것으로 예상된다.

2004년에 설립된 음식 배달·테이크아웃 서비스 그럽허브(GrubHub)는 미국 시장에서 1위를 차지하고 있는 업체다. 그럽허브는 2013년에 경쟁업체인 심리스(Seamless)를 인수하여 미국 제1의 음식 배달 서비스로서 확고한 지위를 구축한 후 2014년 4월 뉴욕증시에 상장을 했으며, 시가 총액은 약 25억 달러에 달한다. 우리나라에 음식 배달 문화가 발달돼 있다면 미국에서는 테이크아웃 문화가 발달되어 있다. 시장조사 업체 유로모니터(Euromonitor)는 미국의 음식 배달·테이크아웃 시장의 규모를 약 670억 달러로 추정하고 수수료율을 13~14퍼센트로 산정할 때, 그럽허브가 올릴 수 있는 매출의 최대치를 약 85~95억 달러 규모로 전망했다.[23] 이는 대략 국내 시장의 10배에 해당되는 규모다.

로디(Roadie)는 일반 운전자가 자신의 목적지와 같은 곳으로 배달되는 물건을 받아 배달하고 배송료를 받는 서비스로, 택배판 우버라 볼 수 있다. 무게, 크기, 거리 등에 따라 배송료가 책정된다. 로디는 일반 택배업체보다 비쌀 수도 있지만 빠른 배송이 장점이며, 배송료의 20퍼센트를 수수료로 받는다. 물품 파손 시 보험을 통해 500달러까지 보상하는 정책을 갖고 있다. 로디는 사업을 개시한

지 얼마 안 돼 구글 회장인 에릭 슈미트의 투자사 투모로우벤처스(TomorrowVentures)와 유명 택배업체 UPS 등으로부터 1,000만 달러의 투자를 유치했다. 국내에서도 로디의 사업 모델을 본뜬 서비스가 등장하기도 했다.

쉽(Shyp)은 물품 포장 및 배송을 대행해 주는 서비스다. 고객이 배송을 원하는 물품의 사진과 배송 주소를 입력하면 쉽에서 방문해 해당 물품에 가장 적합한 방식으로 포장한 후 저렴하고 안전한 방법으로 배송해 준다. 쉽에서 직접 배송하는 것은 아니고 수많은 배송업체 중에서 물품의 종류와 배송지에 적합한 곳을 선택해 맡기는 식이다.

국토가 좁고 택배회사의 수준과 비용이 거의 평준화되어 있는 우리나라와 달리, 미국은 배송지와 비용에 따라 다양한 배송 옵션이 존재한다. 고객의 입장에서는 방문한 사람에게 그저 물품만 전달하면 알아서 포장하고 배송해 준다는 것이 장점이다. 거기에다 포장 재료와 포장 작업도 무료로 제공하고, 이용 횟수에 따라 배송비도 할인해 준다. 쉽의 사업 모델이 국내 시장에 정확히 들어맞지는 않지만, 해외에서는 이러한 오프라인의 작은 틈새까지 꼼꼼히 메워지고 있다는 것을 강조하기 위해 소개했다.

독베케이(DogVacay)는 반려견 위탁 서비스로 에어비앤비의 반려견 버전이라고 볼 수 있다. 휴가, 출장 등으로 인해 반려견을 돌볼 수 없는 상황에서 임시로 위탁할 가정을 찾아 맡길 수 있다. 이미 전 세계 3,000여 개의 도시에서 독베케이를 이용할 수 있을 정도로 성공했다. 모바일 앱을 통해 예약하고 서로 메시지를 주고받을 수 있으며 반려견의 주인에게 사진을 찍어 보내 줄 수도 있다.

리퀴드스페이스(LiquidSpace)는 회의실 및 업무 공간을 제공하는 서비스로 미국, 캐나다, 호주 등의 600여 개 도시에서 5,000개가 넘는 공간을 제공하고 있다. 에어비앤비의 오피스 버전이라 볼 수 있다.

호텔투나잇(HotelTonight)은 일명 '땡처리(Last Minute Deals)' 호텔 예약 서비스로, 호텔은 남는 빈방을 제공하고 소비자는 이를 싸게 구매할 수 있다. 미국 및 유럽 12여 개 국가의 1,500여 개가 넘는 호텔이 참여하고 있다.

게임타임(Gametime)은 경기장 입장표를 땡처리하는 서비스다. 게임타임은 경기 시작 시간이 얼마 남지 않은 입장표를 약 80퍼센트가량 할인된 가격에 판매하며 모바일 QR코드를 통해 바로 입장이 가능하다. 해외에서는 이와 같은 땡처리 서비스가 좋은 반응을 얻으면서 일부러 미리 숙소를 예약하지 않고 당일 저녁 식사를 하면서 호텔투나잇을 통해 숙소를 구하거나, 마찬가지로 예매 없이 경기장에 가서 게임타임을 통해 싸게 입장표를 사는 문화도 생기고 있다.

국내에서도 호텔투나잇의 사업 모델을 본뜬 세일투나잇이라는 서비스가 생겼다. 국내 시장 규모의 한계 때문인지 세일투나잇은 호텔뿐만 아니라 펜션, 입장권, 영화, 공연, 뷰티, 외식 등을 취급하는 종합 땡처리 서비스를 표방하고 있다.

주차장 기반의 O2O커머스를 제공하는 파크히어(Park Here)라는 국내 서비스도 있다. 파크히어는 주차장들과 제휴를 맺어 주차 가능

여부를 실시간으로 확인하고 주차 예약도 할 수 있는 서비스다. 틈새를 메운다는 점에서 의미가 있지만, 국내 시장 규모와 제휴할 수 있는 주차장의 한계를 생각해 볼 때 유의미한 수준의 수익 창출이 쉽지는 않을 것으로 보인다.

소비자 입장에서는 명동이나 홍대처럼 사람들이 많이 몰려 주차하기가 어려운 곳일수록 주차장을 원하는 욕구가 강한 반면에, 주차장 소유자 입장에서는 굳이 O2O커머스를 통하지 않아도 고객이 넘치므로 주차장 제공의 욕구가 약할 수밖에 없다. 파크히어에서 검색해 보면 그런 장소일수록 제휴 주차장의 수가 적고 가격할인 폭도 낮음을 알 수 있다. 유사 서비스인 파킹박(ParkingPark)은 O2O커머스를 제공한다기보다는 주차장 정보 제공 서비스에 가깝다. 파킹박은 전국의 무료 주차장 및 공용 주차장 정보를 제공하는 데 초점을 맞춰 파크히어에 비해 많은 사용자를 확보하고 있다. 하지만 수익 창출이 어렵다는 한계가 있다.

O2O커머스가 성공하려면 무엇보다 판매자 그룹과 소비자 그룹의 욕구가 둘 다 강해야 하고, 또한 플랫폼을 통해 양쪽 그룹의 욕구가 효과적으로 충족될 수 있어야 한다. 만일 그렇지 못하다면 플랫폼의 성공은 그만큼 어려워지는 것이다.

2016년 2월 카카오는 파크히어의 운영사 파킹스퀘어를 인수해 자회사로 편입하고, 자사의 서비스와 다양한 방식으로 연계할 계획이라고 밝혔다. 인수가격은 공개하지 않았는데 그리 높지 않은 금액으로 추정된다. 파크히어의 입장에서는 독자적인 시장 개척이 쉽지 않은 상황에서, 카카오 플랫폼의 지원을 받아 성공 가능성을 높이려는 선택을 한 것이라고 볼 수 있다.

트렌드에서 생활로 자리 잡을 O2O커머스

O2O커머스는 앞으로 다양한 분야에 새로운 서비스들이 등장함에 따라, 우리의 라이프스타일에 커다란 변화를 가져올 뿐만 아니라 오프라인 커머스 전반에도 상당한 영향을 미치게 될 것이다. 하지만 국내의 경우 음식 배달, 부동산 중개, 승객 운송, 숙박 등의 일부 분야 외에는 아직 초기 단계이거나 아예 서비스조차 나오지 않은 분야가 대부분이다. 여기에서 O2O커머스의 시사점 및 전망을 세 가지로 정리해 보았다.

첫째, 일부 O2O커머스는 이미 '머니게임의 장(場)'이 됐고 다른 O2O커머스 분야에서도 그런 현상이 나타날 것으로 전망된다. O2O커머스는 그 자체로 플랫폼 비즈니스적인 성격을 갖고 있다. 일면 서비스 자체가 단순해 진입 장벽이 낮아 보이나, 판매자와 구매자 네트워크를 장악하게 되면 그것이 높은 진입 장벽으로 작용해 결국 승자 독식 현상이 나타나게 된다. 시장에서 1위 기업이 되면 엄청난 수익을 올릴 수 있기 때문에 거의 전쟁 수준으로 치열한 경쟁이 벌어지게 되는 것이다.

그러한 경쟁의 핵심 자원은 바로 '자본'이다. 그래서 좀 뜬다 싶은 O2O커머스 분야에는 상당한 투자금이 몰리며, 투자를 받은 업체는 투자금 대부분을 마케팅에 쏟아붓는다. 예를 들어 우버를 보면, 엄청난 투자금을 받은 지 얼마 지나지 않아 또 투자를 받는 식으로 계속해서 투자금을 늘려 왔다. 전 세계 시장에서 선도적으로 공격적인 마케팅을 하기 위해서다. 투자자들 또한 이 같은 전략에 공감하며 우버가 당장 이익을 내지 못하더라도 어떻게든 시장을 장악할 수 있다면 실탄을 무한히 공급하겠다는 의사를 밝히고 있다.

O2O커머스의 성패는 경쟁업체보다 빠르게 영업망 내지는 이해관계자 네트워크를 구축하면서, 효과적인 마케팅을 통해 고객에게 얼마나 깊이 자신의 브랜드를 각인시키는가에 달려 있다. 이를 위해서는 적시에 대량의 마케팅 자금이 투자돼야 한다. 내가 하지 않으면 경쟁자가 할 것이기에 다른 방법은 없다.

한마디로, 강력한 사업 실행력과 원자폭탄식 자본 투하가 요구되는 것이다. 물론 이와 같은 형태가 바람직하다는 뜻은 아니다. 옳고 그름과 관계없이 기존 O2O커머스 분야에서 이미 그런 현상이 나타나고 있으며, 앞으로 등장할 다른 분야에서도 마찬가지의 현상이 나타날 가능성이 높다.

둘째, 국내 시장의 경우 벤처 생태계의 한계로 인해 해외처럼 다양한 분야에서 O2O커머스의 성공 사례가 나오기는 어려울 것으로 예상된다. 물론 어떤 분야에서는 선진국을 능가하는 깜짝 놀랄 만한 성공 사례가 나올 것이다. 하지만 O2O커머스의 각 분야들이 촘촘히 메워지지는 못할 것으로 보인다.

또한 카카오가 향후 1순위 사업 분야로 O2O커머스를 눈독들이고 있다는 사실도 벤처기업의 입장에서는 커다란 리스크 요인 중 하나다. 카카오톡이 이미 모바일의 킬러앱으로서 사용자들의 일상을 장악하고 있는 데다 막대한 자본까지 갖추고 있는 상태이므로, 어떤 분야든 O2O커머스 사업을 성공시키기에 상대적으로 수월한 입장이기 때문이다.

셋째, O2O커머스가 필연적으로 가져올 수밖에 없는 사회적 혼란에 대한 종합적인 검토와 더불어 사회적 합의가 필요하다는 점이다. 예를 들어 우버의 경우를 살펴보면 많은 긍정적 요소들을 갖고 있다. 공유 경제의 활성화, 잉여 자원의 효율적 활용, 일자리 창출(뉴욕 우버X 운전기사의 연평균 소득은 9만 달러에 달한다), 교통 시스템의 효율화, 환경오염 감소, 기존 택시기사들에게 이익이 되는 측면(우버택시), 경우에 따라 택시보다 저렴하고 편하게 이용할 수 있어 시민들에게 이득이 되는 측면(우버X) 등이 그것이다. 반면에 택시기사들의 생계를 위협하는 측면(우버X), 소비자 보호 장치의 미비, 불법, 탈세 등의 부정적인 요소도 존재한다. 긍정적인 요소와 부정적인 요소가 동시에 작용하고 있는 것이다.

이와 같은 빛과 그림자는 O2O커머스의 분야에 따라 차이가 있는 데다, 여러 가지 요인들이 복합적으로 얽혀 있어 쉽게 판단하기 어려운 게 사실이다. 또한 문제가 있다고 하더라도 모든 사용자들이 스마트폰이라는 인터넷 머신을 항시 소지하고 다니는 상태에서,

O2O커머스 자체를 무조건 막을 수도 없는 노릇이다. O2O커머스의 확산은 필연적이다. 그리고 O2O커머스는 기본적으로 오프라인의 각 영역에 파괴적 변화를 가져올 수밖에 없다.

O2O커머스는 상당한 가치를 지닌 비즈니스로, 일개 서비스가 아닌 보다 거시적인 관점에서 바라본다면 수많은 사업적 기회가 존재하고 동시에 적지 않은 사회적 변화를 유발한다. 그러므로 상대적으로 객관적인 입장을 견지할 수 있는 주체(예컨대 정부, NGO 등)가 O2O커머스 기업, 판매자 및 구매자, 기존 사업자 등 여러 이해관계자들의 입장을 '종합적이고 합리적으로' 고려하여 신속히 이에 대한 사회적 합의를 확립하고, 산업적인 차원과 사회적인 차원에서 O2O커머스에 대한 구체적인 대응 방안을 마련할 필요가 있다.

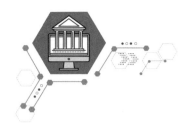

새로운 **웹 표준**으로 확정된
웹 플랫폼, HTML5

<u>이제 HTML5를 이용하면 액티브X를 비롯해</u> 플래시, 실버라이트, 자바, 그 외 잡다한 플러그인을 전혀 설치하지 않아도 HTML만으로 모든 걸 구현할 수 있는 세상이 됐다. 이는 웹 기술이 특정 기업에 종속되지 않고 완전한 자유를 얻은 것이나 다름없는 일이다.

웹표준화단체 월드와이드웹컨소시엄(W3C)은 2004년 6월부터 시작한 HTML5 표준화 작업을 10년 만인 2014년 10월에 완료했다. HTML4.01 표준이 1999년에 확정됐으니 무려 15년 만에 새로운 웹 표준이 확정된 것이다.

HTML5는 웹 기술만으로 운영체제가 제공하는 것과 흡사한 애플리케이션의 개발 및 실행 환경을 지원한다. HTML5에는 향상된 멀티미디어 지원, 디바이스 제어, 오프라인 지원, 벡터그래픽 지원 등 새로운 기능들이 많이 포함돼 있는데, 무엇보다 별도의 플러그인 없이도 풍부한 사용자 인터페이스와 동적인 콘텐츠의 구현이 가능하다는 것이 가장 큰 장점으로 꼽히고 있다.

크로스 플랫폼 HTML5의 매력

마케팅업체 우버플립(Uberflip)이 조사한 바에 따르면, 응답자들은 HTML5의 가장 매력적인 장점으로 (1)크로스 플랫폼(Cross-platform)으로서 운영체제에 관계없이 적용할 수 있다는 점, (2)개발 및 유지보수 비용이 상대적으로 저렴하다는 점, (3)네이티브 앱(Native App)과 달리 검색엔진을 통한 검색이 가능하며 접근성이 높다는 점을 꼽았다[24]. 크로스 플랫폼이란 소프트웨어가 여러 종류의 플랫폼에서 동작할 수 있다는 것을 뜻하는 용어로, 멀티플랫폼(Multi-platform)이라고도 한다. 예를 들면 어떤 소프트웨어가 여러 운영체제에서 동작할 때 크로스 플랫폼을 지원한다고 말한다.

또한 응답자들은 HTML5의 가장 중요한 기능으로 리치미디어(Rich Media), 카메라의 제어, 위치 정보의 이용, 네이티브 앱과 유사한 동작을 구현할 수 있다는 점을 꼽았다. 리치미디어는 이미지 또는 동영상 등을 활용해 사용자와 보다 풍부한 상호작용을 제공하는 콘텐츠로, 광고에 사용하게 되면 강한 인상을 줄 수 있어 마케터들에게 큰 주목을 받고 있다. 네이티브 앱은 윈도우, 안드로이드 등 특정 운영체제에서만 구동되도록 만들어진 애플리케이션을 뜻한다.

현재 모바일 및 사물인터넷 환경에서는 여러 운영체제가 사용되고 있기 때문에 개발자들은 크로스 플랫폼 성격의 HTML5에 많은 기대를 갖고 있다. 시장조사 업체 비전모바일(VisionMobile)이 조사한 결과에 따르면, 시장에서 인기를 얻고 있는 안드로이드, iOS와 더불어 HTML5가 확고한 지분을 갖고 있으며 최근 선호도가 크게 상승한 것으로 나타났다.[25]

이처럼 많은 개발자들이 HTML5를 실제로 이용하면서 미래를 긍정적으로 바라보고 있지만, 한편으로는 HTML5에 대한 실망과 부정적인 인식도 존재한다. 모바일 전문 업체 앱셀러레이터(Appcelerator)와 시장조사 업체 IDC가 4,800여 명의 개발자들을 대상으로 조사한 바에 따르면, HTML5는 최근 수년 동안 가장 과대 광고된 기술 중 하나로 꼽히기도 했다.[26]

개발자들은 특히 파편화(Fragmentation), 사용자 경험, 성능, 보안 등의 요소에 대해 실망을 나타냈는데, 이는 업계에서 부추긴 HTML5에 대한 과도한 환상이 꺼져 가는 과정에서 불가피하게 나타나는 실망감이라고 볼 수 있다. 여기에서 파편화란 기기나 웹브라우저마다 HTML5의 지원 수준이 다르기 때문에 생기는 호환성 문제를 의미한다.

이렇듯 HTML5에 대한 부정적인 인식이 존재하지만, 그렇다고 해서 HTML5보다 월등한 장점을 가진 크로스 플랫폼이 있는 것도 아니다. 또한 정식 표준이 확정됨에 따라 가장 큰 문제점으로 여겨졌던 파편화 문제가 개선될 것으로 전망되며, 앞서 지적된 다른 문제들도 HTML5의 확산에 큰 장애가 되지는 않을 것으로 보인다.

그런데 안타깝게도 국내의 경우에는 전반적으로 HTML5의 확산 속도가 해외보다는 상당히 더딘 편이라고 볼 수 있다. 그 주된 원인을 살펴보면 PC 환경에서는 정부 및 공공기관, 대기업이 HTML5 도입에 소극적인 행보를 보이고 있는 데다 여전히 액티브X의 사용을 고집하고 있기 때문이며, 모바일 환경에서는 안드로이드, iOS 기반의 네이티브 앱이 인기를 끌고 있기 때문이라고 볼 수 있다.

그렇지만 HTML5 표준 확정 이후 최근 모바일 환경에서는 HTML5를 적용한 모바일 웹사이트가 점차 늘어나고 있고, HTML5 기술을 적용해 하이브리드(Hybrid) 앱을 개발하는 경우도 증가하고 있다. 하이브리드 앱이란 일부는 네이티브 기술로 일부는 HTML5 기술로 개발한 앱을 뜻하며, 이렇게 만들어진 앱은 다른 운영체제용으로 변환하는 것이 비교적 수월하다. HTML5로 만든 부분은 거의 변환할 것이 없기 때문이다. 게임 등과 같이 실시간 처리와 성능이 중요한 앱에서는 아직까지 HTML5의 도입이 적은 편이지만, 쇼핑몰이나 콘텐츠 위주의 앱에서는 HTML5 도입이 늘고 있는 추세다.

HTML5의 주도권을 잡기 위한 기업들의 경쟁

HTML5가 제대로 작동하기 위해서는 웹브라우저에서의 HTML5 표준 지원 및 구동 성능이 중요하기 때문에, 최근 주요 웹브라우저들은 경쟁적으로 HTML5 지원을 강화하고 있다. 특히 웹브라우저 시장에서 다투고 있는 구글과 마이크로소프트는 W3C의 HTML5 표준화 작업에 자사의 많은 개발자들을 참여시켰으며, HTML5의 주도권을 놓고 치열하게 경쟁 중이다.

구글은 크롬 익스페리먼트(Chrome Experiments), 마이크로소프트는 테스트 드라이브(Test Drive)라는 사이트를 통해 다양한 HTML5 웹애플리케이션 샘플을 제공하고 있다. 두 사이트를 방문해서 살펴보면, HTML5 기반의 웹애플리케이션 수준을 가늠해 볼 수 있으며, HTML5를 이용해 3D 게임을 비롯한 거의 모든 종류의 애플리케이

1,000개가 넘는 HTML5 웹애플리케이션을 사용해 볼 수 있는, 크롬 익스페리먼트[27]

션을 만들 수 있다는 것을 알 수 있을 것이다.

구글은 HTML5 지원에 가장 적극적인 업체로, 표준 확정 이전에도 경쟁업체들에 비해 가장 먼저 HTML5 기술을 자사 서비스에 도입했으며 지속적으로 HTML5 지원을 강화하고 있다. 구글은 서비스가 모두 웹 기반이므로 HTML5가 확산될 경우 자사의 사용자 기반이 확대되고 결국 광고 수익을 창출하는 데 크게 도움이 될 것으로 판단하고 있다.

구글은 유튜브, 문서 도구 등을 HTML5 기반으로 바꾸었고, 기존의 배너 광고뿐만 아니라 동영상 및 동적 콘텐츠와 결합된 HTML5 기반의 리치미디어 광고도 적극 진행하고 있다. 유튜브에서는 광고주가 몇 분 만에 리치미디어 광고를 생성할 수 있도록 지원하고 있기도 하다.

마이크로소프트는 최근 PC에서 크롬의 점유율이 급상승하고 모바일 플랫폼 경쟁에서 밀리면서 HTML5 지원에 적극 나설 수밖에 없는 상황이다. 윈도우8에서 전용 앱을 HTML5 기술만으로 만들 수 있도록 지원한 바 있으며, 원드라이브(OneDrive) 등 자사의 주요 서비스를 HTML5 기반으로 바꾸었고, MS오피스 등의 애플리케이션에도 HTML5 지원을 강화하고 있다.

급기야 마이크로소프트는 HTML5 경쟁에 앞서가기 위해 인터넷 익스플로러의 업그레이드를 중단하고 새로운 웹브라우저 엣지(Edge)를 개발해 윈도우10에 포함시켰다. 마이크로소프트는 성능 극대화를 위해 인터넷 익스플로러 때부터 사용하던 렌더링 엔진을 버리고 처음부터 새롭게 렌더링 엔진을 개발했다. 렌더링 엔진은 웹브라우저의 핵심 구성요소로 HTML 코드를 해석하고 화면에 그려 내는 역할을 한다.

애플은 HTML5를 중요한 차세대 플랫폼으로 인식하고 적극 투자하고 있다. 사파리 웹브라우저에 HTML5의 지원을 꾸준히 강화해 나가고 있으며, iOS뿐만 아니라 다른 운영체제의 웹브라우저에서도 사용되고 있는 오픈소스 기반의 웹 엔진 웹킷(WebKit)의 개발을 주도하고 있기도 하다.

또한 애플은 HTML5 전문 기업인 파티클(Particle)을 인수했는데, 파티클은 스마트폰, 태블릿 등의 모바일 기기뿐만 아니라 셋톱박스, 게임기 등 다양한 종류의 임베디드 기기에 활용 가능한 HTML5 핵심 엔진을 갖고 있는 업체다. 애플은 파티클의 기술을 아이클라우드를 비롯한 자사의 서비스들에 적용하기 위해 인수한 것이다.

어도비(Adobe)는 HTML5가 플래시를 대체함에 따라, 모바일 기기에서 플래시 지원을 중단하고 자사의 도구들을 HTML5 기반으로 제공하기 시작했다. 어도비는 플래시를 대체할 HTML5 기반의 새로운 도구인 엣지(Edge) 시리즈를 출시하고 드림위버, 파이어웍스, 일러스트레이터 등의 자사 제품군에 클라우드와 HTML5 지원을 강화시켜 나가고 있다. 어도비의 엣지는 HTML5, 자바스크립트 등을 이용해 동적인 콘텐츠를 만들 수 있는 도구로, 엣지를 이용하면 플래시 없이 동적인 사용자 인터페이스나 애니메이션을 구현할 수 있다.

HTML5 기반 애플리케이션 개발 플랫폼의 중요성

다양한 운영체제에서 구동되는 모바일 애플리케이션을 효율적으로 개발할 수 있는 도구를 MADP(Mobile Application Development Platform) 또는 MEAP(Mobile Enterprise Application Platform)라고 한다. 주로 개발에 초점을 맞춘 제품이 MADP이고, 기업 환경에서 필요한 개발, 배포, 관리 등의 통합적인 기능을 제공하는 제품을 MEAP로 구분할 수 있는데, 업계에서는 두 용어를 혼용해 사용하는 경우가 많다.

대부분의 MADP는 크로스 플랫폼을 지원하는 HTML5 기반의 모바일 애플리케이션을 생성하는 것을 핵심 기능으로 강조하고 있다. MADP는 한 번의 코드 작성으로 HTML5를 비롯해 안드로이드, iOS, 윈도우폰, 블랙베리 등의 다양한 모바일 운영체제를 지원하는 애플리케이션을 생성할 수 있기 때문에 생산성 및 비용 절감 측면에서 주목받고 있다. 특히 MADP는 비즈니스 타이밍에 맞춰 다양한 모바일 운영체제에서 구동되는 애플리케이션을 신속하게 개발해야 하는 엔터프라이즈(기업) 환경에서는 사실상 필수적인 도구라고 볼 수 있다.

시중에는 폰갭(PhoneGap), 티타늄(Titanium), 센차(Sencha), 로모바일(Rhomobile), 코로나(Corona), 마이크로소프트가 인수한 자마린(Xamarin) 등 수많은 MADP 제품들이 나와 있으며, 엔터프라이즈 시장에서는 SAP 모바일 플랫폼(SAP Mobile Platform)이 유명하다. 또한 HTML5 기반의 오픈소스 MEAP인 오픈맵(OpenMEAP)도 있다.

엔터프라이즈 환경에서는 임직원들이 사용하는 다양한 모바일 기기를 지원하는 것이 중요하기 때문에, 크로스 플랫폼을 지원하는 HTML5와 이에 기반한 MADP/MEAP가 엔터프라이즈 시장에서 그 중요성이 계속 커질 것으로 전망된다.

다양한 기기로 확산되는 HTML5

타이젠(Tizen)은 삼성전자, 인텔, 리눅스재단 등이 함께 개발하고 있는 오픈소스 기반의 운영체제다. 타이젠은 운영체제 차원에서 HTML5와 긴밀히 통합되어 있을 뿐만 아니라 HTML5를 핵심 경쟁력으로 강조하고 있다. 이는 후발 주자로서 독자적인 기술보다는 웹 표준인 HTML5를 적극 수용하여 개발자 확보 및 생태계 조성에 있어서 유리한 고지를 차지하기 위한 전략으로 판단된다.

TV 업계에서는 HTML5 기술을 스마트TV 생태계 구축의 가장 중요한 요소 중 하나로 인식하고 있다. HTML5를 이용하게 되면 TV에 탑재된 운영체제에 관계없이 앱을 개발하고 구동할 수 있기 때문이다. 이를 통해 비용을 절감할 수 있을 뿐만 아니라 구글, 애플 등 플랫폼 업체와의 경쟁에도 도움이 될 것으로 판단하고 있다. 특히 삼성전자, LG전자 등의 TV 제조사들은 스마트TV 생태계 구축을 위해서는 크로스 플랫폼을 지원하는 HTML5의 도입이 필수적이라고 보고 있다.

그러한 노력 중 하나가 스마트TV 얼라이언스(Smart TV Alliance)다. 스마트TV 얼라이언스는 2012년 LG전자, TP비전, 도시바 등이 함께 설립한 단체로 이후 파나소닉, IBM, 퀄컴, 워너브라더스, 돌비, 오페라소프트웨어 등 여러 업체들이 합류한 상태다. 스마트TV 얼라이언스의 소프트웨어 개발도구(SDK)는 HTML5 기술을 사용하고 있다. 또한 스마트TV 얼라이언스는 스마트TV용 앱 개발의 확대를 위해 개발자 지원 프로그램과 공동의 품질보증(QA: Quality Assurance) 절차를 운영하고 있기도 하다.

그런데 스마트TV용 앱 개발에 HTML5를 도입하는 것에 대해 논평을 하자면, 이 같은 전략이 스마트TV용 앱 활성화에 큰 도움이 되지는 않을 것으로 판단된다. 그 이유는 HTML5 기술 때문이 아니라 사용자들의 수동적인 TV 이용 패턴 때문이다. TV에서 앱을 이용하길 원하는 사용자 수는 시간이 흘러도 크게 늘어나지 않고 있다.

차량용 플랫폼 업체인 QNX는 차량용 HTML5 애플리케이션을 개발할 수 있는 소프트웨어 개발도구를 발표했다.[28] QNX의 도구는 HTML5, 자바스크립트 등을 이용해 차량의 하드웨어에 액세스 가능한 차량용 애플리케이션을 손쉽게 개발하고 테스트, 배포할 수 있다. QNX는 차량용 애플리케이션 마켓플레이스를 만들어 개발자들이 자동차 제조사에 애플리케이션을 제공할 수 있도록 할 것이라고 밝혔다.

게임 업계에서는 플러그인이나 추가적인 다운로드 없이 웹브라우저만으로 실행할 수 있는 HTML5 기반의 게임에 대해 커다란 관심을 갖고 있다. 번거로운 설치 과정이 필요 없고 운영체제에 관계없이 게임을 실행할 수 있어 사용자 기반을 폭발적으로 늘릴 수 있기 때문이다. 또한 HTML5 기반의 게임은 표준화된 웹 기술을 이용함으로써 비교적 신속하게 개발 및 테스트를 할 수 있고, 사용자들에게 즉각적으로 변경된 디자인의 게임을 제공할 수 있다는 장점도 갖고 있다. 이와 같은 이유에서 앞으로 HTML5 기반의 게임이 계속 증가할 것으로 전망된다.

현재 HTML5 기술은 웹브라우저 내에서 HTML5와 자바스크립트만으로 복잡한 게임을 구동할 수 있는 수준에 이르렀다. 에픽게임스(Epic Games)는 3D 게임엔진으로 유명한 언리얼엔진(Unreal Engine)을 HTML5로 구현했다. 아타리(Atari)는 마이크로소프트와 협력해 자사의 고전 게임을 HTML5 기반으로 즐길 수 있는 아타리 아케이드(Atari Arcade)를 공개하기도 했다.

HTML5로 만든, 아타리의 고전 게임들[29]

유명 소셜 게임업체 징가(Zynga)는 HTML5 기반 게임 개발도구를 제공하는 덱스트로스(Dextrose)를 인수했으며, HTML5 기반의 웹 게임 프로젝트를 진행하고 있다. 해외에는 임팩트(Impact), 크래프티(Crafty) 등 HTML5 기반의 게임 엔진이 여럿 등장한 상황이며, 국내의 HTML5 전문 업체 블루가는 국내 최초로 HTML5 기반의 게임 엔진 BXG를 발표한 바 있다. 아틸러리게임즈(Artillery Games)는 "브라우저가 콘솔 게임기(The browser is the console)"라는 모토 아래 HTML5만으로 구동되는 실시간 전략 게임을 출시한다고 밝혔다.

시장에 다양한 기기와 다양한 운영체제가 난립할수록 HTML5의 크로스 플랫폼적인 장점은 더욱 부각될 수밖에 없다. 그에 따라 앞으로 HTML5는 모바일 기기와 스마트TV뿐만 아니라 스마트워치, 스마트글래스 등의 웨어러블 기기를 비롯해 스마트카, 스마트홈 등으로 활용 범위가 계속 확대될 것으로 전망된다. 향후에는 HTML5를 지원하는 디바이스가 수십 억대에 달할 것이며, 사물인터넷의 기본적인 플랫폼으로 HTML5가 사용될 가능성도 있다.

그렇지만 HTML5 기술의 사용이 반드시 비즈니스 가치를 담보한다고 볼 수는 없으므로, HTML5 기술의 도입뿐만 아니라 그에 적합한 비즈니스 모델을 확보하는 것 또한 중요한 일이다. 즉, HTML5에 대한 과도한 환상 내지는 '기술을 위한 기술'로서의 사용을 배제하고, HTML5의 도입이 가져오는 실질적인 비즈니스 가치에 대해 냉정하게 판단할 필요가 있다는 뜻이다.

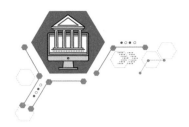

가상통화 플랫폼,
비트코인

드디어 본격적인 가상통화의 시대가 열리기 시작했다. 가상통화란 동전, 지폐 등의 실물이 존재하지 않으며 전자적인 방법으로 유통이 이뤄지는 통화를 뜻한다. 가상통화는 그 성격에 따라 크게 두 가지로 구분해 볼 수 있다.

(1) OK 캐쉬백, 네이버 캐쉬, 컬처 캐쉬, 해피머니 등과 같이 특정 기관에 의해 발행되고 관리되는 사이버 머니(Cyber Money)로, 제휴처에 한해 제한적으로 사용할 수 있다. 또한 환전이 자유롭지 않아 완전한 화폐로서의 역할을 수행하지는 못한다.

(2) 비트코인(Bitcoin)과 같은 글로벌 가상통화로, 전 세계 누구와도 거래가 가능하고 거래소를 통해 실물 화폐로의 환전이 가능해 완전한 화폐로서의 역할을 수행할 수 있다.

즉, 여기에서 이 둘을 구분하는 중요한 차이점은 '환전'의 용이성이다. 이는 비트코인이 다른 사이버 머니와 달리 큰 인기를 끌게 된 가장 중요한 이유 중 하나이기도 하다. 앞서 가상통화를 핀테크의 한 분야로 소개한 바 있는데, 여기에서 대표적인 가상통화이자 전 세계적으로 가장 성공한 비트코인에 대해 좀 더 구체적으로 살펴보자. 앞으로 비트코인 외에도 새로운 가상통화가 계속 등장할 것으로 전망되는데, 비트코인을 통해 가상통화의 핵심을 이해한다면 다른 가상통화에 대해서도 쉽게 파악할 수 있을 것이다.

비트코인은 어떻게 만들어지고 사용되는가?

"비트코인은 새로운 금융 시스템이자 완전한 디지털 화폐를 가능하게 하는 합의된 네트워크이며, 중앙 권력이나 중간 상인이 없이 사용자에 의해 작동하는 최초의 분권화된 P2P(Peer-to-Peer) 금융 네트워크다."[30]

2009년에 처음으로 등장한 비트코인은 중앙은행이나 시중은행과 같은 역할을 하는 통제기관 없이 사용자가 공급자이자 수요자의 역할을 하는 새로운 형태의 '분산 네트워크 기반 금융 시스템'을 구축했다는 점에서 중대한 의미를 지닌다. 비트코인을 만든 사람은 사토시 나카모토(Satoshi Nakamoto)로 알려져 있는데, 2010년 말 비트코인 프로젝트를 떠났으며 그의 실체는 모든 게 미스터리에 싸여 있다. 사토시 나카모토는 IT 역사상 가장 미스터리한 존재 중 하나로 꼽힌다. 여러 사람이 사토시 나카모토로 지목되었으나 확실하게 밝혀진 바는 없다. 그가 일본어를 한 번도 쓰지 않았다는 점에서 일본인 여부와 실명 여부에 대해서도 의문이 제기되고 있을 정도다. 그가 떠난 후 비트코인은 전 세계 수많은 오픈소스 개발자들과 비트코인 커뮤니티에 의해 유지되고 있다.

2016년 5월, 호주의 사업가 겸 컴퓨터공학자 크레이그 라이트(Craig Wright)가 자신이 사토시 나카모토라고 주장하면서 일부 매체는 사토시 나카모토의 정체가 밝혀졌다고 보도했다. 하지만 비트코인 커뮤니티에서 그가 제시한 증거가 아무런 의미가 없다는 반대 주장이 나오면서 논란이 가중되고 있다.[31]

비트코인이 다른 가상통화와 다른 점은 (1)'분산통화', 즉 일개 기업이 독점하고 있지 않으며 비트코인을 소지한 모든 사용자가 은행의 작은 일부로서 역할을 하고 있다는 것, (2)'쌍방향성', 즉 실물 화폐로의 전환이 자유롭다는 특징을 갖고 있다는 점이다. 물론 비트코인의 전망이 불투명해질 경우 실물 화폐로의 전환에 제약이 생길 수도 있다.

기존의 가상통화는 발행 주체가 정해져 있고 다른 화폐로의 전환에 제한이 있었다. 비트코인의 경우 책임을 질 수 있는 관리 주체가 없는데, 이는 다른 가상통화와 비교해 장점이자 단점의 성격을 모두 갖고 있다고 볼 수 있다.

비트코인을 얻기 위해서는 비트코인 거래소에서 현금으로 교환을

228

하든지 또는 '채굴(Mining)'이라는 독특한 과정을 통해 직접 생성해야 한다. 일반적으로 화폐는 정부와 중앙은행이 언제 얼마만큼 발행할지를 결정한다. 하지만 비트코인은 복잡한 수학 연산을 통해 생성된다. 이를 비트코인에서는 '채굴'이라고 하는데, 채굴되는 양은 계산에 의해 자동으로 조정된다.

비트코인을 채굴하려는 사람이 적은 경우에는 채굴에 소요되는 시간이 적지만, 채굴하려는 사람이 많아지면 그만큼 채굴이 어려워지고 소요되는 시간도 많이 걸린다. 이는 설계자의 의도다. 수학 연산의 난이도가 점점 높아지면서 생산되는 비트코인의 양이 점점 줄어드는 구조로 설계돼 있는데, 이는 채산성을 낮춰 비트코인의 가치를 증가시킨다. 이 모든 것이 분산화된 비트코인 네트워크를 통해 자동으로 이뤄진다.

비트코인 초기에는 PC의 CPU를 이용해 채굴했지만, 참여하는 사람이 많아지면서 이후에는 그래픽카드를 이용해 채굴하다가, 지금은 주로 비트코인 채굴에 특화된 칩을 장착한 전용 채굴기(Miner)를 이용하고 있다. 전용 채굴기를 이용하지 않고 PC를 이용하면 이제는 전기료도 안 나올 정도로 채산성이 떨어지기 때문이다.

비트코인의 공급량은 4년에 한 번씩 절반으로 감소하도록 설계돼 있기 때문에, 전용 채굴기를 이용해도 날이 갈수록 채산성이 떨어지는 것은 어쩔 수가 없다. 그래서 비트코인이 필요한 사람이라면 채굴보다는 거래를 통해 구매하게 되며, 이를 통해 비트코인의 가치가 증대되고 거래가 활성화되는 결과를 가져오게 된다.

어떻게 보면 비트코인은 금(Gold)과 흡사하다. 중앙은행이 없고, 채굴이라는 표현도 그렇고, 채굴의 총량이 정해져 있고, 시장의 수요와 공급에 의해 그 가치가 결정된다는 점에서 그렇다.

분산통화로서 비트코인은 P2P 방식으로 유통되기에 은행을 거칠 필요가 없고, 원하는 사람에게 직접 전달이 가능하다. 기본적으로 이 과정에서 드는 별도의 수수료는 없다. 하지만 비트코인 커뮤니티에서는 빠른 거래 승인과 채굴자들의 수고비로 약간의 수수료를 내는 것이 권장되고 있다.

비트코인은 거래 과정에서 익명성이 보장되기에 비밀 화폐라고도 불린다. 비트코인은 전자지갑에 보관되며, 송금할 때 암호화 및 디지털 서명으로 보호되는 상태에서 비트코인 네트워크로 전송되고 일정 시간이 흐른 뒤 송금이 완료된다.

그런데 은행과 같은 관리감독의 주체가 존재하지 않는데, 어떻게 이러한 송금 과정에 신뢰를 가질 수 있고, 또한 동일한 비트코인이 중복되어 사용되지 않을 수 있는 것일까? 그것의 비밀은 바로 '블록체인(Block Chain)'이라는 일종의 공공 회계원장에 있다. 블록체인은 모든 거래내역을 갖고 있으며 사용자의 기기에서 모든 거래의 유효성을 검사할 수 있다. 블록체인은 모든 비트코인 거래 내역을 기록해 관리함으로써 마치 기존의 금융기관과 같은 역할을 하며, 이를 통해 한 번 사용한 비트코인은 또다시 사용할 수 없도록 한다.

이것이 바로 비트코인에서 기술적으로 대단한 부분이자, 금융 시스템으로서 신뢰성을 갖게 하는 요인이다. 또한 향후에 이런 분산 네트워크 기술을 응용해 보다 향상된 새로운 기술이 나올 수 있는 토대가 되었다는 점에서도 상당한 의미가 있다.

비트코인이 인기를 끄는 이유

비트코인의 미래를 불투명하게 보는 사람들도 많지만, 그럼에도 시장에서 비트코인이 여전히 생명력을 갖고 사람들에 의해 꾸준히 사용되는 이유는 뭘까? 기본적으로 비트코인이 인기를 끌고 있는 배경에는 기존 금융 시스템에 대한 불신과 불안감이 작용하고 있다고 볼 수 있다.

무엇보다 키프로스 구제금융 사태가 결정적인 역할을 했다. 정식 명칭 키프로스 공화국은 영국의 식민지였으나 1960년 독립했으며 2004년 유럽연합에 가입했다. 작은 섬나라에 불과한 키프로스는 유럽연합 가입 후 해외 자본의 유입으로 경제가 활성화됐지만, 2007년 말부터 미국발 금융위기로 인해 해외 자본이 급격히 빠져나가는 어려운 상황에 놓이게 된다.

그러던 중 유럽연합이 2012년 3월 그리스의 2차 구제금융 조치 때 그리스 국채의 90퍼센트를 손실 처리하기로 하면서, 그리스의 국채를 보유하고 있던 키프로스로서는 돌이킬 수 없는 최악의 재정 상태에 빠지게 된다. 이후 키프로스는 구제금융을 신청하는데, 키프로스인들 사이에서 유로화 예금도 믿을 수 없다는 소문이 퍼지면서 당시로서는 게임 아이템을 구입하는 사이버머니 수준으로 인식되던 비트코인에 돈이 몰리기 시작한 것이다. 그때 비트코인의 가치가 폭등하면서 전 세계적으로 비트코인에 대한 입소문이 퍼지게 된다.

현재 비트코인이 누리는 인기는 은행 및 예금자산 등 기존 금융 시스템에 대한 불신이 만들어 냈다고 볼 수 있다. 또한 중국 위기설, 미국의 금리 인상, 유로존 위기, 일본의 양적 완화 등 복잡하고 예측 불가능한 여러 요소들로 인해 국제 금융 환경의 미래가 불투명한 것도 주된 이유 중 하나다. 그로 인해 새로운 금융 시스템에 대한 욕구가 지속적으로 존재하는 상황이며 비트코인은 그런 틈새에서 성장했다.

초기의 비트코인은 벤처기업들과 일부 사용자들에 의해 유지됐지만, 이제는 거의 모든 상품을 비트코인으로 구매할 수 있으며 전 세계에 수많은 거래소가 등장해 주요 통화로 환전이 가능한 상태다.

온라인뿐만 아니라 오프라인에서 결제할 때에도 비트코인을 이용할 수 있다. 점포에서 바로 이용할 수 없을 때는 환전을 해서 이용하면 된다. 이는 다른 화폐도 마찬가지다. 예컨대, 한국에서 유로화로 결제할 수 있는 점포가 얼마나 되겠는가? 실물 화폐는 환전하기 위해 은행에 방문을 해야 하지만, 비트코인은 PC나 스마트폰을 이용해서 환전할 수 있다는 장점도 갖고 있다.

1BTC(비트코인의 화폐단위)는 5년 사이 최고 1,000달러가 넘게 가치가 폭증하기도 했다. 비트코인이 처음으로 등장한 2009년에 노르웨이의 한 남성이 암호에 대한 학위 논문을 쓰는 과정에서 약 27달러에 5,000BTC를 구입했는데, 잊고 있다가 2013년에 확인하니 그 가

치가 아파트를 구입할 수 있을 정도로 오른 걸 발견한 일이 언론에 보도되기도 했다.[32]

비트코인을 도입하는 기업이나 기관들도 늘고 있다. 미국에서는 아마존, 버거킹, 나이키, 메리어트호텔 등 수만여 개의 소매점에서 비트코인을 이용해 결제할 수 있다. 항공권을 구매하거나 식당에서 음식 값을 계산할 수도 있고 식료품, 기념품, 음식 배달 등 거의 모든 상품 및 서비스의 구매가 가능하다. 오버스탁(Overstock), 뉴에그(Newegg), 익스피디아(Expedia) 등 많은 온라인 쇼핑몰에서 비트코인으로 대금 결제를 받고 있다. 유명 블로그 플랫폼 워드프레스(WordPress), 디지털 콘텐츠의 보존을 목표로 하는 인터넷아카이브(Internet Archive), 각국 정부기관의 미공개 정보를 폭로하는 국제적인 조직 위키리크스(Wikileaks) 등도 비트코인으로 기부를 받고 있다. 미국의 일부 주, 독일, 캐나다 등에서는 비트코인을 화폐의 일종으로 인정하기도 했다.

디지털 기기들을 싸게 판매해 국내 소비자들이 애용하는 해외 직구 쇼핑몰 뉴에그는 국내 신용카드의 대부분을 거부하기로 유명하다. 하지만 비트코인을 이용하면 거절당하는 일이 없기 때문에 대부분의 국내 소비자들은 뉴에그에서 결제할 때 비트코인을 사용하고 있다.

비트코인의 성공 요인 중 하나로 비트코인이 인터넷과 궁합이 딱 들어맞는다는 사실을 꼽을 수 있다.

인터넷이 웹애플리케이션의 기반이 되는 플랫폼이라면, 비트코인은 인터넷 사용자들을 통화라는 수단으로 매개하는 플랫폼이다. 비유하자면, 비트코인은 인터넷이라는 국가에서 통용되는 화폐인 것이다. 그런 이유로 비트코인 기반의 다양한 애플리케이션들이 등장하고 있으며 새로운 비즈니스 창출에 대한 기대감도 커지고 있다.

항목	인터넷	비트코인
가상성	디지털 가상공간이다.	디지털 가상통화다.
중앙 통제	중앙 관리자가 없다.	중앙 관리자가 없다.
익명성	익명성의 특징을 갖고 있다.	익명성의 특징을 갖고 있다.
플랫폼 여부	플랫폼이다.	플랫폼이다.

인터넷과 비트코인의 공통점

플랫폼의 힘을 보여 주는 비트코인 서비스

비트코인 시장이 크게 성장함에 따라 비트코인 관련 서비스를 제공하는 벤처기업들도 계속 늘고 있다. 주목할 만한 몇 가지 사례들을 살펴보도록 하자.

비트페이(BitPay)는 대표적인 비트코인 지급결제 서비스 업체로, 전 세계 200여 개 국가에서 수만여 개가 넘는 거래처를 확보하고 있다. 비트페이는 거래시 1퍼센트의 수수료를 받거나 또는 제공 서비스에 따라 매월 30~3,000달러에 이르는 정액요금을 받는 수익 모델을 갖고 있다.

코인베이스(Coinbase)는 비트코인 전자지갑과 은행 계정을 연계해 사용할 수 있는 서비스를 제공하는데, 이를 이용하면 일반인들도 비트코인을 간편하게 이용할 수 있다. 코인베이스는 휴대전화의 SMS를 이용해 간단히 비트코인을 전송할 수 있는 서비스도 선보였다.

코인베이스는 설립된 지 1년 만인 2013년 12월 실리콘밸리의 유명 벤처캐피털인 안드리센 호로비츠 등으로부터 2,500만 달러의 투자금을 유치했는데, 이는 당시 비트코인 관련 기업에 대한 투자 중 가장 큰 규모였다. 또한 2015년 1월 세계 최초의 공인 비트코인 거래소를 열면서 7,500만 달러를 추가로 유치해 화제가 되기도 했다. 이전에도 비트코인 거래소는 있었지만 코인베이스는 미 재무당국과 5개월간의 협의 끝에 캘리포니아를 비롯한 여러 주에서 비트코인 중개 및 감독을 합법적으로 할 수 있는 허가를 받았다. 이것은 비트코인이 주류 금융 시스템과 어깨를 나란히 하게 되는 하나의 사건으로 평가되기도 했다.

앞에서 대표적인 핀테크 업체 중 하나로 소개했던 스트라이프(Stripe)를 기억할 것이다. 스트라이프는 전 세계 139여 개 국가의 통화로 결제를 지원하는 대표적인 결제 서비스 업체로, 비트코인 결제도 지원하고 있다. 스트라이프가 비트코인을 지원한다는 것은 결국 스트라이프 결제 서비스를 탑재한 고객의 웹사이트나 앱에서 간단하게 비트코인 결제가 지원된다는 뜻이다. 이는 플랫폼의 힘을 보여주는 하나의 사례로, 스트라이프와 같은 플랫폼 업체가 비트코인의 확산에 큰 기여를 하고 있다고 볼 수 있다.

캐나다의 POS 업체 코인카이트(Coinkite)는 비트코인을 지원하는 결제단말기를 개발했다. 이를 이용하면 추가적인 장비 없이 결제단말기만으로 즉시 비트코인 결제 처리가 가능하다.

비트코인 중개업체 잇비트(ItBit)는 미국 뉴욕 주로부터 신탁회사(Trust Company) 등록을 허가받았다. 이를 통해 잇비트는 기존 은행과 동등한 위치에서, 미 전역에 합법적으로 비트코인 거래, 환전 서비스를 할 수 있게 됐다. 신탁회사는 자산 보호, 예금자 보호, 보안 시스템 등과 관련해 신뢰할 수 있어 비트코인의 대중화에 상당한 도움이 될 것으로 전망된다. 앞으로 잇비트는 대기업, 금융기관을 상대로 비트코인 신탁 사업을 추진한다고 밝혔는데, 이를 통해 비트코인 생태계의 확장에 기여할 것으로 예상된다.

국내의 경우 국내 최초의 비트코인 전문 업체 코빗(Korbit)이 있다. 코빗은 비트코인 기반의 거래, 전자지갑, 결제 서비스를 제공하는 업체로, 2014년에 소프트뱅크벤처스를 비롯한 투자자들로부터 30억 원의 투자금을 유치했다. 코빗은 2~3만 명 정도의 국내 이용자를 확보하고 있는 것으로 알려져 있으며, 결제 금액의 1퍼센트를 수수료로 받고 있다. 하지만 아직까지 국내 시장에서는 비트코인에 대한 인식이 낮으며 사용자도 적은 편이다.

비트코인의 어두운 측면

비트코인의 급격한 변동성 문제로 인해 비트코인을 가상통화
가 아니라 가상 상품 또는 주식과 같은 금융 상품으로 보는 시각도
있다. 또한 어떤 이유에서든(예를 들면 규제, 해킹 등) 보유자들이 동시
에 현금화를 원하는 순간, 시스템이 붕괴할 수도 있다. 물론 그럴 가
능성이 높다고 보긴 어렵지만 아예 없는 것은 아니다.

거대 자본도 비트코인에 많은 관심을 갖고 있다. 비트코인의 거래
액이 4억 1,600만 달러를 달성해 처음으로 페이팔을 넘어섰을 당시,
며칠 동안 동일 계정으로 5억 달러에 달하는 이동이 있었던 것으로
나타났으며 이를 통해 '큰손'이 비트코인 거래에 참여하고 있는 것
으로 추정됐다.[33]

비트코인이 가진 익명성의 특징으로 인해 지하경제에서 비트코
인이 이용되는 일도 증가하고 있다. 이미 마약 거래, 무기 거래, 뇌물,
돈 세탁 등 수많은 불법적인 거래에 비트코인이 활용되고 있는 상
태다. 최근 큰 문제가 되고 있는 랜섬웨어(Ransomware, PC나 스마트폰
의 데이터를 암호화한 뒤 이를 풀어 주는 대가로 금전적인 요구를 하는 악성 프로그
램)도 비트코인을 보내라고 요구한다.

다크웹(Dark Web, 보통의 웹브라우저로는 접속할 수 없는 지하 세계로, 특별
한 방법을 통해 접속할 수 있다)의 대표적인 사례인 '실크로드'는 마약을
거래하는 플랫폼으로, 비트코인에 기반한 일종의 블랙마켓이었다.
여기서 과거형을 사용한 이유는 사이트 운영자가 FBI에 체포됨으로

써 비트코인이 압수되고 사이트가 폐쇄됐기 때문이다. 이로 인해 비트코인의 가치가 크게 폭락하는 사태가 벌어지기도 했다. 이때 압수된 비트코인의 가치는 약 2,800만 달러에 달했으며, 폐쇄 전까지 실크로드에서 약 12억 달러의 불법 거래가 이루어진 것으로 추산됐다.

이와 같은 비트코인의 투기성과 불법거래에 적합하다는 특성으로 인해 중국, 프랑스 등 일부 국가에서는 비트코인 거래를 금지하기도 했다.

한때 시장점유율 80퍼센트로 전 세계 1위의 비트코인 거래소였던 일본의 마운트곡스(Mt.Gox)가 파산을 선언해 시장에 큰 충격을 준 사건도 있었다. 마운트곡스는 해킹으로 수천억 원에 달하는 고객들의 비트코인이 사라졌다면서 사업을 중단했다. 그로 인해 비트코인의 가치가 급락했으며 이 사건은 비트코인의 미래에 대해 회의적으로 생각하는 사람들이 크게 늘어나는 계기로 작용했다.

중국, 호주, 덴마크, 체코 등의 여러 비트코인 거래소도 공격을 받아 서비스가 중단되거나 해킹으로 인해 금전적인 손해를 입기도 했다. 이는 비트코인 자체의 취약점 때문이라기보다는, 비트코인 환전을 위해 서버와 데이터베이스를 운영하는 거래소가 갖는 취약점 때문에 발생하는 문제다.

이처럼 수많은 사건사고가 발생했음에도 불구하고 비트코인 생태계는 계속 성장하고 있으며 비교적 견고한 상태다. 비트코인은 그 나름의 장점과 더불어 리스크도 분명히 가지고 있다. 하지만 비트코인을 부정적인 관점으로만 본다면 비트코인의 가치와 숨겨진 여러 기회를 발견하기 어려울 것이다. 단순 서비스로서의 비트코인이 아니라 비트코인의 플랫폼적 성격이 중요한데, 왜냐하면 이를 기반으로 다양한 애플리케이션 및 수많은 비즈니스가 창출될 수 있기 때문이다. 비트코인과 같은 가상통화 플랫폼은 IT 산업이 또 한차례 새로운 발전을 이루는 중대한 계기로 작용할 수 있으며, 다양한 응용 서비스들을 통해 사람들의 라이프스타일 전반에 상당한 문화적 영향력을 미치는 방향으로 발전할 수도 있다.

글로벌 가상통화, 비트코인의 시나리오

미국, 캐나다, 유럽, 중국 등의 여러 국가에서 비트코인이 상당한 관심을 얻고 사람들의 실생활에 미치는 영향이 지속적으로 증대하고 있는 반면에, 한국은 (비록 언론에서 관심을 보이고 있기는 하지만) 여전히 비트코인의 불모지라고 볼 수 있다. 실제로 국내 비트코인 가맹점 1호로 유명세를 탄 파리바게뜨 인천시청역점은 비트코인으로 구매하는 사람이 거의 없어 사실상 실패라고 밝혔다.[34] 이처럼 해외의 비트코인 상황과 국내의 상황에는 상당한 괴리가 있으며, 그 격차는 당분간 좁혀지지 않을 것으로 전망된다.

비트코인이 지닌 중대한 리스크에도 불구하고 해외의 많은 창업가와 투자자들이 비트코인에 주목하는 이유는 명백하다. 비트코인처럼 시장의 패러다임을 바꿀 가능성을 지닌 신기술은 흔치 않기 때문이다. 투자자들은 투자를 결정할 때 (1)관련 시장이 급속도로 성장하고 있는가, (2)또한 시장에서 강한 브랜드로 자리매김하고 있는가를 중점적으로 검토한다. 해외에서는 비트코인이 두 가지 조건을 충족하기에 창업가와 투자자들이 비트코인에 주목하고 있는 것이다.

반면에 한국에서는 시장이 거의 존재하지 않고(무엇보다 일반 사용자들의 관심이 없다), 벤처의 양적·질적 문제도 있고(창업가들도 비트코인에 별반 관심이 없다), 정부의 강력한 금융규제도 존재한다. 비트코인이 당분간 한국에서 성장세를 타기 어려운 완벽한 조건이 갖춰져 있는 것이다.

마지막으로, 글로벌 가상통화가 필요하다는 관점에서 비트코인의 전망을 세 가지 시나리오로 살펴보려고 한다. 만일 글로벌 가상통화가 필요하다는 가정에 동의하지 않는다면 그것은 비트코인이 틈새에 머물거나 국지적으로만 활용된다는 것과 같은 의미다. 그러므로 여기에서는 기본적으로 시장에 글로벌 가상통화에 대한 강력한 욕구가 존재한다고 가정한다.

첫째, 비트코인이 글로벌 가상통화로 시장을 장악하는 시나리오다. 물론 그와 동시에 다른 가상통화들 또한 시장에서 통용될 수 있다. 하지만 글로벌 가상통화가 자동적으로 갖게 되는 플랫폼적인 속성으로 인해 치열한 경쟁을 거쳐 교통정리가 끝나면 1위 가상통화가 시장을 장악하게 될 것이며, 2위 가상통화는 그 나름대로 명맥을 유지할 것이고, 3위 이하는 근근이 유지되거나 그러기조차 어려울 것이라는 것을 예측할 수 있다.

둘째, 비트코인이 아닌 다른 가상통화가 시장을 장악하는 시나리오다. 비트코인이 비록 시장을 개척하고 커다란 이슈를 만들어 냈지만, 비트코인이 지닌 한계 또는 사건사고로 인해 시장을 장악하지 못하고 후발 주자에게 그 자리를 내주게 된다는 시나리오다.

새로운 가상통화는 계속 등장하고 있다. 라이트코인(Litecoin), 도지코인(Dogecoin, 도기코인이라고도 한다), 리플코인(Ripple), 네임코인(Namecoin), 피어코인(Peercoin) 등 시장에는 이미 비트코인과 유사한 아류 내지는 후발주자라 할 수 있는 수많은 코인이 등장했다. 거기에다 새로운 가상통화와 분산 애플리케이션을 만들어 낼 수도 있는 차세대 플랫폼, 이더리움(Ethereum)도 큰 주목을 받고 있다. 이더리움은 차세대 플랫폼으로서 중요한 시사점을 담고 있기에 뒤에서 별도의 주제로 살펴보게 될 것이다.

셋째, 어떤 가상통화도 글로벌 가상통화로 확고히 자리매김하지 못하는 시나리오다. 이는 글로벌 가상통화에 대한 필요성에도 불구하고 각국 정부 및 중앙은행들의 규제 및 방해, 가상통화의 본질적인 한계 등으로 인해 국지적이고 부수적으로 활용되는 데 그친다는 전망이다.

만일 독자 여러분이 투자자라면 어떤 시나리오에 배팅하겠는가?

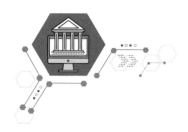

구름처럼 떠 있는 **주문형 플랫폼,**
클라우드 컴퓨팅

인터넷 서비스, 모바일 앱, 게임 등 우리의 IT 라이프에 클라우드 컴퓨팅(Cloud Computing, 이하 클라우드)은 막대한 영향력을 행사하고 있다. 일반 사용자 입장에서는 클라우드라고 하면 파일을 서버에 저장해 보관하는 서비스 정도를 떠올리겠지만, 여기에서 우리가 살펴볼 클라우드는 그런 단순한 파일 저장 서비스를 넘어서는 것이다.

먼저 클라우드의 정의를 살펴보자. NIST(미 국립표준원)는 "클라우드 컴퓨팅이란 네트워크를 통해 각종 컴퓨팅 자원(서버, 스토리지, 애플리케이션 등)을 필요할 때마다 편리하게 이용할 수 있게 해 주는 서비스 모델로서, 관리에 들어가는 노력과 비용 및 서비스 공급업체의 개입이 최소화되어야 한다"라고 정의하고 있다.[35] 또한 시장조사 업체 가트너(Gartner)는 "클라우드 컴퓨팅이란 인터넷 기술을 활용하여 다수의 고객들에게 높은 수준의 확장성을 가진 IT 자원들을 서비스

로 제공하는 것"이라고 정의하고 있다.[36]

사실, 클라우드는 완전히 새로운 개념이라기보다는 IT 업계에서 지금까지 컴퓨팅 자원을 공유하고 이를 서비스로 제공하기 위해 등장한 다양한 기술들을 집대성한 것이다.

여기에서 클라우드에 대한 이해를 돕기 위해 주요 특징을 다섯 가지로 정리해 보았다.[37]

(1) **주문형 셀프 서비스**(On-demand Self-service): 사용자는 서비스 공급업체 직원의 도움을 받지 않고도 간편하게 서버, 스토리지, 애플리케이션 등과 같은 컴퓨팅 자원을 설정하고 이용할 수 있다.

(2) **폭넓은 네트워크 접근성**(Broad Network Access): 사용자는 다양한 기기(데스크톱 PC, 노트북, 스마트폰, 태블릿 등)로 브로드밴드, 와이파이, LTE 등의 다양한 네트워크를 통해 서비스를 이용할 수 있다.

(3) **컴퓨팅 자원 공유**(Computing Resource Pooling): 서비스 공급업체의 각종 컴퓨팅 자원은 사용자의 요청에 의해 동적으로 할당되며 상호 독립적으로 여러 사용자에게 제공된다.

(4) **신속한 탄력성**(Rapid Elasticity): 사용자는 자신이 원하는 컴퓨팅 자원을 상황에 따라 탄력적으로 확장하거나 축소할 수 있다.

(5) **측정 가능한 서비스**(Measured Service): 컴퓨팅 자원은 측정된 사용량에 따라 사용자에게 과금되며, 서비스 공급업체는 측정된 정보에 따라 설비를 증축하거나 감축한다.

클라우드의 이해관계자는 크게 클라우드 서비스 사업자, 벤더, 사용자로 구분된다.

먼저, 클라우드 서비스 사업자는 사용자를 위해 클라우드 서비스를 제공하는 업체다. 대표적인 업체로 아마존, 세일즈포스닷컴, 구글 등을 꼽을 수 있다. 클라우드 서비스의 형태는 불특정 사용자 다수를 위한 퍼블릭 클라우드(Public Cloud)와 특정 사용자(주로 기업고객)만 이용하는 프라이빗 클라우드(Private Cloud)가 있는데, 일반적인 개인 사용자라면 퍼블릭 클라우드를 이용한다고 보면 된다.

벤더는 클라우드 서비스 사업자를 위해 네트워크, 하드웨어, 솔루션, 애플리케이션 등을 제공하는 업체를 통칭한다.

사용자는 클라우드 서비스를 실제로 이용하는 개인, 기업, 공공기관 등이다. 사용자의 유형에는 개인 사용자를 비롯해, 조직에 필요한 정보시스템을 클라우드 서비스 기반으로 이용하는 기업이나 공공기관, 그리고 인터넷 서비스를 제공하는 데 클라우드를 이용하는 인터넷 서비스 업체도 포함된다.

그렇다면 클라우드가 주목을 받는 배경은 무엇일까? 첫째, 경제 불황에 따른 비용 절감을 꼽을 수 있다. IT 자원은 값비쌀 뿐만 아니라, 트래픽이 몰리거나 장비가 고장 나는 등의 특별한 경우에 대비해 추가적인 IT 자원을 확보해 놓아야 한다. 하지만 최근의 경제 불황으로 인해 IT 운영비용을 절감함으로써 IT 자원의 구매, 설치, 관리에 투자할 비용을 비즈니스 운영에 투입하려는 기업들이 늘어나고 있다.

둘째. 치열한 시장 상황으로 인한 비즈니스 속도 전쟁이 벌어지고 있는데 클라우드가 이에 적합하기 때문이다. 클라우드는 즉시 컴퓨팅 자원을 제공받아 빠르게 비즈니스를 구현할 수 있다는 점에서 좋은 대안이다.

셋째, 상호 연동되는 디바이스가 계속 확대되고 있기 때문이다. PC뿐만 아니라 스마트폰, 태블릿 등의 모바일 기기를 비롯해 각종 디바이스와 사물인터넷 기기들이 확산됨에 따라 언제 어디에서든지 동일한 서비스를 이용하고자 하는 수요가 계속 증가하고 있는 상황이다.

클라우드의 세 가지 서비스 모델

클라우드 자체가 그 정의에 따르면 서비스 모델이지만, 세부적으로 구분하면 세 가지 유형의 서비스 모델로 나뉜다.

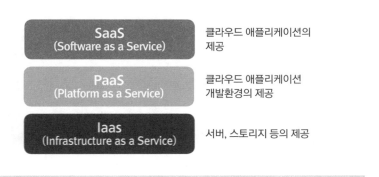

클라우드의 서비스 모델

(1) **서비스로서의 인프라스트럭처**(IaaS: Infrastructure as a Service): 사용자가 운영체제에서 애플리케이션까지 모든 소프트웨어를 직접 구성하고 실행할 수 있는 기본 컴퓨팅 자원(서버, 스토리지, 네트워크 등)을 가상화 환경으로 제공한다. 여기에서 가상화(Virtualization)란 컴퓨팅 자원의 추상화를 뜻하는 광범위한 용어로서, 물리적으로 단일한 하드웨어를 마치 여러 대의 개별 기기가 작동하는 것처럼 제공하는 것을 의미한다. 또한 가상화는 여러 대의 물리적인 하드웨어를 통합해 하나로 보이게 만들 수도 있다. 가상화된 개별 기기들은 독립적으로 작동하지만 하드웨어 자원을 공유하고 있다. 사용자가 이용하는 가상화된 개별 기기를 가상머신(VM: Virtual Machine)이라고 한다. 가상머신이란 실제 하드웨어와 직접적으로 연동되지 않은 가상 컴퓨터를 뜻한다. 즉, 가상머신은 마치 진짜 컴퓨터처럼 인식되지만 사실은 가짜 컴퓨터인 것이다. 가상머신은 윈도우, 리눅스, 유닉스 등 완전한 운영체제의 실행을 지원한다. 개인 사용자가 접할 수 있는 가상화의 사례로 마이크로소프트의 윈도우 버추얼 PC(Windows Virtual PC), 오라클의 버추얼박스(VirtualBox) 등을 꼽을 수 있다.

(2) **서비스로서의 플랫폼**(PaaS: Platform as a Service): 클라우드 애플리케이션을 개발하고 통합할 수 있는 개발환경 및 도구를 클라우드 기반으로 제공한다.

(3) **서비스로서의 소프트웨어**(SaaS: Software as a Service): 여기에서 말하는 소프트웨어는 바로 클라우드 애플리케이션이다. 클라우드 인프라를 기반으로 실행되는 각종 애플리케이션을 뜻한다. 애플리케

이션은 다양한 클라이언트 기기에서 웹브라우저 등을 통해 이용할 수 있으며, 사용자는 애플리케이션을 이용하기만 하면 될 뿐 설치를 하거나 인프라(운영체제, 서버, 스토리지, 네트워크 등)를 관리하는 일에 신경 쓸 필요가 없다.

IaaS의 선구자, 아마존

아마존은 2006년부터 IaaS를 제공한 클라우드 분야의 선두 기업이며, 현재 세계 시장에서 시장점유율 1위의 업체다. 아마존은 전 세계 여러 곳에 데이터센터를 운영 중인데, 자사의 서버 대수를 정확히 밝히고 있지는 않지만 대략 수십만 대 이상의 서버를 운영 중인 것으로 추정되고 있다.

아마존은 AWS라는 브랜드로 EC2(Elastic Could Computing), S3(Simple Storage Service), SWF(Simple Workflow Service), SQS(Simple Queue Service), SimpleDB, DynamoDB 등과 같은 여러 서비스를 제공하고 있다. 해당 서비스들을 제대로 이해하기 위해서는 기술적인 지식이 있어야 하기 때문에, 여기에서는 대표 서비스인 EC2와 S3를 위주로 간략하게만 살펴보려고 한다.

EC2는 규모를 자유자재로 변경할 수 있는 컴퓨팅 파워를 제공하는 서비스다. 신용카드로 결제만 하면 불과 몇 분 만에 새로운 서버를 획득하고 부팅할 수 있으며, 요구사항의 변화에 따라 신속하게 서버 용량을 확장하거나 축소할 수 있다. AWS 마켓플레이스에는 EC2에서 실행 가능하도록 설계된 유명 소프트웨어 업체들의 무료 및 유료 소프트웨어들이 다양하게 갖춰져 있어 편하게 선택해 이용할 수 있다. EC2는 사용한 만큼만 비용을 지불하는 종량제 과금 방식을 택하고 있으며 의무 요금이 없다. AWS 월 사용량 계산기를 통해 월별 청구액을 추산해 볼 수도 있다.

S3는 인터넷 스토리지 서비스로서, 개발자가 언제든지 용량에 관계없이 데이터를 저장하고 검색할 수 있게 해 준다. S3를 이용하면 개발자는 확장성이 높고 신뢰할 수 있고 안전하고 고속이면서 저렴하게 스토리지를 활용할 수 있다. 실제로 이미지, 자료 등의 대용량 파일을 S3에 저장해 이용하는 인터넷 서비스 업체들이 많다. S3는 암호화를 통해 데이터 전송을 보호할 뿐만 아니라 의도하지 않은 사용자 작업, 애플리케이션 오류, 인프라 장애 시 데이터가 손실되지 않도록 하는 등 여러 장애로부터 데이터를 보호한다.

아마존의 EC2와 S3를 통해 알 수 있듯이, 클라우드는 기존의 방식(고객이 직접 데이터센터에 서버와 스토리지 등의 하드웨어를 마련하고 운영체제 및 각종 소프트웨어를 설치해 관리하는 방식)에 비해 아주 손쉽고 신속하게 그리고 초기 투자비용 없이 컴퓨팅 자원을 곧바로 이용할 수 있다는 점에서 혁신적이라고 볼 수 있다.

아마존은 클라우드 사업에 있어서 가장 많은 고객과 실전 경험을 가진 기업이긴 하지만, 그렇다고 장애가 발생하지 않는 것은 아니다. 100퍼센트 가용성을 보장하는 IT 서비스란 사실상 불가능에 가깝기 때문이다. AWS에 장애가 발생해 넷플릭스, 핀터레스트, 인스타그램 등 AWS를 이용하는 유명 인터넷 서비스들이 중단되는 일이 있었고, 소프트웨어 버그가 발생하기도 했다. 물론 고객이 자체적으로 서버를 구축한다고 해서 장애가 발생하지 않고 위험이 사라지는 것은 아니다.

일부 기업들은 천재지변이나 예측하기 힘든 위험 요소로 인해 발생한 클라우드 서비스 장애가 자사 서비스의 중단을 가져오는 상황을 막기 위해, '멀티 클라우드(여러 클라우드 서비스를 동시에 사용하는 방식)'를 도입해 위험을 분산하거나 또는 자체적으로 클라우드 인프라를 구축하는 결정을 하고 있다.

세계 최대의 클라우드 인프라를 보유한 구글

검색 서비스를 비롯해 지메일, 구글플레이 등 구글의 모든 서비스는 클라우드 기반으로 구축되어 있다. 구글은 자사의 데이터센터에 약 수백만 대에 달하는 서버를 갖고 있어, 단일 기업으로는 가장 많은 서버를 운영하고 있는 것으로 알려져 있다. 이처럼 구글은 자사의 서비스 개발 및 운영에 클라우드를 이용한다는 측면에서 '최대의 클라우드 소비자'이면서, 동시에 기업고객들에게 클라우드를 제공한다는 측면에서 공급자 역할도 맡고 있다.

구글의 데이터센터에서는 대기업(IBM, HP 등)의 서버 제품을 사용하는 대신, 표준 PC 부품을 이용해 구글이 직접 제작한 서버를 이용하고 있다. 쉽게 말해 조립식 PC를 이용하는 것이다. 일반적으로 데이터센터의 서버는 안정성이 중요하기 때문에 신뢰할 만한 대기업의 서버 제품을 이용하는 것이 상식으로 알려져 있다. 하지만 대기업의 서버 제품은 높은 구매 비용과 높은 유지보수 비용을 부담해야한다.

구글은 기존의 상식을 탈피해 저렴하고 신뢰성 높은 표준 PC 부품을 이용해서 직접 서버를 제작했다. 서버 수백만 대가 동시에 작동하는 환경에서는 당연히 디스크, 전원 장치를 비롯한 각종 부품들이 계속 고장 나는 상황이 발생할 수밖에 없다. 구글은 그런 고장을 막는 대신에 고장이 발생하더라도 계속 구동될 수 있는 방안을 마련했다. 즉, 하드웨어를 완벽하게 만드는 대신에 클라우드의 서버 컴퓨터들을 관리하는 독자적인 '클라우드 관리 소프트웨어'를 통해 내고장성(Tolerance)을 향상시킨 것이다. 한마디로, 하드웨어 고장을 소프트웨어로 보완하는 방식이다.

구글의 클라우드에서는 애플리케이션과 데이터가 분산되어 저장되기 때문에 일부 서버가 고장 나거나 디스크가 망가지더라도 서비스는 문제없이 운영된다. 만일 어떤 서버가 고장 나서 제대로 작업을 처리할 수 없는 경우가 발생하면, 구글의 클라우드 관리 소프트웨어가 작업 부하를 다른 서버로 돌리고, 고장 난 서버의 수리가 완료될 때까지 해당 서버에는 작업을 전달하지 않는다.

구글은 기업고객을 위해서 구글앱스(Google Apps for Work)라는 명칭으로 SaaS 형태의 클라우드 서비스를 제공하고 있다. 구글앱스는 SaaS의 가장 성공적인 사례 중 하나로 꼽힌다. 구글앱스를 이용하면 독자적인 도메인으로 지메일, 캘린더, 행아웃, 드라이브, 문서, 스프레드시트, 설문지, 프레젠테이션, 사이트 도구 등 구글이 제공하는 각종 서비스를 이용할 수 있다. 구글앱스를 통해 제공되는 지메일, 캘린더, 행아웃 등의 각종 서비스들은 모든 기업에서 필수적으로 요구되는 그룹웨어 또는 협업도구라고 볼 수 있다. 또한 문서, 스프레드시트, 프레젠테이션은 MS오피스와 유사한 기능을 제공하며, 드라이브는 웹하드처럼 자료를 공유할 수 있도록 해 준다.

물론 해당 서비스들은 무료로도 제공되는 것들이지만, 구글앱스에 유료로 가입하면 기업고객의 회사 도메인으로 해당 서비스들을 이용할 수 있고 향상된 보안 기능과 전체 사용자 계정의 통합 관리도 가능하다. 또한 구글은 연중무휴 24시간 전화 및 이메일 지원, 99.9퍼센트의 가동시간을 보장한다고 밝히고 있다.

구글앱스는 기본적인 협업도구를 구현한 것인 데다 도입이 수월해 어떤 기업이라도 곧바로 이용할 수 있다는 장점을 갖고 있다. 구글앱스가 인기를 끌면서 많은 중소기업들이 구글앱스를 이용하고 있으며, 자체적으로 그룹웨어 시스템을 구축해 이용하던 대기업들도 구글앱스 도입을 늘려 가고 있다. 국내의 경우 YG엔터테인먼트, 대교, 한국가스공사 등과 같은 기업들이 구글앱스를 도입한 것으로 알려져 있다.

구글앱스와 같은 클라우드 애플리케이션을 도입할 경우 기업고객은 크게 다음과 같은 네 가지 이점을 누릴 수 있다.

첫째, 비용을 절감할 수 있다. 기업고객 스스로 직접 데이터센터에 서버를 구축하고 애플리케이션을 구매하거나 개발하고 유지보수하는 것에 비해 상당한 비용을 절감할 수 있다. 고객이 가장 매력을 느끼는 부분이 바로 이것이다. 무엇보다 초기 투자비용에 있어서 현격한 차이가 있다. 또한 소프트웨어의 버그를 수정하고 기능을 개선하는 데 따르는 추가 비용도 없다. 예를 들어 패키지 소프트웨어의 경우 버전이 올라가면 다시금 상당한 비용을 들여 소프트웨어를 구매해야 하지만, 클라우드 애플리케이션에서는 그러한 업그레이드 비용이 발생하지 않는다. 다만 매월(또는 매년) 사용자 수에 따라 비용을 지불해야 하므로 고정적인 비용 지출에 따른 부담이 발생한다. 그러므로 기업은 기존의 방식과 비교해 클라우드 애플리케이션의 도입이 과연 얼마만큼의 비용 절감 효과가 있는지에 대해 명확히 분석한 이후에 도입 여부를 결정할 필요가 있다.

둘째, 운영체제에 독립적이다. 클라우드 애플리케이션은 대부분 웹브라우저만으로 이용할 수 있는 웹애플리케이션의 형태를 띠고 있다. 물론 웹애플리케이션이 아니라 특정 운영체제에서만 구동되고 설치가 필요한 네이티브(Native) 애플리케이션으로 제공되는 경우도 있지만, 그것은 애플리케이션의 실행 속도나 독특한 사용자 인터페이스를 제공하기 위한 것으로서 예외적인 경우라고 볼 수 있다. 또한 그런 경우라 할지라도 웹애플리케이션을 함께 제공하는 경우가 대부분이다. 즉, 거의 모든 클라우드 애플리케이션은 웹애플리케이션이기 때문에 인터넷 접속을 지원하는 모든 운영체제에서 특별한 제약 없이 동일한 서비스와 일관된 사용자 경험을 제공받을 수 있다는 이점이 있다.

셋째, 실시간 업그레이드가 제공된다. 이것 또한 웹애플리케이션이라는 특성상 자연스럽게 생기는 이점이다. 앞서 언급한 것처럼 클라우드 애플리케이션은 업그레이드 비용이 발생하지 않을 뿐만 아니라, 서버에서 애플리케이션의 업그레이드가 실시간으로 이뤄지는 구조를 갖고 있다. 버그 수정 및 보안 패치 또한 바로 반영된다.

넷째, 다양한 써드파티 애플리케이션의 활용이 가능하다. 이것은 모든 클라우드 애플리케이션이 가진 특성은 아니다. 구글을 비롯해 SaaS로 유명한 세일즈포스닷컴 등과 같은 업체는 마켓플레이스에 다양한 애플리케이션을 구비해 놓고서 사용자가 선택해 이용할 수 있도록 하고 있다.

구글은 앱스마켓플레이스(Apps Marketplace)라는 명칭으로 2010년 3월부터 써드파티 업체들의 다양한 클라우드 애플리케이션을 제공하는 마켓플레이스를 운영하고 있다. 구글의 앱스마켓플레이스에서는 회계, CRM(Customer Relationship Management), 프로젝트 관리, 세일즈 & 마케팅 등 다양한 분야의 클라우드 애플리케이션이 무료 또는 유료로 제공된다. 안드로이드 기반의 스마트폰을 이용하는 사람이라면 구글플레이를 잘 알고 있을 것이다. 앱스마켓플레이스는 구글플레이와 흡사한 방식으로 비즈니스용 클라우드 애플리케이션을 제공한다고 생각하면 된다. 이러한 마켓플레이스는 앞으로 클라우드 시장의 발전과 궤를 같이하면서 지속적으로 성장할 중요한 분야다.

구글은 SaaS 분야뿐만 아니라 PaaS 분야에서도 강력한 기대주로 떠오르고 있다. 구글은 앱엔진(App Engine)이라는 서비스를 통해 구글의 인프라를 기반으로 클라우드 애플리케이션을 손쉽게 개발·배포·관리할 수 있는 기반형 플랫폼을 제공하고 있다. 그런데 아직까지 기업고객들은 PaaS보다는 IaaS나 SaaS를 주로 이용하고 있다. PaaS가 아직 시기상조인 측면이 있다는 것을 인식한 구글은 구글앱스(SaaS), 앱엔진(PaaS)뿐만 아니라 IaaS 분야에도 진출하기로 결정한다.

토털 클라우드 서비스 제공업체가 되기 위해서는 IaaS, PaaS, SaaS로 이어지는 모든 서비스를 갖추는 것이 중요하다. 물론 일부 서비스만 제공하면서 전문성을 내세울 수도 있겠지만, 모든 서비스 모델을 망라해서 제공하는 기업이 규모의 경제, 브랜드, 생태계 구축 등의 여러 측면에서 상당한 강점을 갖기 때문이다. 또한 토털 클라우드 서비스 제공업체는 대형 사업자일 수밖에 없기 때문에 고객 입장에서는 서비스 장애에 대한 대처나 사업 중단 등에 대한 우려가 상대적으로 적을 수밖에 없다.

2012년 6월, 마침내 구글은 IaaS의 일종인 컴퓨트엔진(Compute Engine)을 선보인다. 구글은 아마존 대비 50퍼센트 싸게 서비스를 제공하면서 경쟁을 촉발한다. 앞서 언급한 것처럼 구글은 단일 기업으로서는 가장 많은 서버를 운영하고 있을 뿐만 아니라, 최고 수준의 저비용·고효율 인프라를 달성하고 있는 기업이다. 그러한 구글이 IaaS 사업을 본격적으로 개시했다는 것은 곧 구글의 클라우드 운영 노하우가 IaaS 사업에 쓰인다는 의미다.

구글은 컴퓨트엔진을 발표하면서 무려 60만 개의 코어(Core)로 단일 애플리케이션을 구동시키는 것을 시연했다. 여기에서 코어를 잠시 설명하면, 코어란 하나의 프로그램을 독립적으로 실행시킬 수 있는 단위를 뜻한다. 최근에는 멀티코어 CPU가 유행하고 있는데, 예를 들어 듀얼코어 CPU는 코어가 2개이고 쿼드코어 CPU는 코어가 4개다. 컴퓨트엔진은 애플리케이션이 구동되고 있는 상황에서도 코어를 추가할 수 있다. 코어가 많으면 더 빠른 연산이 가능하다. 구글은 대규모 애플리케이션의 구동을 위해 사실상 무한대의 고성능과 확장성을 제공하겠다는 클라우드 비전을 제시한 것이다.

SaaS의 강자, 세일즈포스닷컴

아마존이 IaaS 분야의 선구자라면 세일즈포스닷컴(Salesforce.com)은 SaaS 분야의 선구자라 할 수 있다. 세일즈포스닷컴은 4년 연속 미 경제전문지 〈포브스〉가 선정한 가장 혁신적인 100대 기업 중 1위로 선정된 바 있다.[38] 세일즈포스닷컴의 기업 가치는 약 440억 달러에 달하며 매출은 여전히 고속 성장 중이다. 세일즈포스닷컴은 일찍이

'소프트웨어의 종말'을 주장한 회사인데, 여기에서 소프트웨어란 라이선스 또는 패키지를 구매한 후 설치해서 이용하는 전통적인 소프트웨어를 뜻한다.

세일즈포스닷컴은 1999년 웹 기반의 CRM 서비스를 제공하면서 알려지기 시작했으며, 클라우드라는 명칭을 본격적으로 사용한 것은 2000년대 중반부터다. 세일즈포스닷컴은 클라우드 시장에서 SaaS로 큰 성과를 내고 있으며 포스닷컴(force.com)이라는 PaaS 사업 또한 업계의 주목을 받고 있다. 포스닷컴은 클라우드 애플리케이션을 개발할 수 있는 프레임워크(Framework)와 데이터베이스 등을 제공해 주는 기반형 플랫폼이다. 기업고객은 포스닷컴을 이용해 클라우드 애플리케이션을 개발할 수 있다.

세일즈포스닷컴은 HP, 타임워너케이블, 액티비전블리자드 등의 대형 기업고객을 확보하고 있으며, 클라우드 서비스에 모바일 및 기업용 소셜 기능을 추가해 좋은 반응을 얻고 있다. 세일즈포스닷컴의 클라우드 서비스는 어떤 업체에도 뒤지지 않는 강력한 경쟁력을 갖추고 있으며 수익률 전망 또한 다른 경쟁사와 비교해 우세한 상황이다.

앞서 살펴본 구글의 앱스마켓플레이스는 사실 세일즈포스닷컴의 앱익스체인지(AppExchange)를 모델로 한 것이다. 앱익스체인지는 세계 최초의 클라우드 애플리케이션 마켓플레이스다. 소프트웨어 개발업체는 포스닷컴을 통해 클라우드 애플리케이션을 만들고 이를 앱익스체인지에 올려 판매할 수 있다. 과거에는 소프트웨어를 개발했다 하더라도 다른 나라에서 판매하려면 현지에 지사를 설립하거나 에이전트 업체와 계약을 맺는 등 해당 지역의 유통구조에 맞는 영업망을 갖추어야 했지만, 앱익스체인지가 등장하면서 작은 기업이라 할지라도 세계 시장에 자신의 애플리케이션을 손쉽게 선보일수 있게 됐다.

현재 수천 개에 달하는 소프트웨어 개발업체들이 세일즈포스닷컴의 파트너로 협력 관계를 맺고 있다. 세일즈포스닷컴은 판매 수수료를 떼지 않고 소프트웨어 개발업체가 판매금액을 모두 가져갈 수 있도록 함으로써 빠른 성장을 이루었다. 이는 눈앞의 이익보다는 선순환되는 생태계를 신속하게 구축하기 위한 전략으로서, 현재의 세일즈포스닷컴을 만드는 데 큰 기여를 했다. 이를 통해 소프트웨어 개발업체들의 부담을 줄였을 뿐만 아니라 고객들도 보다 저렴하게 클라우드 애플리케이션을 구매할 수 있었다.

신속하게 확고한 생태계를 구축하는 것이 플랫폼의 성공 방정식이라는 점에서, 세일즈포스닷컴은 아주 영리한 플랫폼 전략으로 사업을 성공시켰다고 볼 수 있다.

여전히 클라우드에 소극적인 국내 기업들

국내에서는 클라우드라는 용어를 인터넷 스토리지 또는 콘텐츠 동기화와 같은 뜻으로 이해하는 사람들이 많다. 그 이유는 국내 통신사, 포털 등 거의 모든 업체들이 인터넷 스토리지를 제공하는 서비스에 '클라우드'라는 명칭을 사용했기 때문이다. 하지만 해당 기능은 전체 클라우드 서비스 모델의 관점에서 보았을 때 아주 자그마한 기능에 불과하다. 우리는 이미 클라우드란 IaaS, PaaS, SaaS를 아우르는 종합적인 서비스 모델이라는 것을 앞에서 살펴본 바 있다.

네이버의 N드라이브, 카카오의 다음클라우드(2015년 12월 31일자로 서비스 종료), SK텔레콤의 T클라우드, KT의 유클라우드, LG유플러스의 LG클라우드 등의 서비스는 주로 여러 스마트기기를 이용하는 사용자가 콘텐츠를 간편하게 이용할 수 있도록 하는 데 초점을 맞추고 있다. 해당 서비스들은 최소 수 기가바이트에서 최대 수십 기가바이트 정도의 스토리지 용량을 무료로 제공하고 있으며 필요한 경우 용량을 추가로 구매할 수 있다.

국내 통신사들은 기업고객을 위한 클라우드 서비스도 출시했다. SK텔레콤의 T클라우드비즈, KT의 유클라우드비즈, LG유플러스의 클라우드N이 그것이다. 특히 KT는 한때 국내 기업들 중에서 클라우드 사업에 가장 적극적이었다. KT는 2010년 가상화 전문업체 시트릭스 및 마이크로소프트와 클라우드 사업 분야의 제휴를 맺었고, 2011년 1월 국내의 클라우드 소프트웨어 전문업체인 넥스알(NexR)의 지분 65퍼센트를 65억 원에 인수했다. 당시에 국내 대기업이 소프트웨어 전문업체를 인수했다는 점에서 상당히 이례적이라는 평가를 받기도 했다. 또한 KT는 2012년 6월 국내의 클라우드 플랫폼 전문업체 아헴스(AHEMS)를 인수했다. 이후 KT는 넥스알, 아헴스 등 몇

개의 자회사를 통합해 KT클라우드웨어라는 회사를 출범시켰다. 하지만 KT클라우드웨어는 계속 적자를 내다가 2014년 KT의 다른 자회사에 흡수합병됐다. 형식은 흡수합병이었지만 사실상 KT클라우드웨어를 포기한 것이나 마찬가지였다.

IT 서비스 업체인 삼성SDS, LG CNS 등도 신사업으로서 클라우드에 많은 노력을 기울이고 있지만, 수년 동안 그룹 계열사를 제외하고는 뚜렷한 실적을 내지 못하고 있는 상황이다.

무엇보다 국내 시장은 선진국들과 비교할 때 여전히 IaaS, PaaS, SaaS 등 전 분야에서 클라우드 서비스의 활용이 미흡한 편이다. 국내 기업들은 외부 업체의 데이터센터에 자사의 민감한 데이터를 둔다는 것에 대한 거부감이 심하고, 또한 이것이 기업의 폐쇄적인 조직 문화와 맞물려 클라우드의 도입을 꺼리고 있는 상황이다.

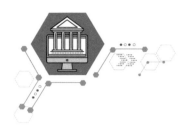

새로운 비즈니스 가치를 창출하는
데이터 플랫폼, 빅데이터

빅데이터(Big Data)는 기존의 데이터베이스 시스템을 통해 수집, 저장, 관리, 분석할 수 있는 수준을 넘어서는 대량의 정형·비정형 데이터를 분석해 가치를 추출하는 기술을 뜻한다. 여기에서 정형 데이터란 문자, 숫자 등 일정한 규격이나 형태를 지닌 데이터이며, 비정형 데이터는 이미지, 동영상, 문서처럼 형태와 구조가 다른 데이터를 뜻한다.

빅데이터 기술은 다양한 형태의 데이터를 수집하고 통합하는 것, 데이터를 분석해 트렌드와 패턴을 찾아내는 것, 분석 결과를 실시간으로 활용해 비즈니스 향상에 기여하는 것 등의 여러 단계를 모두 다룬다.

먼저, 빅데이터의 세 가지 특징을 정리해 보면 다음과 같다.

(1) **대용량**(Volume): 데이터의 규모는 계속 증가하고 있다. 빅데이
터는 방대한 원시데이터(Raw Data: Source Data 또는 Atomic
Data라고도 한다)의 집합이다.

(2) **다양성**(Variety): 빅데이터에는 기존의 관계형 데이터베이스뿐만
아니라 소셜미디어, 위치 정보, 각종 로그 기록 등의 데이터를
비롯해 이미지, 동영상과 같은 비정형 데이터를 포함한 다양한
유형의 구조화되지 않은 데이터가 모두 포함된다.

(3) **실시간성**(Velocity): 데이터를 생성하거나 수집 및 통합하고 분석
하고 활용하는 모든 단계에 있어서 속도가 중요하다. 궁극적으
로 빅데이터에서는 분석 결과를 실시간으로 활용하는 것을 추
구하며, 이것이야말로 과거의 데이터 기술과 빅데이터를 구별
하는 가장 큰 특징 중 하나라고 볼 수 있다.

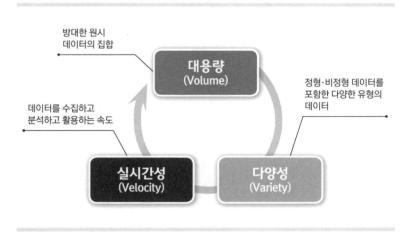

빅데이터의 세 가지 특징

국가 정책과 기업 비즈니스에 활용되는 빅데이터

인터넷에서 발생되는 데이터의 양은 꾸준히 증가해 왔는데 최근에는 스마트폰의 대중화, 소셜미디어의 확산 등으로 인해 데이터가 급증하고 있는 추세다. 그로 인해 정부기관과 기업에서는 내부 정보 시스템에 저장된 데이터뿐만 아니라 타사의 데이터, 인터넷 상의 데이터를 모두 통합하고 분석해 정책 또는 비즈니스 향상에 활용하려는 욕구를 갖게 됐다.

미국의 경우 국가 차원에서 빅데이터 기술 개발을 적극 지원하고 있다. 미 대통령 직속 과학기술정책실은 "빅데이터는 빅딜(Big Data is a Big Deal)"이라며 빅데이터 연구 및 개발 계획에 2억 달러를 투입한다고 발표했다.[39] 이를 통해 지식과 인사이트를 추출해 내는 능력을 향상시키는 것이 목적이라고 밝혔다. 미 국방부는 빅데이터를 활용해 스스로 인지하고 결정해 군사 행동을 수행하는 자율 시스템을 개발하고 있다. 미 국립보건원은 AWS(Amazon Web Services)를 통해 세계 최대의 유전자 변형 데이터 세트(200TB의 용량)를 무료로 공개한다고 발표하기도 했다.

빅데이터에 가장 많은 투자를 하고 있는 업체 중 하나는 IBM이다. IBM은 2009년 스마트 플래닛 전략을 발표하면서 일찍이 비즈니스 분석 및 최적화(BAO: Business Analytics and Optimization)를 강조하기 시작했다. 이후 IBM은 통계분석 솔루션 업체 SPSS, 데이터웨어하우스 업체 네티자(Netezza) 등 빅데이터 관련 업체 24개를 인수하는 데 무려 140억 달러를 투자했으며 8,000여 명의 빅데이터 컨설턴트를 확보해 빅데이터와 관련된 토털 서비스 제공에 나서고 있다.

스토리지 업체 EMC의 행보도 주목할 만하다. EMC는 "빅데이터가 비즈니스를 탈바꿈시킨다(Big Data Transforms Business)"라는 슬로건을 내세우며, IBM과 마찬가지로 지난 수년간 인수합병에 100억 달러 이상을 투자했다.

구글은 빅데이터 분야에서 가장 중요한 업체 중 하나다. 구글은 오래 전부터 온라인, 오프라인 할 것 없이 수많은 데이터를 모으고 있는 중이다. 구글은 검색 서비스를 위해 인터넷 상의 웹페이지를 수집하고 있을 뿐만 아니라, 지메일, 캘린더 등의 무료 서비스를 통해 사용자의 데이터를 모으고 있으며, 스트리트 뷰, 북스 라이브러리 프로젝트 등을 통해 오프라인의 데이터를 모으고, 구글+ 등을 통해 SNS의 데이터를 모으고, 안드로이드 기기를 통해 모바일 기기에서 발생하는 각종 데이터를 끌어모으고 있다.

즉, 사용자가 구글이 제공하는 서비스를 이용하기만 하면 구글의 클라우드에 데이터가 자동으로 쌓이는 구조다. 구글은 그렇게 모은 데이터를 각종 광고 사업에 활용해 수익을 창출하고 있다. 구글은 페이스북과 더불어 전 세계에서 가장 많은 데이터를 수집하는 업체 중 하나일 뿐만 아니라 가장 다양한 형태의 데이터를 수집하는 업체다.

세계 최대의 SNS인 페이스북은 그 자체로 클라우드이자 빅데이터 플랫폼이라고 볼 수 있다. 페이스북은 개인의 신상정보 및 관심사, 활동 내역 등의 각종 데이터를 인터넷뿐만 아니라 오프라인을 통해서도 수집하고 있으며 이를 소셜 광고에 활용해 수익을 창출하고 있다. 페이스북의 기업 가치는 바로 이러한 빅데이터로부터 나오는 것이다.

흥미로운 점은 페이스북이 내부 조직의 개선에도 빅데이터 기술을 적극 활용하고 있다는 점이다. 페이스북은 페이스북에 자사 임직원들이 올리는 글과 타임라인 등을 분석해 서로 커뮤니케이션이 활발한 직원들끼리 팀을 구성하도록 하는 등 조직 향상에도 빅데이터를 활용하고 있다.

빅데이터 플랫폼 하둡과 분석도구 R

지금까지 기업들은 주로 오라클, SQL서버 등의 상용 데이터베이스 시스템을 기반으로 비즈니스 애플리케이션을 구축해 운영해 왔다. 그리고 이를 위해 값비싼 하드웨어, 소프트웨어, 스토리지 비용을 지불해야 했다. 하지만 상용 데이터베이스 시스템은 확장성의 한계가 있는 데다 너무 고가였기에, 기업들은 방대한 원시 데이터에서 애플리케이션에 꼭 필요한 데이터만 저장하고 이용할 수밖에 없었다.

기존의 데이터베이스 시스템에서 데이터는 사전에 설정된 스키마(Schema, 데이터를 어떻게 사용할지를 정의한 데이터베이스의 논리 구조)에 근거해 분류 및 저장되었고, 중요한 데이터는 철저하게 관리됐지만, 그렇지 않은 데이터는 사실상 버려졌다. 모든 데이터를 저장하고 관리하기에는 막대한 비용이 필요할 뿐만 아니라, 또한 모든 데이터가 필요하지도 않았고, 그런 인식도 없었기 때문이다.

예를 들어 온라인 쇼핑몰을 생각해 보자. 고객이 구입한 상품 및 결제정보 등의 핵심 데이터는 데이터베이스 시스템에 저장되고 관리됐다. 하지만 고객이 어떤 검색어로 검색을 했는지, 상품을 구매할 때까지 다른 어떤 상품들을 클릭했는지, 어떤 상품을 장바구니에 넣었다가 삭제했는지, 어떤 상품 페이지에서 얼마나 오래 머물렀는지, 상품평을 얼마나 많이 보았는지 등의 고객 동선과 관련된 모든 데이터가 저장되지는 않았다. 업체의 필요에 따라 일부 데이터가 저장됐을 수는 있지만 그러한 경우에도 처리 성능과 저장 비용을 고려해 결정해야 했다.

더욱이 기업 내에서 모든 데이터가 통합적으로 관리되고 활용되지 못했다. 영업 부서, 마케팅 부서, 회계 부서에 따라, 또한 운영하는 개별 시스템에 따라 기업의 데이터는 파편화된 상태로 흩어져서 존재했다. 물론 지금까지 데이터를 통합하고 분석해 활용하려는 노력이 없었던 것은 아니다. 지난 수십 년간 기업들은 비즈니스 인텔리전스(BI: Business Intelligence), 데이터 웨어하우스(DW: Data Warehouse), 데이터 마이닝(DM: Data Mining) 등과 같이 데이터를 좀 더 효과적으로 활용하는 기술에 적지 않은 IT 예산을 투입해 왔다. 그렇지만 기업들은 기술적 제약 및 고가의 투자 비용으로 인해 제한적 성과에

만족해야 했다.

최근에는 웹의 확산, 모바일 기기의 확산, 소셜미디어의 확산 등 IT 환경의 변화로 인해 데이터가 폭발적으로 증가하고 있으며, 그것이 기업의 경영 환경에도 큰 영향을 미치고 있다. 내부의 정보시스템에서 발생하는 데이터의 양이 크게 늘어났을 뿐만 아니라 외부의 데이터를 활용하려는 욕구도 점차 커지고 있는 상황이다. 하지만 기업이 폭발적으로 늘어나는 데이터를 기존의 데이터베이스 시스템과 기존의 스토리지 장비를 이용해서 저장하는 것은 사실상 불가능하다고 볼 수 있다. 무엇보다 비용이 엄청나게 들기 때문이다.

그런 상황에서 비용이 저렴하면서도 성능이 뛰어난 빅데이터 기술, 예컨대 하둡(Hadoop)과 같은 기술이 등장하게 됐다. 하둡은 대량의 데이터를 여러 컴퓨터에 분산시켜 처리한 뒤 하나로 합칠 수 있는 소프트웨어로, 빅데이터 처리를 위한 기반형 플랫폼이다. 하둡을 이용하면 500GB의 데이터를 59초 만에, 100TB를 173분 만에 처리할 수 있는데, 처리 시간은 계속 단축되고 있다. 개인 사용자가 일반적으로 사용하는 하드디스크가 대개 1~5TB의 용량이므로, 단지 데이터만으로 100TB를 채운다고 할 때 그것이 얼마나 엄청난 대용량인지 가늠할 수 있을 것이다.

오픈소스 기반의 'R'은 빅데이터 분야에서 사용되는 핵심적인 도구로, 데이터 분석을 위한 프로그래밍 언어이자 개발환경이다. 빅데이터에서 가치를 도출하기 위해서는 다양한 방식으로 유연하게 접근할 수 있어야 하는데, R은 현존하는 도구들 중에서 가장 유연한 접

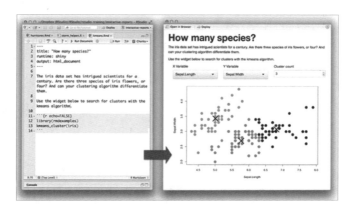

R 기반의 통합개발환경, R스튜디오[40]

근 방식을 제공해 주는 것으로 알려져 있다.

R은 미국 벨연구소에서 개발한 프로그래밍 언어 'S'를 모태로 하고 있으며 데이터, 분석함수, 분석결과 등을 모두 객체로 인지해 분석할 수 있는 객체지향 프로그래밍을 제공한다. R을 이용하면 기본적인 통계 분석부터 모델링, 데이터 마이닝, 시뮬레이션, 수치 해석 등의 다양한 분석을 할 수 있으며 그 결과를 그래픽 등으로 시각화해 표현할 수도 있다.

그간 R은 대학, 연구소를 중심으로 인지도를 넓혀 왔으며 최근에 하둡 환경에서 사용할 수 있게 되면서 기업, 공공부문 등의 빅데이터 분석도구로도 인기를 끌고 있다. R을 기본적인 분석도구로 활용하거나 제품에 포함시키고 있는 기업으로 구글, 페이스북, 아마존, 야후, IBM, 오라클, SAP 등을 꼽을 수 있다.

R은 오픈소스라서 무료인 데다 빅데이터 처리에 유리하고 각종 API를 제공해 다른 시스템과의 연동도 용이하다. 이러한 R이 가진 장점으로 인해 미국, 유럽 등에서는 고가의 분석도구인 SAS를 대체할 정도로 인기를 끌고 있는 상황이다.

하둡 및 R과 같은 혁신적이면서도 저렴한 빅데이터 기술의 등장으로 빅데이터 활용의 기술적, 비용적 난관이 극복됐다. 이를 통해 빅데이터 인프라를 구축하게 되면 원시 데이터를 군이 필터링할 필요 없이 모두 저장할 수 있다. 어떤 데이터가 더 중요하고 가치가 있는지는 분석 과정을 통해 발견될 것이며, 그전까지 모든 데이터는 동등한 가치를 가졌다는 전제하에 차별받지 않고 모두 저장된다. 이를 '데이터 민주주의'라고 표현할 수도 있을 것이다.

데이터 사이언티스트를 통해 비즈니스 가치 창출하기

데이터는 이제 새로운 자원으로 인식되고 있다. 기업들은 단순히 지난 분기나 연도별 실적을 알고 싶어 하는 것이 아니라, 고객들의 행동 패턴과 그런 결과가 나타난 원인을 파악하고 미래를 예측하길 원한다.

예를 들어 빅데이터를 이용하는 신용카드사는 소셜미디어의 데이터와 자사 고객들의 거래 데이터를 동시에 분석해 한 달 뒤에 인기를 끌 상품을 예측한 후 쇼핑몰 업체와 함께 프로모션을 기획할 수 있을 것이다. 방송사라면 자사의 데이터와 소셜미디어의 데이터, 유통업체의 데이터를 동시에 분석해 방송 송출 후 PPL 제품에 대한 소비자 반응과 판매 추이를 분석하고 이를 광고주에게 제공해 더 많은 수익을 올릴 수도 있다. 빅데이터의 용도는 각각의 산업 및 비즈니스 특성에 따라 다 다를 수 있으므로 자사에 적합한 방법을 찾는 것이 중요하다.

기업은 방대한 데이터 속에서 경쟁업체보다 더 유용한 비즈니스 인사이트를 도출해 내기를 원하는데, 그 결과가 그저 데이터 분석도구를 사용한다고 해서 저절로 얻어지는 것은 아니다. 누구든지 데이터를 분석하고 성과를 낼 수 있다고 믿는다면 그것은 순진한 생각이다.

빅데이터에 대한 고도의 전문적인 분석을 수행하고 가치를 창출하기 위해서는 '데이터 사이언티스트(Data Scientist, 데이터 과학자)'라는 전문가가 반드시 필요하다. IBM은 '데이터 사이언티스트란 대용량 데이터를 분석해 실제 비즈니스 활동에 담긴 트렌드를 찾아내는 사람'이라고 정의하고 있다. EMC는 '데이터 분석 및 모델링 기술을 사용해 방대한 양의 데이터로부터 통찰력 있는 결론을 도출해 내는 사람'이라고 정의하고 있다.

뛰어난 데이터 사이언티스트는 (1)통계학·수학·모델링 지식, (2)

컴퓨터공학 지식, (3)비즈니스에 대한 지식을 바탕으로 데이터를 분석하고 가치를 창출한다. 복잡한 계산을 하기 위해 통계학 및 수학적 지식이 필요하고, 다양한 형태의 모델을 구성하기 위해 모델링 지식이 필요하며, IT 자원을 전문적으로 활용하기 위해 컴퓨터공학 지식이 필요하고, 비즈니스에 대한 가설을 세우기 위해 해당 분야에 대한 지식이 필요하다. 또한 최종 사용자와 경영진에게 명확한 질문을 함으로써 그들의 의견을 이끌어 낼 수 있는 커뮤니케이션 능력도 갖추고 있어야 한다. 그리고 데이터 분석 결과를 최종 사용자와 경영진이 쉽게 이해할 수 있도록 시각화(Visualization)하는 능력도 필요하다.

데이터 사이언티스트는 이외에도 분석 분야에 대한 지식을 갖추어야 하는데, 그 이유는 기업이 분석 대상으로 삼는 데이터에는 웹로그, 인터넷 상의 텍스트와 문서, 사진, 동영상, 전자상거래 기록, 각종 소셜미디어 데이터, 음성통화 및 문자 기록, 의료 기록, 천문학·유전학·생화학·생물학 등의 학문적 연구 기록 등 다양한 분야의 데이터가 포함될 수 있기 때문이다. 대규모의 다양한 데이터 속에서 사람들의 행동 패턴을 찾아내거나 잠재적으로 발생할 수 있는 위험 요인 등을 찾아내기 위해서는 기본적으로 각각의 데이터가 가진 특성을 이해할 수 있는 역량이 필요하며, 관련 분야의 지식과 경험을 바탕으로 데이터를 분석한 후 그 결과를 해석하고 가치를 창출할 수 있어야 한다.

결국 데이터 사이언티스트는 데이터를 의미 있는 정보로 바꾸는 사람이며, 데이터와 최종 사용자 사이에서 일종의 가교 역할을 하는 사람이다. 물론 한 사람이 기술, 비즈니스, 커뮤니케이션 등 다양한 역량을 모두 완전하게 갖추는 것은 몹시 어려운 일이다. 그렇기 때문에 각자의 전문성을 발휘하면서 공동으로 일할 수 있는 팀을 꾸려 협업을 통해 원하는 결과를 얻는 것도 하나의 현실적인 방법이라고 볼 수 있다.

데이터 사이언티스트의 중요성에 대해서는 이미 많은 기업들이 공감하고 있다. 데이터 사이언티스트를 활발하게 채용하고 있는 업체로 구글, 페이스북, 스텀블어폰(StumbleUpon), 페이팔 등을 꼽을 수 있다.[41] 데이터 사이언티스트에게 요구되는 역량이나 역할 범위가 넓기 때문에 각각의 업체들은 자사의 사업 특성에 맞도록 데이터 사이언티스트의 역할을 정의하고 그에 맞는 전문가를 확보하기 위해 노력하고 있다.

구글의 데이터 사이언티스트는 구글의 광고 사업과 관련된 데이터를 측정하고 개선하는 것을 돕고, 다양한 배경을 가진 팀과 협력해 포괄적인 문제들을 해결한다. 이를 위해 구글의 데이터 사이언티스트는 통계 및 모델링 기법을 이용해 사용자 행동 패턴을 연구하면서 광고 품질을 측정하고 개선하는 과제를 수행한다.

페이스북의 데이터 사이언티스트는 대용량의 다양한 데이터를 이용해 고난이도의 해답을 찾는다. 이를 위해 복잡한 고차원 분석을 수행하는 데 R, SAS, MATLAB 등의 데이터 분석도구를 사용한다.

스텀블어폰은 사용자의 기호 정보(Taste Information)에 따라 관심사를 자동으로 판단해 사이트를 추천해 주는 서비스로 해외에서 인기를 끌고 있다(한국에서의 접속은 막혀 있다). 스텀블어폰의 데이터 사이언티스트는 5,000만 개 이상의 웹사이트와 그에 대한 150억 건의 점수 및 평가 기록 데이터를 분석해 흥미로운 행동 패턴을 발견하는 업무를 수행한다.

페이팔의 데이터 사이언티스트는 인터넷 상거래에서의 소비 패턴을 분석해 거래 추이를 예측하고, 거래에서 발생하는 사기 범죄를 탐지하기 위해 고도의 분석을 수행하고 있다. 그런데 데이터 분석력과 함께 컴퓨터공학 지식, 비즈니스 지식 등의 역량을 모두 갖춘 사람을 찾는 것이 쉽지 않기 때문에 페이팔은 팀을 구성해 그러한 업무를 처리하고 있다.

빅데이터 시장의 전망과 리스크

빅데이터에서는 다양한 유형의 데이터를 수집하는 것이 중요한 경쟁력이며, 사물인터넷 시대가 다가올수록 빅데이터는 점점 더 중요한 기술이 될 것이다. 왜냐하면 디바이스와 그 디바이스가 취급하는 데이터 사이에는 높은 연관성이 있기 때문에, 데이터의 다양화를 위해서는 데이터를 수집하는 소스가 많으면 많을수록 좋기 때문이다.

데이터의 가치가 계속 증대됨에 따라 향후 빅데이터 시장에서는 업체들 간에 데이터를 거래하는 데이터 마켓플레이스가 주목받게 될 것으로 전망된다. 즉, 이는 데이터의 오픈마켓이며 매개형 플랫폼이다. 어떤 데이터를 낮은 비용으로 획득할 수 있는 업체와 그 데이터를 효과적으로 이용할 수 있는 업체가 반드시 일치하지는 않는다. 이미 시장에는 데이터의 판매자와 구매자가 만나 거래할 수 있는 데이터 마켓플레이스가 등장하기 시작했는데, 아직 거래가 활발하다고 보기는 어렵지만 미래에는 데이터 거래가 보다 활성화될 것으로 전망된다.

데이터에서 가치를 찾아내 경쟁에서 앞서 나가려는 기업들의 욕

마이크로소프트의 애저마켓플레이스(Azure Marketplace)에서는 클라우드 애플리케이션뿐만 아니라 데이터도 사고 팔 수 있다.[42]

구가 빅데이터 시장을 성장시키는 강력한 동인으로 작용하고 있다. 그런데 빅데이터는 하드웨어, 소프트웨어, 서비스가 모두 절묘하게 융합돼야만 성과를 낼 수 있을 정도로 고난이도의 역량을 필요로 한다. 빅데이터는 예술로 치자면 종합예술에 가깝다. 수많은 기술들이 사용될 뿐만 아니라 각각의 기술적 깊이도 상당하며 그것들을 조화롭게 사용해야 한다.

그런 이유로 시장조사 업체 가트너(Gartner)는 포춘 500대 기업의 85퍼센트 이상이 빅데이터를 경쟁우위 확보에 활용하는 데 실패할 것으로 예측하기도 했다.[43] 즉, 빅데이터를 도입하는 기업이 많을지라도 이를 제대로 활용해 유의미한 성과를 내는 기업은 적을 것이라는 뜻이다.

빅데이터를 제대로 활용해 성과를 내기 위해서는 빅데이터에 적합한 IT 인프라와 조직문화를 갖추고 있어야 한다. 정보시스템조차 겨우 운용하고 있는 기업이 빅데이터로 성과를 낼 리 만무하다. 무엇보다 조직 구성원들이 빅데이터를 활용할 수 있는 역량을 갖춰야 하고 이를 장려하는 문화가 있어야 한다.

만일 그러한 환경이 제대로 조성되지 못한 상황에서 급히 최신 빅데이터 기술을 도입해 봤자, 비즈니스에는 별반 도움이 되지 못한 채 투자 비용만 날릴 가능성이 크다.

PART 04

플랫폼은 계속 추가된다,
차세대 플랫폼

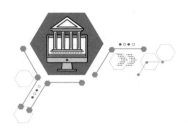

사물인터넷(IoT)으로
수렴되는 기술과 비즈니스

집에 있는 작은 기기가 기온, 습도, 기압 등의 날씨 변화를 자동으로 측정하여 스마트폰으로 알려 준다. 여기까지만 보면, 아마도 당신은 기존에 오픈마켓에서 흔하게 구할 수 있는 온도 측정기가 네트워크 기능을 갖추게 됐다고 생각할 것이다. 조금 더 나아가 보자. 사용자는 이 기기를 통해 단지 날씨 정보를 얻는 데 그치지 않고, 다른 사용자와 날씨 정보를 공유할 수도 있다.

자동 측정된 날씨 정보와 함께 "지금 제가 살고 있는 봉천동에 비가 엄청 내리고 있어요"라는 식으로 사진이나 글도 올릴 수 있다. 사용자가 날씨를 소셜 오브젝트 삼아 다른 사용자와 소셜 네트워킹을 할 수 있는 것이다. 서비스 제공 업체는 전국 각지에서 취합한 날씨 데이터를 분석해 날씨 예보의 정확도를 높일 수 있다.

일본의 웨더뉴스(Weathernews)는 이와 같은 기능을 제공하는, 40

일본 웨더뉴스의 날씨 정보 센서[1]

그램에 불과한 날씨 정보 센서 WxBeacon을 보급한다고 밝혔다. 이를 통해 사용자들은 다른 사용자의 날씨 정보를 실시간으로 확인할 수 있다. 지금까지 정확히 알 수 없었던 동네의 날씨 정보까지 상세히 파악할 수 있게 된 것이다.

수년 전부터 차세대 IT 비즈니스로 사물인터넷(IoT: Internet of Things)이 큰 주목을 받고 있다. 스마트폰, 태블릿 등의 모바일 기기가 대중화되고 스마트워치, 스마트글래스, 스마트카 등으로 '스마트화'의 대상이 계속 확대되는 가운데, 이제 인류는 보다 시야를 넓혀 각종 사물들이 인터넷에 연결되고 스마트화되는 세상을 갈망하게 됐다.

이와 관련해 한동안 업계에서는 M2M(Machine to Machine)이라는 용어를 주로 사용했으나, 이제는 IoT라는 용어가 보다 많이 쓰이고 있다. M2M·IoT라고 묶어서 표기하기도 한다. 그런데 M2M과 IoT는 그 의미에 있어서 미묘한 차이가 있다. M2M은 용어 그대로, 사람의 개입이 전혀 없거나 최소화된 상태에서 기계 간에 커뮤니케이션이 이뤄지고 작동하는 것을 뜻한다. M2M은 주로 기업 주도의 시스템 구축 시 쓰이는 용어다. 예를 들어 "세대별로 음식물 쓰레기의 무게를 측정해 수거할 수 있는 M2M 시스템을 구축했다"라는 식이다.

반면에 IoT는 M2M보다 더 포괄적인 개념이다. M2M 개념은 물론이고, 기계가 아닌 사물과 사물의 연결, 그리고 사람과 사물의 연결까지 포함하는 개념이다.

그렇다면 왜 사물인터넷일까? 기존의 인터넷 망을 '사람의 인터넷(Internet of People)'이라고 한다면, 그것이 사물로 확장된 것을 '사물의 인터넷(Internet of Things)'이라 할 수 있을 것이다. 이는 사람과 마찬가지로 사물 또한 커뮤니케이션의 주체가 되는 것으로서, 사물과 사물이 연결될 뿐만 아니라 사물과 사람이 연결되는 인터넷을 뜻한다. 세상의 각종 사물들이 스마트해진다는 의미에서 '스마트 오브젝트(Smart Objects)' 또는 '스마트 에브리싱(Smart Everything)'이라고 표현하기도 한다.

사물인터넷은 지구상의 모든 사물을 대상으로 한다. 사람들이 주머니에 넣고 다니는 스마트폰부터 시작해, 신체에 착용하는 안경과 시계, 가정 및 사무실에 존재하는 각종 사물들, 자동차, 그리고 나아가서는 거리에 존재하는 사물들까지 모두 포함한다. 이처럼 사물인터넷이 대상으로 삼는 사물의 종류가 엄청나게 다양하기 때문에 다루어야 할 범위 또한 방대할 수밖에 없다. 스마트폰 시장이 포화 상태에 이르면서 업계에서는 사물인터넷을 유망한 차세대 비즈니스로 보고 있지만, 현재의 수준은 여전히 초기 단계에 불과하다.

다양한 디바이스와 애플리케이션이 구동되는 M2M·IoT의 특성상, 애플리케이션의 개발환경이자 실행환경으로서 기반형 플랫폼이 중요할 수밖에 없다. 그렇기 때문에 많은 기업들이 M2M·IoT 플랫폼에 눈독을 들이고 있다. 플랫폼을 성공시키는 것이 쉽지는 않겠지만, 만일 성공한다면 시장에서 상당한 영향력을 행사할 수 있기 때문이다.

M2M 비즈니스에 특히 관심을 보이고 있는 업체는 통신사들이다. 통신 사업의 수익성이 날로 저하됨에 따라 국내외 통신사들은 탈통신 전략을 내세우고 있는데, 통신사들은 가장 적합한 사업 중 하나로 M2M을 꼽고 있다. 그런 이유로 통신사들은 지난 몇 년간 M2M 비즈니스에 큰 관심을 갖고 지속적으로 투자해 왔다. 여러 국내외 통신사들은 자체적으로 M2M 플랫폼을 확보하거나 전문 업체와 제휴를 맺고 사례 발굴에 힘쓰고 있는 상황이다.

글로벌 통신사 중 영국의 보다폰(Vodafone)은 자체적으로 M2M 플랫폼을 확보하고 있으며, 미국의 버라이즌(Verizon), 그리고 퀄컴(Qualcomm)이 인수한 M2M 전문 업체인 엔페이즈(nPhase)와도 함께 사업을 추진하고 있다. 이러한 보다폰 주도의 M2M 사업은 유럽과 미국의 대형 통신사가 함께한다는 점에서 주목을 받았다. 특히 보다폰은 산업용 M2M에서 상당한 경쟁력을 갖춘 것으로 평가받고 있다.

미국의 한 IT 컨설팅 업체가 평가한 바에 따르면, 보다폰은 4년 연속 세계 최상의 M2M 서비스를 제공하는 통신사로 선정됐다.[2]

도이치 텔레콤(Deutsche Telecom), 프랑스 텔레콤(France Telecom) 등 유럽의 주요 통신사들은 M2M 얼라이언스(Alliance)라는 협의체를 출범시켰다. 텔레포니카(Telefonica), NTT 도코모(Docomo) 등의 통신사들은 서로 제휴를 맺고서 M2M 전문 업체인 재스퍼와이어리스 (Jasper Wireless)의 M2M 플랫폼을 기반으로 사업을 추진하기로 결정한 바 있다. M2M·IoT 국제 표준화를 위한 협의체인 oneM2M에는 국내 기업들도 참여하고 있다.

사물인터넷 시장의 개척자들

유명 물류업체 페덱스(FedEx)가 개발한 센스어웨어(SenseAware)는 센서를 통해 배송의 전 과정을 연속적으로 관리할 수 있다. 배송하려는 물품에 센스어웨어 기기를 부착하거나 박스에 넣어 배송함으로써 빛, 온도, 제품 위치 등의 정보를 추적하고 기록하며, 물류망과 통합하여 문제 발생 지점이나 물류의 비효율 등을 파악할 수 있다. 예를 들어 물품이 선적지에 오래 방치됐거나 부패되기 쉬운 상황에 놓였다는 사실 등을 감지할 수 있는 것이다.

디지털 헬스케어 업체 위딩스(Withings)는 와이파이를 내장한 스마트 체중계를 통해 사용자의 체지방량, 근육량, 체질량지수(BMI) 등을 자동으로 저장하고, 스마트폰의 앱을 통해 확인할 수 있는 서비스를 제공한다. 이를 통해 체중의 변화 이력을 간편하게 파악함으로써 건강관리 또는 다이어트 등에 도움을 줄 수 있다. 또한 위딩스는 아기의 성장 및 건강관리에 도움이 되는 아기 전용 체중계(Smart Kids Scale)도 발표했다.

물론 이러한 스마트 체중계가 그리 대단하지 않다고 생각할 수도 있다. 하지만 이러한 간단하고도 쓸모 있는 기기야말로 사물인터넷 시장의 개척자라 할 수 있다. IT 업계에서는 대단하고 비싼 제품을 보급하려다 아무 성과도 이루지 못하는 경우를 종종 볼 수 있다. 시장 개척을 위해서는, 다르게 말해 소비자에게 침투하기 위해서는, 적당히 쓸모 있고 저렴한 제품이 필요하다. 체중계야말로 그에 부합하는 제품이다.

이런 원리를 알고 잘 활용하고 있는 기업이 바로 샤오미다. 이미 LG전자를 물리치고 글로벌 톱5 스마트폰 제조사로 등극한 샤오미는 스마트폰 외에도 체중계, 공기청정기, CCTV, 스피커 등 잡다한 제품들을 출시해 소비자들에게 상당한 호응을 얻고 있다. 샤오미의 스마트 체중계는 기존 대기업 제품에 비해 약 5분의 1 가격에 불과하다.

샤오미의 전략은 명확하다. 경쟁 제품에 비해 고급스러운 디자인에다 단출하지만 필수적인 기능만 탑재하고, 그로 인한 원가 절감을 통해 소비자들이 혹할 만한 저렴한 가격에 제품을 판매하는 것이다. 이에 소비자들은 열광하고 있다. 샤오미는 사물인터넷 시대에 영리하게 대비하고 있는 기업이며 그 행보를 주시할 필요가 있다.

디지털 헬스케어 업체 프로테우스 디지털헬스(Proteus Digital Health)가 개발한 헬리어스(Helius)와 같은 스마트알약(Smart Pill)은 앞으로 의료 분야의 패러다임을 크게 바꿀 것으로 전망된다.

헬리어스의 작동 방식은 다음과 같다. 쌀알 크기의 알약이 환자의 위에 도달하면 위액에 반응한 후 어깨에 붙인 패치형 수신기로 데이터를 전송하고 스마트폰에서 이를 다시 전달받아 환자의 상태를 파악할 수 있다. 담당 의사는 원격에서 해당 내용을 확인한 후 적절한 처방을 내릴 수 있고, 환자의 가족 또한 원격에서 환자의 상태를 파악할 수 있다. 단지 환자의 상태를 확인하는 수준을 넘어서, 환자의 건강 패턴을 파악하고 적절한 조치를 취할 수 있도록 도와주는 서비스도 함께 제공한다. 이를 통해 진정한 의미의 개인화된 실시간 원격 의료 서비스가 가능해지는 것이다. 프로테우스 디지털헬스는 헬스케어 분야에서 크게 주목받고 있는 업체로, 이미 여러 투자자로부터 3억 달러가 넘는 자금을 유치한 상태다.

사물인터넷 기술을 도입함으로써 비즈니스 측면에서 실질적으로 성과를 내고 있을 뿐만 아니라 환경보호에도 상당한 도움이 되는 사례도 있다. 빅벨리솔라(BigBelly Solar)의 솔루션은 쓰레기통을 원격으로 제어할 수 있는 시스템을 구축함으로써 운영비를 무려 80퍼센트 이상 절감할 수 있도록 해 준다.

빅벨리솔라의 스마트쓰레기통은 태양광으로 전력을 생산해 압축기를 구동시킨다. 사물인터넷 환경에서는 사물이 전력을 공급받기 어려운 위치에 놓여 있는 경우가 많은데, 그럴 경우에는 대부분 태양광으로 자체 전력을 생산해 구동한다. 이와 같은 이유로 태양광과 같은 재생가능 에너지(Renewable Energy)는 사물인터넷과 깊은 연관성을 맺고 있다. 재생가능 에너지란 자연 상태에서 만들어지는 에너지를 의미하는데, 태양 에너지를 비롯해 풍력, 수력, 조력, 지열, 바이오매스(Biomass, 생물연료로 나무, 동물의 배설물, 유기물 쓰레기로부터 얻는 액체 연료 등을 의미한다) 등이 이에 해당된다.

　빅벨리솔라의 스마트쓰레기통은 쓰레기가 차면 압축기로 압축을 하는데, 압축기를 사용하지 않을 때에 비해 쓰레기의 부피를 대략 5분의 1가량 줄일 수 있다. 그리고 더 이상 압축할 수 없을 정도로 쓰레기가 꽉 찼을 때 차량이 방문해 쓰레기를 수거한다. 이처럼 빅벨리솔라의 스마트쓰레기통은 쓰레기를 수거하는 데 필요한 노동력

프로테우스 디지털헬스의 스마트알약[3]

캘리포니아 샌타바버라 대학교에 설치된
스마트쓰레기통[4]

과 인건비를 줄일 뿐만 아니라, 쓰레기 운송 차량의 사용 빈도를 줄여 이산화탄소 배출까지 절감할 수 있어 환경보호 측면에서도 모범적인 사례로 평가받고 있다. 국내에서도 이를 모방한 제품이 등장한 상태다.

빅벨리솔라가 만든 스마트쓰레기통의 설치 지역은 미국 전역과 캐나다, 유럽, 호주 등으로 계속 확대되고 있다. 빅벨리솔라의 스마트쓰레기통은 사물인터넷의 비즈니스적 가치와 친환경적 가치를 동시에 충족시킨다는 측면에서 사물인터넷이 지향해야 할 방향을 보여 주는 바람직한 사례다.

사물인터넷 플랫폼으로서의 아두이노

아두이노(Arduino)는 최근 업계에서 주목하고 있는 오픈소스 하드웨어 플랫폼이다. 2005년 이탈리아의 이브레아 디자인 인스티튜트(Design Institute of Ivrea)에서 시작된 아두이노는 전자공학, 컴퓨터 등의 하드웨어에 대한 지식이 없더라도 손쉽게 전자기계장치를 제어할 수 있도록 하기 위한 목적으로 만들어졌다. 아두이노는 이탈리아어로 '강력한 친구'라는 뜻이다.

아두이노는 작은 보드와 개발도구로 구성돼 있으며, 프로그래밍이 가능한 마이크로 컨트롤러와 확장핀, USB포트 등의 각종 컴포넌트를 갖추고 있다. 아두이노는 사실상 작은 컴퓨터다. 아두이노 보

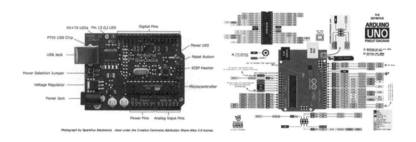

아두이노 보드와 공개된 회로도[5]

드에 장착된 마이크로 컨트롤러와 메모리, 센서를 제어하는 프로그 래밍을 통해 PC 같은 기기 없이도 아두이노만으로 작동하는 기기를 구현할 수 있다. 공식 아두이노 보드를 구매할 경우 기본 모델인 아 두이노 우노(Arduino Uno)의 현지 가격은 20유로(약 2만 6,000원)이며, 컴포넌트의 종류에 따라 다양한 모델과 가격대가 존재한다.

아두이노는 하드웨어와 소프트웨어에 대한 지식이 많지 않더라 도 비교적 손쉽게 결과물을 제작할 수 있는 데다 오픈소스 커뮤니티 를 통해 활발한 정보 공유가 이뤄지고 있어 타인의 도움을 받는 것 도 어렵지 않다. 풀뿌리 민주주의라는 말에서 차용하자면, 아두이노 는 사물인터넷의 풀뿌리 플랫폼이라고 할 수 있을 것이다.

아두이노는 범용적인 하드웨어 보드와 더불어 소프트웨어 개발 도구로 구성된다. 아두이노 보드를 제어하기 위해서는 그에 맞는 소 프트웨어를 개발해 탑재해야 하는데, 이를 위해 통합개발환경(IDE:

Integrated Development Environment) 기반의 개발도구도 제공하고 있다.

특히 아두이노는 센서 조작이 손쉬운 편이라서 디지털 및 아날로그 신호를 기반으로 주변 환경과 상호작용하는 기기를 만들기에 좋다. 아두이노는 전 세계적으로 수많은 엔지니어, 디자이너, 예술가, 학생들에게 큰 관심을 얻고 있다. 그렇지만 사실, 아두이노의 하드웨어나 소프트웨어가 특별히 뛰어나다고 보긴 힘들다. 기존에 존재하던 기술들을 잘 조합하여 저렴하게 내놓은 것뿐이다. 하지만 제품 출시의 타이밍이 적절했고, 누구든지 이용할 수 있을 만큼 간단하고, 게다가 모든 내용을 오픈소스로 공개해 높은 접근성을 제공했다는 점이 핵심적인 성공 요인으로 작용했다고 볼 수 있다.

아두이노는 그 응용 범위가 상당히 넓어 로봇, 가전, 미디어 아트, 환경, 상용 제품, 기타 각종 기계전자장치 및 사물인터넷 등 다양한 분야에서 활용되고 있다.

아두이노가 환경 분야에 사용된 사례로 스마트우산(Sensing Umbrella)을 꼽을 수 있다. 우산에 장착된 센서들을 통해 해당 지역의 공기 오염도를 측정하고, 각각의 우산에서 취합된 환경 데이터를 분석해서 활용할 수 있다.

아두이노를 기반으로 만들어진 태양광 모니터링 시스템인 아다솔(ArdaSol)은 취합된 태양광의 양과 실제 에너지 소비량을 계산해서 표시해 주고, 에너지가 더 많이 생산돼 그리드(Grid)로 보내지고 있는지 또는 그리드로부터 에너지를 끌어다 쓰고 있는지 등을 수치로 표시해 준다. 그리드란 전기 배급망을 일컫는 업계 용어.

아두이노는 예술 분야에서도 활용되고 있다. 일렉트로닉 트레이스(Electronic Traces)는 발레리나 슈즈의 움직임과 압력을 파악해 그것을 모바일 앱에 그래픽으로 표현해 준다. 아두이노 보드는 기본 모델 외에도 특정 기능을 가감하거나 크기를 작게 축소하는 등 다양한 모델이 존재하는데, 해당 프로젝트에서는 웨어러블 기기에 적합한 소형의 릴리패드 아두이노(LilyPad Arduino)가 사용됐다.

미국 캘리포니아예술대학(CalArts)이 주최한 디지털 예술과 기술 엑스포(Digital Arts and Technology Expo)에서는 아두이노를 이용해 만든 '입는 인터페이스(Wearable Interface)'가 공개됐다. 이것을 이용하면 춤을 추면서 손가락을 흔드는 것만으로 연주를 할 수 있다. 또한 색소

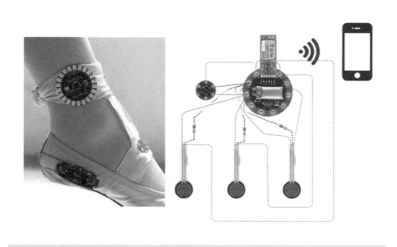

아두이노를 활용한 일렉트로닉 트레이스[6]

폰을 연주할 때 6개의 가속도 센서를 통해 손가락의 미묘한 움직임을 감지한 후 해당 데이터를 컴퓨터로 전송하고, 이를 통해 실제 연주가가 어떻게 연주하는지 분석할 수 있는 기기도 소개됐다. 이처럼 아두이노는 예술을 향상시키거나 새로운 종류의 예술을 만들어 낼 수 있어서, 아두이노에 관심을 갖는 예술가도 늘고 있는 추세다.

아두이노는 수익을 창출하기 위한 상용 제품에도 활용되고 있다. 미국에서 출시된 라키트론(Lockitron)은 디지털 도어락을 확장한 제품으로, 스마트폰을 이용해 원격으로 출입문을 여닫을 수 있는 기능을 제공한다. 무엇보다 라키트론은 제품에 소셜 네트워크적인 개념을 적용해 전화번호나 이메일로 초대한 가족이나 친구들이 출입문을 열고 들어갈 수 있도록 해 주며, 방문자 정보를 집주인에게 전달해 주는 기능도 갖고 있다. 라키트론은 아두이노와 호환되는 마이크로프로세서를 탑재해 라키트론과 연동되는 애플리케이션의 개발이 용이하도록 되어 있다.

아두이노가 상당한 인기를 얻음에 따라, 이를 자사의 비즈니스에 적극 이용하려는 기업들도 늘고 있다. 구글은 구글 I/O 행사장에 수백여 개에 달하는 아두이노 기반의 기기를 설치해 행사장의 온도, 습도, 공기 상태, 소음, 밝기 등의 환경 정보뿐만 아니라 사람들의 발자국을 감지해 참가자의 이동 경로를 파악하는 등 각종 정보를 실시간으로 수집하고 분석했다.

PC 분야와 달리 모바일과 임베디드 분야에서 어려움을 겪고 있는 인텔은 아두이노와의 제휴를 발표했다. 인텔은 아두이노와 호환성을 갖는 갈릴레오(Galileo), 에디슨(Edison) 보드를 출시했는데, 이를 장난감부터 산업용까지 다양한 용도로 활용할 수 있다고 밝혔다. 삼성전자도 아두이노와 호환되는 아틱(Artik)을 출시했다.

　장난감 회사 레고의 경우에는 미국과 캐나다의 여러 지역에서 아두이노와 자사의 제품을 연계한 로봇 과정을 진행하고 있다. 로봇은 학생을 비롯해 성인도 많은 흥미를 느끼는 분야인 데다 앞으로 커다란 시장을 창출할 것으로 예상되기 때문에, 레고는 로봇 시장에 특히 주목하고 있는 상황이다. 레고의 로봇 과정은 교육 연령대에 따라 6~12세의 어린이 프로그램, 12~18세의 청소년 프로그램, 성인 프로그램 등으로 구성돼 있다. 레고는 로봇 과정을 통해 자연스럽게 자사의 브랜드 가치를 높이면서 사람들이 과학기술에 빠져들 수 있는 기회를 제공하고 있다. 이러한 레고의 전략은 기업의 수익 증대뿐만 아니라 과학기술의 대중적 확산이라는 측면에서도 의미가 있다. 인터넷에는 아두이노와 레고를 조합해 만든 다양한 로봇들이 공개돼 있다.

　레고와 아두이노를 융합한 제품을 만든 스타트업도 등장했다. 마이크로두이노 스튜디오(Microduino Studio)가 만든 엠쿠키(mCookie)는 아두이노를 작은 크기로 만들어 레고 블록화한 것이다. 엠쿠키는 아두이노와 100퍼센트 호환되며 레고 블록과도 호환된다. 엠쿠키에는 자석이 장착되어 있는 데다 레고 블록에 간단히 끼워서 조립할 수 있어, 보드에 납땜을 하는 식의 복잡한 과정을 거치지 않아도 되기 때문에 아이부터 어른까지 메이커, 디자이너, 엔지니어, 학생 등

엠쿠키와 레고 블럭으로 만든 날씨 측정기[7]

누구든지 손쉽게 다양한 디지털 창작물을 만들 수 있다. 그런 점에서 엠쿠키는 대중을 위한 기반형 플랫폼이다.

자동차 회사 포드는 스마트카를 위한 차량용 하드웨어와 소프트웨어를 만들 수 있는 오픈소스 기반의 오픈XC(OpenXC) 플랫폼을 선보였다. 이를 이용하면 차량용 애플리케이션과 하드웨어 모듈을 만들 수 있다. 오픈XC는 아두이노와 안드로이드를 기반으로 하는데, 차량용 인터페이스를 차량 내부에 꽂으면 주행 속도, 가속, 브레이크 등 차량의 각종 데이터를 실시간으로 파악해 스마트폰이나 태블릿으로 전송할 수 있으며, 이를 이용한 애플리케이션을 만들어 구동할 수도 있다. 오픈XC가 당장의 상업적인 가치를 만들어 내는 것은 아닐지라도, 차량을 개방형 플랫폼으로 보고 이를 기반으로 누구든지 손쉽게 하드웨어와 소프트웨어를 만들 수 있도록 했다는 점에서 의미가 있다.

빅뱅을 기다리는 사물인터넷 시장

현재의 사물인터넷 시장은 초기 단계에 불과하다. 그러나 사물인터넷이 차세대 기술 및 비즈니스라는 점에 있어서는 의심할 여지가 없다. 앞으로 점차 단편적인 분야에서 성공 사례가 등장하면서 어느 시점에 이르러서는 가히 빅뱅이라고 할 만한 시장의 성장이 이뤄질 것으로 전망된다. 여기에 향후 사물인터넷 시장에서 특히 중요한 세 가지 요소를 정리해 보았다.

첫째, 역시 플랫폼이 무엇보다 중요하다. 기반형 플랫폼을 이용하게 되면 사물인터넷 애플리케이션을 비교적 손쉽게 개발할 수 있고, 기기 관리 및 유지 보수 등 전반적인 시스템의 구축과 운영이 수월하기 때문에 앞으로 사물인터넷 분야에서 플랫폼의 활용은 필수적이라고 볼 수 있다. 국내외의 여러 업체들은 특정 분야 또는 범용으로 사용할 수 있는 사물인터넷 플랫폼을 시장에 선보이고 있다. 이를 통해 에너지, 물류, 헬스케어 등의 여러 프로젝트가 진행되고 있는데, 아직까지 시장 지배적인 플랫폼이 등장한 상태는 아니다.

주로 B2B 영역에서는 범용 플랫폼이라 할 수 있는 액시다(Axeda), 재스퍼(Jasper) 등이 주목을 받고 있는 상태다. 액시다는 클라우드 기반의 M2M 플랫폼인데 나스닥에 상장된 IT솔루션 기업 PTC가 2014년 1억 7,000만 달러에 인수했다. 이는 사물인터넷 플랫폼과 관련된 대표적인 인수합병 사례 중 하나인데, 앞으로 사물인터넷 시장이 커짐에 따라 인수합병 소식 또한 많아질 것으로 전망된다.

아두이노와 같은 개방형 플랫폼 또한 중요하다. 아두이노를 이용하게 되면 저가의 하드웨어를 구입해 누구나 손쉬운 개발을 할 수 있고, 오픈소스 커뮤니티를 통해 아이디어를 공유하고 협업을 할 수도 있다. 그러한 활동들이 쌓여 창업의 기반이 될 수 있고 또한 대기업 및 시장에 신선한 자극을 준다는 점에서 볼 때, 국내에서도 아두이노에 관심을 갖는 사람들이 많아져야 할 것이다.

사물인터넷에서는 수많은 기기를 동시에 관리해야 하고, 이와 더불어 기기에서 발생하는 데이터의 양이 상당할 뿐만 아니라 이를 수집하고 분석하는 것도 중요하다. 그러므로 사물인터넷과 클라우드, 빅데이터는 떼려야 뗄 수 없는 중요한 관계를 맺고 있다. 그에 따라 사물인터넷을 위한 개방형 클라우드나 빅데이터 플랫폼도 등장하고 있다.

둘째, 사물과의 인터페이스를 위해 스마트 인터랙션(Smart Interaction)이 중요하다. 사물인터넷에서는 사물도 인터넷 상에서 하나의 개체로서 동등한 지위를 가지며, 사물 간의 커뮤니케이션뿐만 아니라 분야와 상황에 따라서는 사람과 사물과의 커뮤니케이션이 이뤄져야 한다.

그런데 우리가 지금까지 주로 사용하던 키보드, 마우스, 터치스크린 등의 방법은 대부분의 사물인터넷 환경에서 적절하지 않다. 그렇기 때문에 음성인식, 동작인식, 안면인식, 뇌파인식 등과 같은 스마트 인터랙션 기술의 활용이 필수적이다. 스마트 인터랙션에 대한 내용은 뒤에서 별도의 주제로 살펴볼 것이다.

셋째, 인간과 사물, 사물과 사물 간의 소셜 네트워크가 중요하다. 현재의 SNS에서는 사람들 간의 관계만 존재하지만, 사물인터넷이 대중화되면 사물도 SNS에 합류하게 될 것이다. 별도의 애플리케이션을 통해 사물과 소통하는 것보다는, 사람에게 익숙한 SNS를 통해 사람과 사물을 연결함으로써 손쉽게 사물의 상태를 파악하고 사물에게 명령을 내리거나 피드백을 받는 식으로 상호작용을 하는 것이 더 나은 방법이다.

정리하면, 현실 세계에서는 스마트 인터랙션으로 사물과 상호작용을 하고, 사이버 공간에서는 SNS를 통해 상호작용을 하게 되는 것이다. 이러한 인간 대 사물, 사물 대 사물 간의 소셜 네트워크를 쉽게 이해할 수 있는 동영상이 있어 소개한다. 통신 장비 제조업체 에릭슨(Ericsson)이 만든 "사물의 소셜 웹(The Social Web of Things)"이라는 동영상을 보면 집안에서 벌어지는 각종 사물들의 상호작용과 더불어 사람과 사물이 상호작용하는 시나리오를 쉽게 이해할 수 있을 것이다.[8] 또한 모바일 메신저로 사람과 가전이 소통하는, LG전자의 홈챗(Homechat) 서비스도 사물인터넷과 소셜 네트워크를 융합한 좋은 사례다.

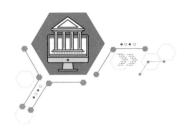

플랫폼 전쟁이 서서히
격화되는 스마트홈

간단히 스마트홈(Smart Home)이라고 얘기하는 경우가 많지만, 사실 스마트홈은 여러 분야를 포함하고 있으며 최근에는 그 범위가 계속 확장되고 있다. 가전, 조명, 에너지 관리, 네트워크, 보안, 냉난방 및 환기(HVAC), 홈 엔터테인먼트 등을 비롯해 여러 스마트기기를 연동하고 제어하는 스마트홈 솔루션 및 각종 서비스(클라우드, 빅데이터를 포함한) 등이 모두 스마트홈에 포함된다고 볼 수 있다. 또한 앞으로는 가정용 로봇, 가상현실까지 스마트홈에 포함해 논의되기 시작할 것이다.

바로 이러한 스마트홈의 특징, 즉 방대하고도 복합적인 성격이 스마트홈 시장의 높은 잠재력과 더불어 기업들이 쉽게 대응하기 어려울 수밖에 없는 이유를 설명해 준다. 스마트홈에는 많은 가능성이 존재하지만, 소비자를 움직여 새로운 소비를 창출하는 것은 결코 쉬운 일이 아니다. 기존의 행태에 익숙해져 있어 특별히 불편함을 느끼지 못하는 소비자로서는 스마트홈에 비용을 지불할 동기가 부족하기 때문이다.

그런데 근래 들어, 특히 미국, 중국을 중심으로 스마트홈에 대한 소비자들의 관심이 점차 커지고 있다. 소비자가 매력을 느낄 만한 양질의 제품들이 적절한 가격에 속속 등장함에 따라 소비자들의 구매로 이어지고 있는 것이다.

미국의 경우, 이미 오래 전부터 소비자들이 직접 구매해 DIY로 구현하는 홈오토메이션(Home Automation) 문화가 존재해 왔다. 홈오토메이션이란 조명, 보안, 가전, 냉난방 등을 한곳에서 편하게 제어하는 것으로, 스마트홈의 초기 단계 내지는 기본적인 기능이라고 볼 수 있다. 스마트홈은 홈오토메이션이 진화한 형태다.

미국의 대표적인 홈오토메이션 쇼핑몰인 스마트홈닷컴(Smarthome. com)은 1995년 설립됐으며, 수만 개에 달하는 다양한 홈오토메이션 제품들을 활발히 판매하고 있다. 산업표준에 맞는 다양한 홈오토메이션 제품들이 있는 데다 서로 호환이 되기 때문에, 일반인이라도 원하는 제품을 사서 어렵지 않게 설치하고 이용할 수 있다. 그러한 기반이 있기에 미국에서는 홈오토메이션 문화가 스마트홈 문화로 자연스럽게 이어지고 있는 것이다.

중국의 경우 전 세계 제조업이 수렴되는 곳인 데다 최근에는 높은 수준의 하드웨어, 소프트웨어 기술까지 확보한 상태다. 중국 시장에는 방대한 소비자와 저렴한 인건비를 기반으로 선진 제품의 복제품

뿐만 아니라 독자적인 제품들도 쏟아지고 있다. 중국 최대의 오픈마켓 타오바오(Taobao)에서 저렴하면서도 쓸 만한 스마트홈 제품들을 많이 찾아볼 수 있다.

무엇보다 중국 제품들은 가격이 저렴하다는 것이 가장 큰 장점인데, 최근에는 중국 제품에 대한 선입견을 깰 정도로 디자인과 마감이 좋고 품질이 뛰어난 제품들도 속속 등장하고 있다. 그에 따라 전세계 각지의 소비자들이 알리익스프레스(AliExpress)와 같이 영어로 제공되는 중국 쇼핑몰에서 각종 스마트홈 제품들을 구매하고 있다. 중국을 대표하는 알리바바, 샤오미, 하이얼, 바이두 등과 같은 대기

타오바오에서 판매 중인 스마트홈 제품들[9]

업들이 스마트홈 사업에 적극 나서고 있는 점도 중국의 스마트홈 시장을 밝게 만드는 요소 중 하나다.

시장조사 업체 마켓앤마켓(MarketsandMarkets)은 글로벌 스마트홈 시장이 연평균 17퍼센트씩 성장해 2020년에는 586.8억 달러에 달할 것으로 전망했다.[10] 현재와 같은 추세로 볼 때, 앞으로 전 세계 스마트홈 시장에서 창의적이고 고급스러운 제품은 미국이, 가성비 위주의 중저가형 제품은 중국이 주도할 가능성이 높다고 볼 수 있다.

조명, 보안, 스마트침대까지 주목할 만한 스마트홈 기기들

루시스(LUCIS)의 뉴브라이트(NuBryte)는 터치스크린이 가능한 패널을 갖춘, 일종의 스마트홈 콘솔(Console) 내지는 커맨드센터(Command Center)라 할 수 있다. 뉴브라이트는 조명을 간편하게 제어할 수 있는 기능을 제공하며, 모션 센서 기반의 보안 시스템도 갖추고 있다. 또한 일별·월별 에너지 리포트를 제공해 에너지 비용을 절약할 수 있도록 도와준다.

뉴브라이트는 스마트홈에서 소비자들이 가장 매력을 느끼는 조명 제어, 보안 시스템, 에너지 관리 등의 핵심 기능을 제공함으로써 소비자의 구매를 이끌어 내려 하고 있다. 단지 기기만 구매하면, 이런 기능들을 사용하는 대가로 매월 서비스 비용을 추가로 지불할 필요도 없다.

윙크(Wink)는 시장에서 좋은 반응을 얻고 있는 스마트홈 플랫폼 중 하나다. 50달러짜리 윙크 허브(Wink Hub)를 구입하면 다양한 브랜드의 스마트홈 제품을 연동해 제어할 수 있다. 뉴브라이트처럼 터치스크린을 갖춘 콘솔 형태의 제품도 판매하고 있다. 윙크 허브는 와이파이, 블루투스, 지그비(ZigBee), 지웨이브(Z-Wave), 루트론 클리어커넥트(Lutron ClearConnect) 등의 다양한 통신 프로토콜을 지원하고 있으며 필립스, GE, 네스트 등 20여 개에 달하는 브랜드의 제품들과 연동할 수 있다.

윙크 허브에 연동 가능한 제품에는 조명, 전원 관리, IP 카메라, 화재 감지, 도어락, 냉난방 관리, 가전, 블라인드 등 50여 종이 있으며 바로 구매하여 사용할 수 있다.

윙크 기반의 콘솔 키트[11]

윙크와 흡사한 스마트홈 플랫폼으로 벨킨(Belkin)의 위모(WeMo)를 꼽을 수 있다. 원래 벨킨은 PC 및 스마트폰의 주변기기나 케이스와 같은 액세서리를 취급하는 회사였다. 그런데 2013년 3월 네트워크 장비를 생산하는 링크시스(Linksys)를 인수한 후 스마트홈 시장에 본격적으로 진출하면서 플랫폼 기업으로 변모했다. 조명, 전원 관리, IP 카메라 등의 일반적인 스마트홈 제품들을 비롯해 위모 기반의 조리 기구, 커피메이커, 가습기, 공기 정화기, 히터 등이 시장에 출시돼 있다. 특히 음성인식으로 다양한 상호작용이 가능한 아마존 에코를 지원하고 있어, 아마존 에코를 통해 음성으로 위모 기반의 전원 스위치를 제어할 수도 있다.

포스캠(Foscam)은 중저가형 IP 카메라(CCTV) 시장에서 높은 점유율과 인지도를 자랑하는 중국 기업이다. 포스캠 제품은 가정용 또는 소상공인들이 주로 이용하고 있다.

포스캠 제품은 선명한 해상도에 무선랜, 야간 촬영, 양방향 음성 등을 지원하며 설정도 어렵지 않은 편이다. 원격에서 카메라의 렌즈를 상하좌우로 이동할 수 있으며, 실시간으로 동영상을 보거나 메모리카드 또는 NAS(Network Attached Storage)에 녹화할 수도 있다. 그런데도 가격은 꽤 저렴하며 기기만 구매하면 서비스를 위해 추가 비용을 지불할 필요도 없다.

최근에 포스캠은 방 안의 온도 감지, 자장가 기능을 탑재한 베이비 모니터를 출시하는 등 시장의 확대에 적극 나서고 있다. 보안 시스템이 스마트홈의 킬러앱 중 하나라는 점에서 포스캠의 향후 행보를 주목할 필요가 있다.

미국 시장에서 좋은 반응을 보이는 제품들이 있다. 예를 들면 체임벌린(Chamberlain)의 마이큐 개러지(MyQ Garage)와 같은 제품이다. 마이큐 개러지는 차고의 문을 스마트폰으로 자동 개폐하고 원격에서도 확인할 수 있는 기기다. 미국에는 대체로 집집마다 차고가 있기 때문에, 차고 이용에 있어서 편의를 제공하는 것은 미국 소비자들에게는 상당히 중요한 일이다. 이 같은 사례를 통해 스마트홈에도 문화의 차이가 존재함을 이해할 수 있다.

스택(Stack)이 만든 알바(Alba)는 한층 진화된 스마트조명이다. 기존의 스마트조명이 단순히 스마트폰으로 조명을 켜거나 끄는 수준에 그친 데 반해, 알바는 사용자가 제어하지 않아도 모션 센서 및 실내 밝기를 감지해 자동으로 빛의 강도와 색상을 조정한다. 기존의 전구 위치에 그대로 꽂아 사용하기 때문에 설치도 간편하다. 우리나라 가정의 경우 대개 실내에서 형광등을 조명으로 이용하지만, 미국 가정의 경우 형광등을 찾아보기 어렵다. 실내 곳곳에 백열등과 스탠드들이 있어 저녁이 되면 온 집 안의 조명을 켜기 위해 돌아다녀야 한다.

한국과 다른 이러한 문화적 차이로 인해, 미국은 우리보다 스마트조명에 대한 소비자들의 관심이 훨씬 높은 편이며, 실제로 관련 제품들이 잘 팔리고 있다.

슬립넘버(Sleep Number)의 스마트침대는 내장된 센서로 수면자의 심장박동, 호흡, 움직임 등을 파악해 수면 상태를 개선할 수 있도록 도와주는 슬립IQ(SleepIQ) 기능을 갖추고 있다. 또한 사용자 및 파트너에 맞게 매트리스를 조정할 수 있는 기능도 제공한다. 이처럼 과학적으로 수면자의 수면 상태를 분석하고 숙면을 도와주는 스마트침대는 업무와 학업 등으로 지친 국내 소비자들에게도 좋은 반응을 얻을 가능성이 높다.

IFTTT의 IF 앱은 모바일 소프트웨어 제품이다. 스마트폰 앱 형태로 제공되는 IF는 일종의 자동화 애플리케이션으로, 사용법도 간단해 인기를 끌고 있다. IFTTT는 "If This, Then That"의 약어로, 특정 조건이 성립할 경우 특정 작업을 수행하는 레시피(Recipe)를 사용자가 등록하면 이후부터는 해당 레시피에 따라 자동으로 작업이 수행된다. 예를 들어 스마트폰의 위치 정보 기능을 이용해 "사용자가 집에 들어서면, 거실 조명을 켠다"는 식으로 레시피를 만들 수 있다. IF는 단지 스마트홈에만 활용하도록 만들어진 것은 아니지만 다양한 스마트홈 제품들을 지원하고 있어 스마트홈에 요긴하게 쓰일 수 있다.

앞서 크라우드소싱 주제에서 살펴본 오픈소스 건축물 위키하우스는 에너지 소비를 최적화하는 데 아두이노를 이용한다. 또한 오픈햅(openHAB)이라는 오픈소스 기반의 자동화 소프트웨어를 통해 위키하우스 내의 각종 전자기계장치를 제어하고 관리한다.

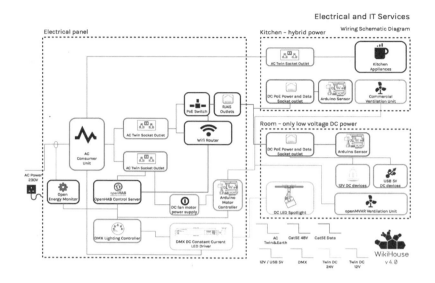

위키하우스4.0의 스마트홈 서비스 구조도[12]

스마트홈 플랫폼 경쟁에 나선
삼성전자, 애플, 구글

　스마트홈 시장에서 기반형 플랫폼은 몹시 중요한 요소이며, 플랫폼을 지배하는 업체가 스마트홈 시장을 지배하게 될 것이라는 점에는 의문의 여지가 없다. 조명, 보안, 전원관리, 냉난방 및 환기 등 기본적인 스마트홈의 요소만 보더라도 엄청나게 많은 브랜드에서 그보다 더 많은 수의 제품들이 출시되어 있으며, 앞으로 제품의 종류가 계속 늘어날 것이다. 서로 다른 브랜드의 다양한 제품들이 연동되기 위해서는 공통의 통신 프로토콜과 API(Application Programming Interface)를 지원하는 플랫폼을 탑재하든가, 최소한 호환성을 갖추어야만 한다.

삼성전자가 스마트싱스(SmartThings)를 인수한 것도 바로 그와 같은 이유 때문이다. 2012년에 설립돼 겨우 2년 만에 삼성전자에 인수된 스마트싱스는 앞서 살펴본 윙크, 위모와 비슷한 사업을 전개하고 있는 업체다. 삼성전자가 구체적인 인수 금액을 밝히진 않았지만 업계에서는 약 2억 달러 정도에 인수한 것으로 추정하고 있다. 삼성전자의 인수 후 아직까지 스마트싱스의 행보에 특별한 점은 없지만, 앞으로 삼성전자는 스마트싱스의 자산을 활용해 자사의 스마트폰, TV, 가전, 헬스케어 및 여타 스마트홈 제품들을 연동할 수 있는 삼성전자만의 플랫폼을 공개할 것으로 예상된다.

애플은 2014년 홈킷(HomeKit)이라는 명칭의 스마트홈 플랫폼을 처음 공개한 후 이듬해부터 본격적인 행보에 들어가기 시작했다. 초기 제품은 기상, 외출, 귀가, 취침에 따른 사용자의 상태 변경과 기기 제어 등의 기본적인 기능에 초점을 맞추고 있다. 또한 시리의 음성인식과 애플워치를 이용한 제어를 통해 그 나름의 장점을 갖춘 상태라고 볼 수 있다. 애플 특유의 폐쇄적인 성격으로 인해 비록 스마트홈 시장에서 1위 사업자가 되지는 못하더라도, 언제나처럼 애플 생태계에 최적화된 형태로 실속 있게 사업을 함으로써 수익을 거둘 것으로 예상된다.

구글은 2014년 1월 32억 달러에 인수한 네스트랩스(Nest Labs)를 필두로 스마트홈 사업을 전개하고 있다. 네스트는 가정용 온도조절기, 화재경보기, IP 카메라 등의 제품을 출시해 시장에서 좋은 반응을 얻고 있다. 네스트는 이들 기기에서 발생한 데이터를 클라우드로 보내 분석하고 서비스를 개선한다. 예를 들어 온도조절기에서 취합한 데이터를 분석하여 사용자에게 에너지 절약 방안을 제시하고 자동으로 제어까지 하는 식이다. 앞으로 구글은 자사가 강점을 가진 클라우드, 빅데이터 기술을 기반으로 독보적인 스마트홈 서비스를 만들어 나갈 것으로 전망된다.

스마트홈 시장에서 성공하기 위해서는 킬러앱 발굴, 고급 서비스를 제공할 수 있는 종합적인 소프트웨어 기술의 확보, 플랫폼 확산 및 생태계 구축 역량 등이 종합적으로 요구된다. 현재와 같은 추세라면 스마트폰에서와 마찬가지로 애플, 구글이 스마트홈 플랫폼을 지배할 가능성이 크며, 하드웨어 생산에 있어서는 가격 경쟁력을 갖춘 중국 기업들이 두각을 나타낼 것으로 예상된다.

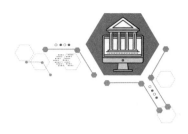

기계와 대화하기 위한
스마트 인터랙션

오랫동안 인간은 기기를 조작하기 위해 버튼을 누르거나 마우스, 키보드, 터치스크린 등의 제한된 인터페이스를 사용해야만 했다. 그러한 조작 방법들은 사람에 맞춘 것이라기보다는 기계에 맞춘 것이라고 볼 수 있다. 그런데 최근 스마트기기 및 사물인터넷이 확산됨에 따라, 보다 인간 친화적인 조작 방법에 대한 관심이 크게 증대되기 시작했다.

스마트 인터랙션(Smart Interaction)은 기기와 상호작용을 하는 데 있어 음성인식, 동작인식, 안면인식, 뇌파인식 등 인간 친화적인 인터페이스를 사용하는 것을 뜻하는 용어다. 사실, 스마트 인터랙션의 여러 분야들은 수십 년 전부터 지속적으로 연구되어 온 것들이다. 그 중 일부는 상용화되어 사용되기도 했지만, 대부분은 시장에 거의 영향을 미치지 못했으며 그저 연구용 프로젝트나 데모 수준에 그쳤다.

하지만 2011년 애플이 시리(Siri)를 통해 한 단계 진화한 음성인식 서비스를 선보이면서 해당 분야에 대한 관심이 급격히 커지기 시작했다. 또한 삼성전자는 2012년 신형 스마트TV 제품을 출시하면서 음성인식, 동작인식, 안면인식 등의 기능을 대거 선보였으며, 이후 스마트 인터랙션이라는 용어를 마케팅에 적극 활용하기 시작했다. 이와 같은 선두 업체들의 움직임으로 인해 업계 전반에서 스마트 인터랙션과 관련된 치열한 경쟁이 벌어지게 됐다.

현재까지는 음성인식이 1순위

동작인식, 안면인식의 경우 아무래도 제한적인 명령만 내릴 수 있다는 한계를 갖고 있다. 궁극적인 스마트 인터랙션 기술이라 할 수 있는 뇌파인식의 경우 제대로 활용하기 위해서는 앞으로 기술 개발에 많은 투자를 해야 하는 상황이다. 그런 맥락에서 당분간 음성인식이 대세가 될 수밖에 없다. 무엇보다 음성인식을 통해서는 모든 명령을 내릴 수 있기 때문이다. 물론 정확한 인식의 한계가 여전히 존재하긴 하지만 기술 발전으로 점차 극복되고 있다. 그러므로 언젠가 뇌파인식이 완전한 형태로 상용화되기 전까지는, 음성인식을 주로 사용하면서 동작인식과 안면인식을 보조적으로 사용할 가능성이 크다.

최근 음성인식 기술은 운영체제를 소유한 업체들 간의 전면전으로 치닫고 있다. 근래 IT 시장의 주도권을 모바일이 잡게 되면서 애플(시리), 구글(구글나우)이 음성인식 경쟁에서도 앞서나가고 있으며, 이에 데스크톱 운영체제의 강자인 마이크로소프트(코타나), 그리고 이들 업체에 비해 운영체제 경쟁력이 떨어지긴 하지만 독자적인 커머스 및 콘텐츠 생태계를 가진 아마존(알렉사)이 경쟁에 가세한 상태다.

특히 애플과 구글은 각 사의 모바일 운영체제인 iOS, 안드로이드에 음성인식 기술을 통합함으로써 사용자 편의성을 크게 증대시켰으며 이를 통해 다른 업체들과의 격차를 벌이고 있다. 운영체제와 강력하게 결합되지 못한 스마트 인터랙션 기술은 사용자 편의성이 떨어질 수밖에 없기 때문에, 음성인식뿐만 아니라 대부분의 스마트 인터랙션 기술들에 있어서 운영체제를 소유한 플랫폼 기업들이 크게 유리한 입장이라고 볼 수 있다.

시리는 원래 미 국방부가 2003년부터 2008년까지 연구비 2억 달러를 지원한 프로젝트를 통해 만들어진 기술인데, 2010년 4월 애플이 시리를 인수했다(인수금액은 약 2억 달러인 것으로 추정된다). 시리는 사용자들이 이용할 때마다 말한 내용과 발음의 차이에 대해 학습함으로써 점점 더 똑똑하게 사용자의 말을 인식한다. 무엇보다 시리는 정해진 단어로 단순하게 명령을 내리는 것이 아니라 자연어로 기기와 대화하는 시대를 열었다는 점에서 중요한 의미가 있다. 시리는 소프트웨어 경쟁력의 측면에서 애플이 경쟁업체들과 차별화하는 데 있어 중요한 역할을 맡고 있다.

시리는 계속 발전하고 있으며 활용 범위를 넓혀 가고 있다. 애플은 글로벌 자동차 제조업체들과 협력해 자동차에 시리를 탑재했다. 시리는 스마트홈의 기기 제어에도 사용된다. 시리는 앞으로 독립적인 '인공지능 플랫폼'으로 성장해 사물인터넷 시대에 여러 분야에서 중요한 인터페이스 역할을 할 것으로 예상된다.

뉘앙스(Nuance)는 일반인들에게 그리 알려지지 않은 업체이지만, 음성인식 분야의 원천기술을 갖고 있는 미국의 대표적인 음성인식 전문 업체다. 시리에도 뉘앙스의 기술이 사용되고 있다. 뉘앙스는 1992년에 설립됐으며, 현재 음성인식 분야의 글로벌 1위 업체로 전 세계 시장점유율이 70~80퍼센트에 달한다. 또한 1,000개 이상의 관련 특허를 보유하고 있으며, 음성인식 기술 로열티로만 매년 1조 원 이상의 수익을 올리고 있는 것으로 알려져 있다.

뉘앙스의 기술은 특정 명령어를 인식하는 방식이 아니라 자연어를 인식하는데, 국내의 여러 기업들과도 오래 전부터 꾸준히 일해 온 관계로 한국어 지원도 뛰어난 편이다. 시리로 인해 음성인식의 중요성이 부각되면서 뉘앙스도 주가를 한껏 올리고 있다.

뉘앙스는 사용자가 스마트폰에 전혀 손을 대지 않고서도 모든 조작을 할 수 있는 솔루션을 개발하고 있으며, 인텔과 함께 노트북에 탑재되는 지능형 음성인식 서비스 드래곤 어시스턴트(Dragon Assistant)를 개발하기도 했다. 뉘앙스는 단순히 음성인식 기술을 제공하는 데 그치지 않고 이를 기반형 플랫폼화하고 있다.

뉘앙스는 드래곤TV를 공개했는데 이는 TV용 음성인식을 위한 기반형 플랫폼으로 TV, 셋톱박스, 리모콘, 관련 애플리케이션 등에 손쉽게 음성인식 기능을 탑재할 수 있도록 해 준다. 음성인식 기능이 필요한 업체는 뉘앙스와 라이선스를 맺고 이를 자사 제품에 탑재할 수 있다. 파나소닉은 드래곤TV 플랫폼을 탑재한 비에라(Viera) TV를 출시하기도 했다.

또한 뉘앙스는 드래곤 드라이브라는 자동차용 음성인식 플랫폼도 제공하고 있다. 이를 탑재한 자동차는 음성인식 기능을 갖춘 스마트카가 된다. 예를 들어 문자메시지 도착 시 자동차가 문자를 읽어 주고, 음성인식으로 전화를 걸거나 미디어를 제어하는 것 등이 가능하다.

구글나우(Google Now)는 시리의 대항마라고 볼 수 있지만, 사실 구글나우의 초기 버전은 시리와 상당한 차이가 있었다. 구글나우는 원래 코드네임 마젤(Majel)로 알려졌는데, 한때 어시스턴트(Assistant)라고 불리다가 안드로이드4.1(젤리빈)의 일부로 공개되면서 정식 명칭이 구글나우로 정해지게 됐다. 초기의 구글나우는 음성인식 기능보다는 자동화된 정보 제공에 역점을 두었다. 구글나우는 사용자가 어떤 명령을 내리거나 별도로 검색하지 않아도 사용자의 위치 정보나 사용 패턴을 분석해 자동으로 날씨, 교통 상황, 스포츠, 일정, 식당 등 사용자에게 적합한 정보를 실시간으로 제공해 준다.

이처럼 구글나우는 사용자에게 적합한 정보를 자동으로 제공해 준다는 점에서 차별성을 갖고 있다. 예를 들어 출근하기 위해 잠에서 깼을 때 구글나우를 이용하면 여러 앱을 실행하거나 검색하지 않아도 오늘의 날씨와 출근 길의 교통 상황, 일정 등을 한꺼번에 확인할 수 있다. 또한 출장이나 여행 시에는 비행기 연착 정보, 주변의 맛집 정보, 주변 명소 등을 자동으로 제공해 준다(한국에서는 서비스 연동이 제대로 안 돼 사용이 제한적이다).

사용자가 특별한 명령을 내리지 않아도 사용자의 사용 패턴을 분석해 자동으로 개인화된 정보를 제공해 준다는 점에서 구글나우는 상당한 잠재력을 갖고 있다. 구글나우처럼 사용자의 맥락(context)을 자동으로 파악해 정보를 제공해 주는 서비스는, 바쁘면서도 한편으로는 게으른 현대인들에게 매력적일 수밖에 없기 때문이다.

음성인식 기능과 관련해 초기의 구글나우는 단지 음성을 인식하는 수준에 그칠 뿐 시리와 같은 인공지능을 갖추지는 못했지만, 현재는 시리와 같이 인공지능적인 성격을 갖는 방향으로 발전하고 있다. 흥미로운 점은 시리 또한 구글나우처럼 개인화된 정보를 자동으로 제공해 주는 기능을 갖춰 가는 방향으로 발전하고 있다는 사실이다. 출발 지점에서의 성격에는 차이가 있었지만 시리와 구글나우는 서로 닮아가고 있다.

아마존은 안드로이드를 수정한 독자적인 운영체제 파이어OS를 기반으로 플랫폼 사업을 전개하고 있다. 아마존은 자사의 기기들에 음성인식 서비스 알렉사(Alexa)를 통합하고 있다. 그렇지만 알렉사는 아직 한국어를 지원하지 않는다. 아마존이 한국에서 본격적으로 사업을 개시하지 않는 한, 앞으로도 한국어를 지원하지 않을 가능성이 크다.

마이크로소프트는 윈도우폰8.1에 처음으로 음성인식 서비스 코타나(Cortana)를 탑재했으며, 이후 팔찌 형태의 웨어러블 기기인 마이크로소프트 밴드(Band)와 윈도우10에도 코타나를 탑재했다. 코타나는 이메일 도착을 알려 주거나 일정, 날씨 등의 정보를 제공해 주고, 음성을 통해 지도를 검색하거나 항공편이나 식당을 예약하는 등의 작업을 할 수 있다. 하지만 정식 출시한 윈도우10의 코타나에서도 여전히 한국어를 지원하지 않아 국내 사용자들의 원성을 샀다.

치열한 경쟁이 전개될 동작인식

음성인식과 더불어 치열한 경쟁이 전개될 분야는 동작인식이다. 음성인식으로 모든 명령을 내릴 수 있긴 하지만, 말하기조차 귀찮거나 소음이 존재하는 등의 특정 상황에서는 동작인식이 더 간편하기 때문이다.

구글과 애플은 각기 동작인식 전문 기업을 인수한 후 이를 운영체제에 효과적으로 통합하기 위한 노력을 하고 있다. 구글이 인수한 동작인식 전문 기업 플러터(Flutter)는 데스크톱이나 노트북의 웹캠을 이용해 사용자의 동작을 인식해서 음악, 영화 등의 재생을 제어할 수 있는 소프트웨어를 개발한 업체다. 애플은 이스라엘의 동작인식 전문기업 프라임센스(PrimeSense)를 3억 5,000만 달러에 인수했다. 프라임센스는 마이크로소프트의 게임기 엑스박스에 적용된

키넥트(Kinect) 기술을 개발한 업체다. 애플이 거액을 투자해 다른 업체를 인수하는 일이 흔치 않다는 점에서 볼 때, 애플이 동작인식 기술에 거는 기대가 크다는 사실을 유추할 수 있다.

앞으로 동작인식은 운영체제에 통합된 주요 사용자 인터페이스 기술 중 하나로 자리매김하면서 대중화의 속도를 높이게 될 것이다.

일반적으로 동작인식 기반의 사용자 인터페이스 기술은 크게 접촉식과 비접촉식으로 구분된다.

> (1) 접촉식: 사용자가 장치를 접촉한 상태로 움직이는 과정에서 발생된 동작 데이터를 획득하고 이를 활용하는 방식
> (2) 비접촉식: 주로 카메라를 이용해 사용자의 동작 데이터를 획득하고 이를 활용하는 방식

사실 오래 전부터 PC에서 이용되고 있는 키보드, 마우스, 그리고 스마트폰과 태블릿에서 이용되는 터치스크린이 바로 접촉식 기술의 일종이다. 우리에게 익숙한 방식이다. 그런데 최근 동작인식 분야에서는 키보드, 마우스, 터치스크린을 벗어나 새로운 형태의 접촉식, 비접촉식 기술들이 속속 등장하고 있다.

접촉식 기술 중 최근 주목을 받고 있는 것은 장치를 사용자의 신체에 부착하고 이를 통해 획득한 데이터를 이용하는 형태다.

탈믹랩(Thalmic Labs)의 마이요(Myo)는 동작인식 기능을 탑재한 근

육 감지 암밴드 입력 장치다. 개발 초기 단계에서 마이요의 프로토타입 영상이 인터넷에 공개돼 화제가 된 바 있는데 이후 출시된 상용 제품에 대한 사용자들의 반응도 좋은 편이다. 이러한 스마트 인터랙션 기기는 그 자체로 기반형 플랫폼이기 때문에 무엇보다 지원 애플리케이션의 확보가 중요하다. 이를 위해 탈믹랩은 별도의 개발자 사이트를 통해 각종 지원을 아끼지 않고 있다. 탈믹랩은 Y콤비네이터로부터 초기 투자를 받았으며 이후 인텔캐피털, 스파크캐피털 등으로부터 투자를 유치했다.

일본의 벤처기업 로그바(Logbar)가 개발한 링제로(Ring ZERO)라는 이름의 스마트반지는 손가락의 움직임을 통해 각종 명령을 내릴 수 있다. 로그바의 스마트반지에는 동작인식 센서가 내장돼 있으며 전용 앱을 통해 원하는 동작과 명령을 설정한 후 사용할 수 있다. 로그바는 킥스타터를 통해 프로젝트 자금을 모금했는데 목표액을 3배

탈믹랩의 근육감지 암밴드 장치, 마이요[13]

로그바의 스마트반지, 링제로[14]

이상 초과 달성한 후 성공적으로 제품을 출시했다.

일반적으로 비접촉식 방식의 동작인식은 카메라를 이용하기 때문에 업체마다 큰 차별성을 갖기 어렵다. 그런데 카메라를 이용하는 비접촉식 기술이 카메라 앞에서 동작을 해야만 명령이 인식되는 것과는 달리, 로그바의 스마트반지는 반지만 끼고 있으면 어디에서나 명령을 내릴 수 있다는 장점이 있다.

물론 150달러에 달하는 비싼 제품 가격, 그리고 마케팅 자금이나 역량이 부족한 벤처기업의 한계로 인해 로그바의 스마트반지가 크게 히트할 가능성은 높지 않다. 하지만 애플 같은 플랫폼 기업이 로그바를 인수하거나 또는 독자적으로 스마트반지를 개발해 출시하는 시나리오를 생각해 볼 수 있다. 이러한 스마트반지는 집 안의 각종 기기와 연동해 간편한 제어를 제공할 수 있다는 점에서 애플이 최근 타깃으로 삼고 있는 스마트홈 분야와도 궁합이 잘 맞는다. 실제로 얼마 전 애플의 스마트반지 특허출원에 대한 내용이 미디어를 통해 공개된 바 있으며, 삼성전자도 스마트반지에 관심을 가지고 있는 것으로 알려져 있다.

토비(Tobii)의 아이엑스(EyeX)는 눈의 움직임을 감지해 애플리케이션을 컨트롤할 수 있는 안구추적 장치다. 눈빛만 봐도 마음을 알 수 있다는 말이 있듯이, 인간의 눈은 많은 정보를 담고 있다. 눈과 뇌는 서로 연결되어 끊임없이 상호작용을 한다. 이러한 안구추적 장치는 안구의 크기 변화와 시선 위치를 분석해 이용하는데, 사용자가 인식하지 못하는 사이에 벌어지는 찰나의 안구 변화를 활용할 수 있다는 점에서 차별성을 갖고 있다. 안구추적 장치는 사용자의 능동적인 명령에 반응하는 것뿐만 아니라 사용자가 무심코 한 반응까지도 데이터로 획득할 수 있기 때문에 광고 산업에도 응용될 것으로 보인다.

특히 이러한 안구추적 장비는 게임 분야에서 가능성을 인정받고 있다. 게임 캐릭터를 바라보거나 또는 다른 지점을 바라보는 것만으로도 추가적인 명령을 수행할 수 있기 때문이다. 이를 통해 게임 컨트롤에 획기적인 변화를 가져올 수 있다. 이 같은 가능성을 인정받아 토비는 인텔캐피털 등 여러 투자자로부터 총 7,000만 달러가 넘는 투자를 유치했다.

여러 동작인식 전문 업체에 투자한 사례를 통해 알 수 있듯이, 인텔은 동작인식 기술에 상당한 공을 들이고 있는 업체 중 하나다. 인텔은 탈믹랩, 토비 등의 동작인식 전문 기업에 투자했을 뿐만 아니라 이스라엘의 동작인식 전문 업체 오멕인터랙티브(Omek Interactive)도 5,000만 달러에 인수했다.

또한 인텔은 리얼센스(RealSense)라는 명칭의 플랫폼으로 독자적인 동작인식 기술을 제공하고 있다. 리얼센스에는 동작인식, 안면인식, 음성인식 등의 스마트 인터랙션 기술이 다양하게 포함되어 있다.[15] 인텔은 2012년 국내의 대표적인 안면인식 전문 업체 올라웍스(Olaworks)를 350억 원에 인수했으며, 인텔 본사의 직원이 된 올라웍스의 엔지니어들은 인텔 제품에 스마트 인터랙션 기술을 통합하는 프로젝트를 수행했다.

물론 애플, 구글 등 운영체제를 소유한 플랫폼 기업들이 독자적인 동작인식 기술을 개발하고 있기 때문에 인텔의 리얼센스가 널리 채용될 가능성은 그리 높지 않은 것이 사실이다. 하지만 인텔이 소프트웨어 기술에 투자하면서 이를 자사의 하드웨어 경쟁력 확보에 이용하고자 하는 의도를 이해할 필요가 있다. 인텔은 주로 독자적인 스마트 인터랙션 기술을 확보하지 못한 하드웨어 제조사들에게 리얼센스를 제공하는 방식으로 시장 확대를 꾀하고 있다. 예를 들어 레노버가 자사의 노트북, 태블릿 등에 리얼센스를 탑재한 사례를 꼽을 수 있다.

미래를 여는 스마트 인터랙션의 전개 방향

미래에 가장 기대되는 스마트 인터랙션 기술은 뇌파인식이다. 뇌파인식 또는 마인드리딩은 업계 용어로 BCI(Brain Computer Interface)라고 한다. 뇌파인식은 쉽게 말해 인간의 뇌파, 즉 생각만으로 기기를 제어하는 기술이다.

대표적인 뇌파인식 전문 업체로 뉴로스카이(NeuroSky)를 꼽을 수 있다. 뉴로스카이는 2004년에 설립된 업체로, 2013년 소프트뱅크캐피털로부터 미공개 투자금을 받았다. 뉴로스카이는 인간의 뇌파 패턴을 인식해 명령을 내릴 수 있는 마인드웨이브(MindWave) 헤드셋을 판매하고 있다. 이를 이용하면 게임에서 생각만으로 캐릭터를 조종하거나 무기를 발사할 수 있고, 애플리케이션에서 특정 명령을 내릴 수 있다.

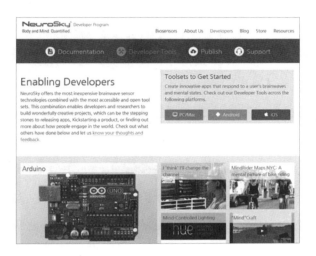

뉴로스카이의 개발자 사이트(아두이노와의 연동도 지원한다)[16]

뉴로스카이는 안드로이드, iOS, 닷넷(.NET) 등을 지원하는 개발도 구를 제공하고 있다. 기반형 플랫폼으로 뇌파인식 기술을 제공하고 있는 것이다. 현재 여러 써드파티 소프트웨어 개발업체들이 마인드 웨이브 헤드셋을 지원하는 애플리케이션을 개발하고 있다. 흥미로운 점은 뉴로스카이의 공동창업자가 한국계라는 사실이다.

아직까지 뇌파인식 기술은 제한적으로 사용할 수 있는 수준이다. 그렇지만 기술이 계속 발전하고 있는 데다 생각만으로 기기와 상호 작용을 할 수 있다는 측면에서 볼 때, 미래에는 가장 중요한 스마트 인터랙션 기술로 자리매김할 것이 명백해 보인다. '생각'보다 더 간단한 인터페이스는 없기 때문이다. 다만 그 시기가 문제일 뿐이다.

이제 스마트 인터랙션은 단순히 기능이나 UI의 구성 요소를 벗어나, 독자적인 시장을 형성하며 '플랫폼 비즈니스화'하는 방향으로 전개되고 있다. 즉, 기술을 개발한 기업이 자사의 스마트 인터랙션 기술을 소프트웨어 개발도구(SDK)로 공개하고 누구든지 이를 이용해 애플리케이션을 만들 수 있도록 하는 것이다. 만일 스마트 인터랙션을 플랫폼화하여 생태계 조성에 성공할 경우에는 로열티 비용을 받아 큰 수익을 얻을 수 있기 때문에(뉘앙스가 로열티로만 매년 1조 원 이상의 매출을 올리는 것을 상기하라), 이에 대해 관심을 가지는 업체들이 늘고 있다.

뉘앙스는 드래곤 모바일(Dragon Mobile)이라는 명칭으로 소프트웨어 개발도구(SDK)를 제공하고 있는데, 자사의 음성인식 기능을 원하는 개발자라면 누구든지 이용료를 내고서 손쉽게 자신의 모바일 앱에 음성인식 기능을 통합할 수 있도록 하고 있다.[17] 뉘앙스의 SDK는 안드로이드, iOS, 윈도우폰 등을 지원한다. 수만 명에 달하는 개발자들이 이를 이용하고 있으며, 미국 외 지역의 개발자가 60퍼센트를 차지하는 것으로 알려져 있다. 해당 SDK는 40여 개가 넘는 언어를 지원하며(물론 한국어도 지원한다), 70퍼센트의 개발자가 다중 언어를 지원하는 앱을 개발하고 있다.

스마트 인터랙션은 클라우드, 빅데이터, 인공지능과도 깊은 연관성을 갖고 있다. 사용자의 음성, 안면, 동작, 뇌파 데이터를 클라우드로 전송해 분석한 후 재빨리 사용자에게 적절한 피드백을 제공하고, 이 과정에서 발생하는 모든 데이터를 취합하고 재가공함으로써 지속적으로 알고리즘을 개선할 필요가 있기 때문이다. 관련 데이터가 클라우드에 계속 축적되고 빅데이터 처리·분석 기술이 발전함에 따라, 앞으로는 단순히 사용자가 명령한 내용을 수행하는 수준을 넘어서서 기기가 자동으로 판단하고 행동하는 방향으로 발전하게 될 것으로 전망된다. 시리의 사례에서 알 수 있듯이, 이를 위해서는 인공지능 기술이 몹시 중요하다. 앞으로 인공지능의 여러 요소 기술들, 즉 머신 러닝(기계학습), 에이전트, 자연어 처리, 패턴 인식 등의 기술 수준이 업체들 간에 상당한 경쟁력 차이를 가져오게 될 것이다.

차세대 **IT 비즈니스** 먹거리,
가상현실(VR)

　　<u>최근 세계 스마트폰 시장이 포화 상태에</u> 도달함에 따라 차세대 IT 비즈니스 발굴이 큰 화두다. 차세대 IT 비즈니스의 주목할 만한 후보군 중 하나는 가상현실(VR: Virtual Reality)이다. 기존에 PC, 스마트폰이 단지 2D 스크린을 통해 가상세계를 이용하는 수준이었다면, 가상현실은 VR헤드셋을 통해 구현한 입체적인 가상공간을 제공함으로써 사용자의 시각을 완전히 장악하고 청각, 촉각 등 오감과의 상호작용 및 음성인식, 동작인식 등을 통해 가상공간을 마치 현실처럼 느끼게 해 준다.

　　가상현실의 구현은 1960년대부터 다양한 연구를 통해 지속적으로 시도되어 왔지만, 기술의 한계 및 높은 비용으로 인해 지금까지 제대로 대중화되지는 못했었다. 하지만 최근 고해상도 디스플레이, 강력한 컴퓨팅 파워, 3D센싱 등의 기술이 비약적으로 발달하고 하

드웨어 비용이 크게 하락함에 따라 드디어 일반 사용자를 대상으로 유의미한 수준의 '몰입감'과 '상호작용'을 제공할 수 있는 환경이 조성됐다.

넓은 의미의 가상현실은 증강현실(AR: Augmented Reality)을 포함하며, 좁은 의미의 가상현실은 가상의 공간과 사물만을 보여 주는 완전한 가상현실을 의미한다. 증강현실은 현실세계에 가상정보를 합성해 보여 주는 것이다. 예를 들어 스마트폰의 위치 정보 서비스나 아이들을 위한 학습용 서비스 등에서 종종 찾아볼 수 있다. 일반적으로 가상현실이라 함은 좁은 의미의 가상현실을 의미하지만, 경우

증강현실 인테리어 앱, 핑고 퍼니처(Fingo Furniture)[18]

에 따라서는 증강현실을 포함하는 넓은 의미의 가상현실을 의미하는 경우도 있으므로 맥락에 따라 판단하여야 한다.

가상현실 플랫폼의 대표주자, 오큘러스 VR

2014년 3월 페이스북이 오큘러스 VR(Oculus VR)을 약 23억 달러에 인수하면서 가상현실에 대한 시장의 관심이 크게 증대하는 계기가 됐다. 현재 삼성전자, 소니, 엡손 등의 대기업들이 VR헤드셋 개발에 뛰어든 상태이며 뷰직스(Vuzix), 아비간트(Avegant), 버추익스(Virtuix), 시브라이트(Seebright) 등의 가상현실 스타트업들 또한 주목을 받고 있다.

오큘러스 VR이 개발한 오큘러스 리프트(Oculus Rift)는 가상현실 커뮤니티에서 가장 강력한 지지를 받고 있는 가상현실 플랫폼이다. 오큘러스 VR은 2012년 8월 VR헤드셋 오큘러스 리프트를 처음으로 선보였으며, 킥스타터를 통해 한달 만에 목표치의 10배인 240만 달러를 모아 큰 화제가 된 바 있다. 오큘러스 리프트는 현재까지 킥스타터가 배출한 최고의 슈퍼스타로 꼽히고 있다. 오큘러스 리프트는 소개 직후부터 게임업계의 여러 유명 인사들로부터 찬사를 받았으며, 개발자키트 버전1(DK1)의 경우 1년 만에 6만 대가 판매되기도 했다.

오큘러스 리프트는 게이머, 개발자들로부터 강력한 지지를 얻으면서 성공적으로 생태계를 확장하고 있다. 오큘러스 VR은 정식 소비자 버전 출시 전에 쉐어(Share)라는 명칭으로 콘텐츠 공유 사이트를 운영했는데, 약 1,000여 개가 넘는 콘텐츠가 개발될 정도로 인기를 끌었다. 흥미로운 사실은 오큘러스 VR이 전 세계에서 한국에 가장 먼저 지사를 설립했다는 점이다. 이는 IT 소비 강국이자 게임 강국으로서 한국이 가진 독특한 위상이 반영된 것으로 판단된다.

국내에서는 네이버 카페(http://cafe.naver.com/oculusvr)를 통해 커뮤니티 활동이 이뤄지고 있으며, 네오위즈게임즈의 자회사 네오위즈CRS가 개발한 온라인 액션 RPG 애스커(ASKER)가 국내 온라인 게

오큘러스 리프트를 위한 콘텐츠 공유 사이트, 쉐어[19]

임 최초로 오큘러스 리프트를 지원한다고 밝혀 화제가 되기도 했다.

개발자 버전 두 개를 거쳐 정식 소비자 버전으로 출시된 오큘러스 리프트는 한쪽 눈 기준으로 1080x1200@90Hz로 구동되는 OLED 패널, 내장 헤드폰을 통한 오디오 기능, 개선된 동작 트래킹을 제공한다. 새로운 기술을 통해 멀미 문제를 개선했으며, 헤드 트래킹과 모션 캡처 시스템으로 머리의 상하좌우 및 사용자 동작까지 인식해 더욱 뛰어난 몰입감을 제공한다.

가상현실 시장은 이제 막 태동한 수준이지만, 그럼에도 오큘러스

오큘러스 리프트 소비자 버전[20]

VR은 가상현실 시장에서 강력한 리더십을 발휘하고 있다. 성공적인 플랫폼은 반드시 생태계를 만들어 낸다. 바꾸어 말하면, 아무리 기능이 다양하고 기술적으로 뛰어나다고 하더라도 생태계를 만들어 내지 못한 플랫폼은 실패할 수밖에 없다는 뜻이다. 플랫폼 등장 초기에 성공을 점칠 수 있는 가늠자가 있다면, 그것은 바로 개발자 커뮤니티에서 해당 플랫폼에 얼마나 커다란 관심을 보이는가 하는 점이다. 그런 측면에서 오큘러스 VR은 가장 유리한 고지를 점유하고 있다.

오큘러스 리프트를 직접 사용해 보면 자꾸 손이 가는 기기라는 것을 알 수 있다. 영화 〈토탈 리콜 *Total Recall*〉 속 내용이 현실화될 날이 머지않다. 무엇보다 수많은 개발자들이 이 새로운 기기의 치명적 매력에 빠져 열광적으로 생태계를 만들어 가고 있다는 사실이 중요하다. 그 열광의 수준이 얼마나 대단했던지, 페이스북의 인수 발표 후 오큘러스 VR의 경영진이 팬보이들로부터 살해 위협을 받았을 정도다.[21]

가상현실 시장에 뛰어든 기업들

오큘러스 VR이 가상현실 시장의 선두주자로 앞서감에 따라 다른 IT 기업들의 행보도 빨라지고 있다. 특히 삼성전자는 경쟁자에 비해 비교적 빠른 2014년 6월 미국 특허청에 기어 VR(Gear VR) 상표를 등록하고, 갤럭시 노트와 연동해 사용할 수 있는 기어 VR를 선보였다. 기어 VR은 오큘러스 VR과의 제휴를 통해 개발한 것인데, 기어 VR은 오큘러스 모바일 소프트웨어 개발도구(SDK)를 기반으로 구동된다.[22] 오큘러스 VR은 안정적인 하드웨어를 공급받기 위해 삼성전자가 필요하고, 삼성전자는 오큘러스 VR의 소프트웨어 플랫폼이 필요하기 때문에 상호 협력을 하게 된 것이다.

소니 또한 가상현실 시장에 큰 관심을 가진 업체 중 하나다. 소니는 과거에 VR헤드셋의 일종인 HMZ-T2를 출시했으나 시장에서 좋은 반응을 얻지는 못했다. 하지만 프로젝트 모피어스(Project Morpheus)라는 코드명으로 자사 게임기 플레이스테이션(PS)4에서 사용 가능한 새로운 VR헤드셋을 선보였다. 소니의 VR헤드셋은 오큘러스 리프트의 경쟁자 중 하나로 주목받고 있으며, 높은 품질의 가상현실 게임을 통해 게이머들에게 크게 어필할 것으로 보인다. 하지만 소니의 VR헤드셋이 게임기를 넘어선 범용 플랫폼으로 자리 잡을 가능성은 희박하다고 볼 수 있다.

바이브(Vive)는 HTC가 게임 배포 서비스로 유명한 스팀(Steam)의 운영사 밸브(Valve Corporation)와 제휴해 선보인 VR헤드셋이다. 바이브의 전면에는 카메라가 달려 있어 증강현실(AR) 콘텐츠도 적용 가능하다. 또한 게이머들에게 인기 있는 스팀의 지원을 받고 있다는 점이 커다란 경쟁력이다.

가상현실 시장에 도전하는 스타트업들도 늘어나고 있다. 가상현실 전문 업체 아비간트는 글리프(Glyph)라는 VR헤드셋을 선보였는데, 이는 사용자의 망막에 바로 영상을 투사하는 가상 망막 디스플레이(Virtual Retinal Display)라는 방식을 사용하며 오디오 감상용 헤드폰으로도 이용할 수 있도록 만들어진 제품이다.

가상현실 분야에서 특히 동작인식 및 3D센싱 기술은 탁월한 상호작용 및 몰입감 향상을 위해 중요한 기술이다. 러닝머신과 흡사한 기기 위에서 걷거나 뛰는 등 각종 동작을 인식함으로써 보다 생생한 가상현실을 체험할 수 있게 하는 기기도 등장했다. 대표적인 제품으로 버추익스의 옴니(Virtuix Omni)와 사이버리스의 버추얼라이저(Cyberith Virtualizer)를 꼽을 수 있다. 버추얼라이저는 지지대가 움직여 옴니보다 좀 더 복잡한 신체 동작의 감지가 가능하다는 장점이 있다. 오큘러스 리프트와 같은 VR헤드셋이 눈앞에 가상공간을 제공한다면, 버추얼라이저와 같은 기기는 사용자의 다양한 액션을 인식하고 이를 가상공간에 즉시 반영함으로써 더욱 향상된 몰입감을 제공하는 역할을 한다.

가상현실용 동작인식 기기, 사이버리스 버추얼라이저[23]

가상현실에서 플랫폼이 얼마나 중요한가?

　기업의 입장에서 볼 때 가상현실 시장은 엄청난 기회를 제공한다. 단지 VR헤드셋이나 관련 주변기기의 매출보다는 가상공간에서 사용자들이 소비하는 시간과 비용에 주목할 필요가 있다. 기존 오프라인 및 온라인의 비즈니스 모델과 수익 모델 대부분을 가상현실에서 구현할 수 있다. 특히 명백한 킬러앱인 게임, 성인물 등을 미끼로 사람들이 가상현실을 경험하면서 빠져들게 될 것이고, 이를 기반으로 다양한 비즈니스가 확장되는 형태로 시장이 커져 나갈 가능성이

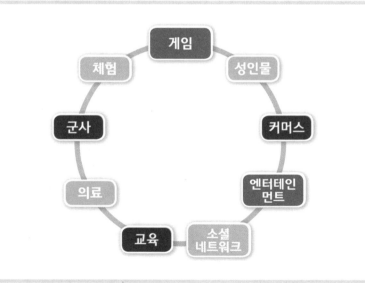

가상현실의 비즈니스 분야

높다. 그리고 이 모든 것은 가상현실 플랫폼을 중심으로 이뤄지게 된다. 그렇기 때문에 플랫폼을 장악하려는 치열한 경쟁이 벌어지게 되는 것이다.

앞으로 사람들은 현실 환경의 모든 오브젝트와 연결되어 상호작용을 하고, 또한 가상 환경의 모든 오브젝트와 연결되어 상호작용을 하게 될 것이다. 그것이 진정한 사물인터넷과 가상현실의 가치다.

가상현실은 차세대 비즈니스이자 컴퓨팅 플랫폼으로서 거대한 애플리케이션 및 콘텐츠 생태계를 창출할 전망이다. 소프트웨어 업체와 콘텐츠 업체의 입장에서는 엄청난 시장이 기다리고 있는 것이다. 하드웨어 업체에게도 가상현실 시장은 몹시 중요하다. 현실 환경과 흡사한 가상공간을 제공하기 위해서는 UHD 수준의 고해상도 디스플레이와 실시간으로 3D 오브젝트를 처리할 수 있는 강력한 컴퓨팅 파워가 필요하기 때문이다. 스마트 인터랙션 전문 업체에게도 마찬가지로 가상현실 시장은 중요한 기회다. 몰입감 및 상호작용의 극대화를 위해서는 동작인식 및 3D센싱, 햅틱, 입체 음향 기술 등이 필수적이기 때문이다.

가상현실 시장이 활성화됨에 따라 적지 않은 사회적 부작용도 발생할 것이다. 가상현실은 강한 말초적인 자극을 제공하기 때문에 이에 빠져 일상생활에 지장을 받는 사람들이 나타나는 등 중독 현상이 사회적인 문제가 될 것으로 예상된다. 그럼에도 그런 문제들이 가상현실 시장의 성장세에 별다른 영향을 미치지는 못할 것이다. 지금까지 등장한 그 어떤 기술과도 비교할 수 없는 강렬한 자극을 제공하는 가상현실 시대의 서막이 지금 막 열리고 있다.

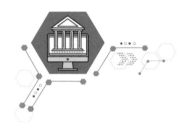

하늘을 나는 **드론 플랫폼**

일반적으로 드론(Drone)이라 부르는, 정식명칭 무인항공기 (UAV: Unmanned Aerial Vehicle) 시장은 앞으로 취미용, 기업용, 군사용 분야를 막론하고 지속적으로 성장할 것으로 전망되고 있다. 시장조사 업체 마켓앤마켓은 2015년부터 2020년까지 드론 시장이 연평균 32.22퍼센트의 성장세를 보일 것이며, 2020년에는 시장 규모가 약 55억 달러에 달할 것으로 전망했다.[24]

앞으로 드론 시장이 크게 성장하리라는 것은 의심할 여지가 없는 사실이다. 왜냐하면 취미용으로 열광하는 개인들이 크게 늘어나고 있고, 드론을 이용해 기업의 생산성을 증가시켜 줄 수 있는 다양한 기업용 솔루션이 계속 등장하고 있는 데다, 미국 정부의 대테러전 활용 사례에서 알 수 있듯이 군사용 드론은 이미 그 성과가 증명되어 여러 국가에서 도입 움직임이 활발하기 때문이다.

미국은 지난 수년간 드론 공습을 통해 테러리스트를 사살하는 등 드론 전략을 적극 시행해 왔다. 미국의 드론 공습이 IS를 자극해 테러리즘이 촉발됐다는 주장이 나올 정도다. 그럼에도 미국은 2019년까지 드론 공급을 오히려 50퍼센트 증대시키겠다는 계획을 밝혔다. 앞으로 전 세계 국가들은 드론으로 사실상의 전쟁을 할 것으로 전망된다.

드론 시장의 성장과 관련된 가장 중요한 핵심사항은, 무엇보다 드론 플랫폼의 중요성이 계속 커질 것이라는 사실이다. 최근 추세를 보면 IT의 모든 분야에서 단순 하드웨어보다는 소프트웨어와 서비스를 통한 응용 및 가치 창출이 중요해지면서 플랫폼의 역할이 계속 커지고 있다. 드론 또한 예외일 수 없다.

다양한 하드웨어를 손쉽게 접목하고 다양한 애플리케이션을 신속하게 제작할 수 있다는 점에서 드론 플랫폼은 사실상 필수적이다. 드론 플랫폼은 UAV 플랫폼 또는 항공정보(Aerial Information) 플랫폼이라고도 불리는데, 여기에서는 드론 플랫폼이라는 용어를 사용하겠다.

에어웨어의 드론 플랫폼과 구성요소

에어웨어(Airware)는 표준화된 민간 드론 운영체제를 최초로 선보인 대표적인 드론 플랫폼 기업이다. 에어웨어는 다양한 하드웨어 지원 및 드론 앱 개발환경을 제공한다. 에어웨어는 카메라를 이용해 장애물을 파악하고 자동으로 경로를 변경하는, 장애물 회피 시스템을 탑재해 안전한 비행을 할 수 있다. 에어웨어의 드론 플랫폼은 크게 다음과 같은 네 가지 구성요소로 구분된다.[25]

(1) **플라이트 코어**(Flight Core): 드론 플랫폼의 허브로, 드론에 장착되는 각종 하드웨어 및 센서와 연결되어 자율비행을 수행한다.

(2) **앱 코어**(App Core): 운영체제를 탑재하고 있으며, API를 제공해 하드웨어와 소프트웨어를 구동하는 애플리케이션을 개발하고 실행할 수 있다.

(3) **클라우드**(Cloud): 운항 계획 관리, 준법 지원(Compliance), 데이터

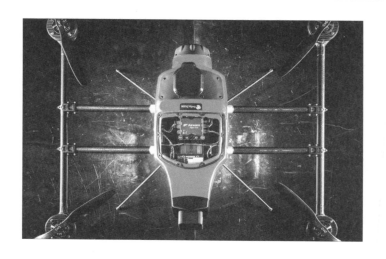

에어웨어의 플라이트 코어를 탑재한, 델타 드론(Delta Drone)의 모델[26]

관리, 정보 공유 등을 지원한다.

(4) **지상관제 소프트웨어**(Ground Control Station Software): 지도를 이용해 비행 계획을 수립하고 비행 내용을 통제할 수 있는 사용자 인터페이스를 제공한다.

현재 에어웨어는 드론 관련 업체들 중에서 가장 뜨거운 주목을 받고 있다. 구글벤처스, 인텔캐피털, GE벤처스, Y콤비네이터 등의 유명 투자사들이 에어웨어에 지금까지 총 4,000만 달러 이상의 금액을 투자했다. 에어웨어는 최근 GE로부터 미공개 금액의 투자를 유치하는 계약을 맺었는데, GE와의 자세한 계약 내용은 알려지지 않았지만 GE의 여러 산업용 솔루션에 에어웨어의 드론 기술을 적용할 것으로 추정된다.

에어웨어는 개인용 드론보다는 기업용 드론에 초점을 맞추고 있다. 기업용 드론이야말로 지속적이고도 큰 규모의 수익을 창출할 가능성이 높기 때문이다. 에어웨어는 전력선 점검, 채광 작업 조사, 송유관 점검 등 기업을 위한 드론 서비스를 제공하고 이를 통해 수익을 창출하는 것에 관심을 갖고 있다. 에어웨어는 엔터프라이즈 드론 생태계(Enterprise Drone Ecosystem) 구축을 위해 드론 스타트업에 투자하는 상업용 드론 펀드를 조성한다고 밝혔다.

주목할 만한 드론 플랫폼들

리브레파일럿(LibrePilot)은 2009년 시작된 오픈파일럿(OpenPilot)에 기반을 둔 오픈소스 드론 플랫폼으로, 전 세계 수천여 명의 개발자들이 드론 플랫폼 및 관련 하드웨어 개발에 참여하고 있다.

리브레파일럿이 개발자 커뮤니티를 중심으로 진행되고 있는 것과는 달리, 드론코드(Dronecode) 플랫폼은 3D로보틱스, 퀄컴, 인텔, 바이두 등 30여 개가 넘는 기업들이 멤버로 참여하고 있는 업체 중심의 오픈소스 드론 플랫폼이다. 이들 업체들은 공통으로 사용할 수 있는 드론 플랫폼을 만들어 자사의 비즈니스에 활용할 계획을 갖고 있으며, 리눅스 재단과도 협업하고 있다.

세계 최대의 드론 제조업체 DJI도 플랫폼 개발을 목적으로 유명 벤처투자사 액셀(Accel)로부터 7,500만 달러를 투자받았다. 지난 2014년 세콰이어캐피털(Sequoia Capital)로부터 투자받은 3,000만 달러를 합해 총 1억 500만 달러의 투자를 받은 것이다. DJI의 기업 가치는 무려 80~100억 달러 이상으로 추산되고 있다. 액셀은 100여 개가 넘는 드론 전문기업들을 검토한 끝에 DJI에 투자한 것으로 알려져 있다. 중국 기업인 DJI는 전 세계 상업용 드론 시장에서 약 70퍼센트에 달하는 점유율을 차지하고 있는 선두 기업이다.

앞으로 DJI는 단지 하드웨어뿐만 아니라 소프트웨어 플랫폼 분야에서도 경쟁력을 확대해 나갈 것으로 전망된다. 이를 위해 DJI와 액셀은 함께 스카이펀드(SkyFund)라는 명칭으로 드론 초기 기업에 투자하는 1,000만 달러의 드론 펀드를 조성한다고 밝혔다. 이는 에어웨어와 마찬가지로 플랫폼을 선점하고 유망 스타트업을 발굴해 자사 중심의 생태계를 조성하기 위한 조치로 풀이된다.

DJI의 강력한 경쟁업체는 또 다른 중국 드론업체 이항(eHang)이다. 이항이 공개한 이항184 모델은 세계 최초로 사람을 태우고 비행하는 드론이다. 이항184는 4개의 날개에 8개의 프로펠러가 달려 있으며, 사람 1명이 탑승할 수 있고 최대 100km/h의 속도로 약 23분간 비행할 수 있다. 그런데 드론은 무인항공기를 의미하므로 엄밀히 말해 사람을 태우는 드론이란 모순된 말이지만, 이항184로 인해 드론의 의미가 확장될 것으로 보인다.

범용 드론 플랫폼뿐만 아니라 전문 분야에 특화된 플랫폼 및 소프트웨어도 속속 등장하고 있다. 프리스카이스(Freeskies)는 드론의 자율비행을 지원하는 3D 지도와 시각화(Visualization) 소프트웨어를 제공하고 있다. 프리스카이스의 코파일럿(CoPilot) 앱을 이용하면 비행할 장소를 사전에 3D 지도를 통해 확인할 수 있고, 이를 이용해 비행계획을 수립하면 드론이 그대로 비행을 하게 된다.

MIT 및 구글X의 프로젝트 윙(Google X Project Wing) 출신의 멤버로 구성된 스카이디오(Skydio)는 저가 이미지 센서에서 작동되는 모션 플래닝(Motion Planning) 알고리즘 기반의 드론 내비게이션 시스템을 개발하고 있다. 이를 이용해 드론을 충돌 없이 정밀하게 제어하는 것을 목표로 삼고 있다.

프리스카이스의 3D 지도와 시각화 소프트웨어[27]

퍼셉토(Percepto)는 드론을 위한 컴퓨터 비전(Computer Vision) 플랫폼을 제공한다. 퍼셉토는 엔비디아 테그라 K1(NVIDIA Tegra K1)에 기반한 하드웨어 모듈과 자사의 컴퓨터 비전 소프트웨어 기술을 통합한 오픈소스 플랫폼을 개발하고 있다. 퍼셉토는 드론이 사용자를 식별하여 따라다니게 하는 등 사람과 사물을 인식하고 처리하는 것을 손쉽게 구현할 수 있도록 해 준다.

해외에서는 드론 기업이 쏟아지고 있다

최근 해외에서는 드론 관련 스타트업이 크게 증가하고 있으며 투자 또한 가파르게 증가하고 있다. 앤젤 투자 사이트인 앤젤리스트(AngelList)를 살펴보면, 2~3개월 사이에 수십여 개의 스타트업이 늘어나고 있을 정도다. 킥스타터와 인디고고에서는 수많은 드론 프로젝트들이 모금을 완료했거나 모금 중이며 새로운 프로젝트가 계속 등록되고 있는 추세다.

특히 드론 플랫폼은 다양한 하드웨어를 손쉽게 접목할 수 있는 기반이고, 다양한 애플리케이션을 신속하게 개발하고 구동시킬 수 있

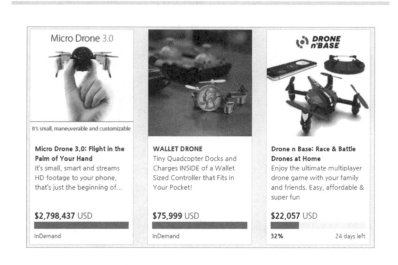

인디고고에 등록된 다양한 드론 프로젝트들[28]

는 기반이라는 점에서 사실상 필수적이다. 그에 따라 최근에는 플랫폼 및 소프트웨어 업체에 대한 투자가 늘어나고 있다. 드론 시장이 큰 폭으로 성장하기 위해서는 다양한 사용자의 욕구를 충족시키는 드론 애플리케이션의 확보가 필수적이며, 그것을 구현하는 기반이 플랫폼이기 때문이다. 예를 들어 택배를 배달하고 산불을 진화하고 농작물의 작황 상태를 파악하고 음식을 배달하고 드론으로 게임을 하는 등의 모든 사례는 적절한 애플리케이션을 필요로 한다.

현재 전 세계적으로 드론 플랫폼에 뛰어든 기업의 수는 50~100여 개에 달하는 것으로 추정된다. 물론 그중 대부분은 실패할 것이다. 그럼에도 불구하고 수많은 업체들이 드론 플랫폼에 뛰어드는 이유는, 다른 플랫폼 산업과 마찬가지로 드론 산업에서도 플랫폼을 장악한 업체가 시장을 장악할 것이기 때문이다. 그렇기에 플랫폼의 선점을 위해 치열한 경쟁을 하고 있는 것이다.

드론 플랫폼은 고도의 소프트웨어 기술을 필요로 한다. 드론 서비스를 위해서는 드론이 취득한 데이터를 저장하고 처리하고 실시간으로 활용할 수 있는 클라우드가 있어야 한다. 동시에 수천, 수만 대의 드론 비행을 관리하는 클라우드를 생각해 보라. 고도의 클라우드 기술을 확보해야 한다는 것을 이해할 수 있을 것이다. 수많은 드론으로부터 취합된 엄청난 양의 데이터를 관리하고, 이를 분석해 비즈니스 인사이트를 찾아내기 위해서는 빅데이터 기술도 필요하다.

또한 3D 지도 데이터를 제공하고 드론과 연계해 처리하는 내비게이션 및 자율비행 기술도 필요하다. 적절한 동작을 수행하기 위해 드론이 사람이나 사물을 인식하는 컴퓨터 비전 기술도 필요하다. 앞으로는 드론 스스로 학습하고 점점 스마트해지는 방향으로 진화할 것이기에 머신 러닝(Machine Learning) 기술도 중요하다.

국내에서도 드론에 대한 관심이 고조되고 있고 드론 하드웨어를 개발하는 업체들도 나오고 있지만, 플랫폼 및 소프트웨어 분야는 불모지나 마찬가지인 실정이다. 언제나 그렇듯이 우리는 플랫폼 및 소프트웨어 기술이 전반적으로 취약하기 때문에 드론도 예외일 리 없는 것이다.

최근 동향을 보면 드론 하드웨어는 중국이, 플랫폼 및 소프트웨어는 미국이 시장을 주도하고 있는데 특별한 이변이 없는 한 이러한 추세는 앞으로도 이어질 것으로 전망된다. 중국이 '하드웨어뿐만 아니라 플랫폼 및 소프트웨어 분야에서 얼마나 경쟁력을 확보하는가' 하는 점이 향후 드론 시장에서 중요한 관전 포인트다. 점차 확대되는 드론 시장에서 한국 업체들이 어떤 역할을 해야 할지 깊은 고민이 필요한 시점이다.

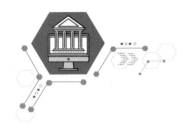

거부할 수 없는
로봇 시대의 개막

　'팍스 로보티카(Pax Robotica)'. 미국 중심의 세계 질서라는 '팍스 아메리카나(Pax Americana)'에서 따온 말이다. 한마디로, 로봇 중심으로 세계가 재편된다는 뜻이다. 그간 SF영화에서나 보던 로봇이 드디어 산업체뿐만 아니라 각종 비즈니스와 일상생활에까지 활용되는 시대가 오고 있다. '1인 1로봇' 시대가 머지않았다.

　주로 공장에서 제품을 생산하는 데 사용되는 산업용 로봇은 이미 많은 기업에서 활용되고 있다. 그런데 최근 보다 유연한 기능과 저렴한 가격의 로봇이 속속 등장함에 따라, 그간 노동자들이 작업하던 다양한 분야로 로봇 시장이 계속 확대되고 있는 추세다.

　아마존은 물류창고용 로봇을 개발한 키바 시스템(Kiva Systems)을 2012년 7억 7,500만 달러에 인수했다.[29] 키바 로봇은 무선 통신으로 물품을 찾아 직원이 있는 곳으로 선반을 나른다. 아마존의 물류센터에는 약 1만 5,000여 대 이상의 키바 로봇이 사용되고 있다. 아마존은 키바 로봇을 이용함으로써 약 40퍼센트에 달하는 비용을 절감한 것으로 알려져 있다. 다른 기업의 물류센터에서는 노동자가 하는 일을 아마존의 물류센터에서는 로봇이 대신하고 있는 것이다.

이와 같은 로봇 인프라를 기반으로 아마존은 협력업체의 상품을 창고에 보관하고 무료 묶음배송을 제공하는 물류센터(Fulfillment Center)를 운영하고 있다. 아마존은 이러한 배송 시스템의 경쟁력과 유료회원 제도인 프라임 멤버십을 결합해 차별화된 서비스를 제공함으로써, 전 세계 커머스 산업에서 가장 경쟁력 있는 업체로 확고하게 자리를 잡았다.

그렇다면 로봇은 기존에 인간이 개발해 사용해 온 다른 기술과 비교해 어떤 의의가 있는 것일까? 지구상에는 인간보다 강한 동물들이 많다. 사실 인간은 신체적으로 연약한 존재다. 하지만 인간은 도구를 이용할 줄 알며 지금까지 각종 도구를 이용해 끊임없이 인간의 생물학적 한계를 극복해 왔다. 하드웨어와 소프트웨어 기술이라는 IT 도구는 지금까지 인간이 사용해 온 도구들의 정점에 있다고 볼 수 있다.

그리고 지금, 인간은 로봇을 통해 또 한차례 대단한 도약을 하려고 한다. 로봇은 고도의 하드웨어 및 소프트웨어 기술의 융합을 통해 만들어지는데, 단지 인간을 도와주는 수준이 아니라 인간의 노동을 대체한다는 점에서 기존의 산업혁명, 정보혁명을 능가하는 로봇

혁명을 가져올 것으로 전망된다. 로봇을 구매하든 아니든, 로봇에 관심이 있든 없든, 앞으로 모든 사람이 로봇의 영향을 받을 것이다.

국제로봇연맹(IFR)이 공개한 전 세계 산업용 로봇 시장 현황을 살펴보면, 산업용 로봇을 가장 많이 보유한 국가는 일본이고, 가장 많이 구매하고 있는 국가는 중국으로 나타났다. 전 세계 산업용 로봇 판매량은 최근 크게 증가하고 있는데 중국 다음으로 로봇을 많이 구매하는 국가는 한국으로 나타났다.[30] 그런데 구매 대수가 아니라 제조업 노동자 1만 명당 로봇 수를 뜻하는 '로봇 밀도'에서는 이미 한국이 세계 1위다. 그만큼 한국의 산업용 로봇 활용률이 높다는 뜻이다. 이것이 가진 명암에 대해서는 뒤에서 살펴보겠다.

로봇은 대표적인 융복합 산업이다. 경쟁력 있는 로봇을 만들기 위해서는 (1)고성능의 신뢰성 있고 안전하고 가성비가 뛰어난 하드웨어 기술, (2)운영체제·인공지능·클라우드·빅데이터·스마트 인터랙션 등 고도의 전문 소프트웨어 기술, (3)로봇이 활용될 분야에 대한 탁월한 도메인 지식(Domain Knowledge) 등을 모두 갖추고서, 이들을 절묘하게 융복합할 수 있는 역량이 필요하다. 특히 그중에서도 인공지능(AI: Artificial Intelligence)은 그 복잡성으로 인해 업체마다 기술 격차가 상당한 소프트웨어 기술 중 하나다. 미래의 로봇 플랫폼에서는 인공지능이 더욱 중요한 구성요소로 자리매김할 것이다.

인공지능에 가장 많은 투자를 하고 있는 기업 중 하나는 구글이다. 구글은 4억 달러 이상을 지불하고 영국의 인공지능 업체 딥마인드

(DeepMind)를 인수했다(인수금액을 공식적으로 밝히진 않았으며, 일부 매체는 5억 달러 이상이라고 보도하기도 했다).[31] 딥마인드 인수를 위해 구글, 페이스북, IBM 등이 치열한 경쟁을 했는데 결국 구글이 승자가 됐다. 구글의 인수 이후 딥마인드 연구진은 유명 과학저널 〈네이처〉를 통해 최소한의 정보로 비디오게임을 학습하는 인공지능 시스템을 개발했으며, 49개의 게임 중 29개의 게임에서 인공지능이 게임 전문가를 능가했다고 밝혔다.[32] 딥마인드는 2016년 알파고와 이세돌 9단과의 바둑 대전을 통해 국내에서도 잘 알려지게 되었다.

가장 유망한 로봇 플랫폼, ROS

2007년에 처음으로 등장한 ROS(Robot Operating System)는 로봇용 애플리케이션 개발을 위한 오픈소스 소프트웨어로, 월로우개러지(Willow Garage)와 스탠퍼드 AI연구소에 의해 만들어졌다. ROS는 로봇의 하드웨어 제어 및 일반적인 기능 구현을 위한 개발도구를 제공한다.

월로우개러지의 창업자는 구글 초기의 아키텍트 출신인 스콧 하산(Scott Hassan)이다. 그는 구글 주식으로 상당한 재산을 모은 후 로봇공학에 매진하고 있다. 현재 ROS의 관리는 비영리재단인 OSRF(Open Source Robotics Foundation)가 맡고 있다. 그런데 월로우개러지 출신의 상당수가 로봇 벤처를 창업했고, 이후 해당 업체들이

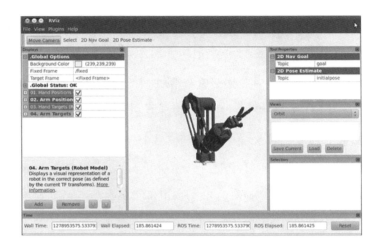

ROS를 이용해 로봇을 개발하는 화면[33]

구글에 여럿 인수되면서 ROS 개발자 다수가 구글에서 일하고 있는
상태다. 또한 구글은 OSRF의 스폰서를 맡고 있으며 프로젝트도 함
께 진행하고 있다. 그래서 업계에서는 사실상 ROS가 구글의 영향력
하에 있는 것으로 간주하고 있다. 현재와 같은 추세라면 ROS가 로봇
플랫폼 경쟁에서 우위를 차지할 가능성이 높은데, 그렇게 되면 결국
구글이 그 수혜를 입을 것으로 전망된다.

ROS는 이미 여러 상용 로봇에 이용되고 있다. ROS 기반 로봇 중
가장 대표적인 사례는 리싱크 로보틱스(Rethink Robotics)의 백스터
(Baxter)다. 리싱크 로보틱스는 산업용 로봇 백스터를 기존 로봇의
10분의 1 가격인 2만 5,000달러에 선보여 업계를 깜짝 놀라게 했다.

백스터의 작동 모습[34]

백스터는 얼굴 위치에 달린 스크린을 통해 작업자와 소통할 수 있으며 작업자가 백스터에게 작업 방법을 훈련시킬 수도 있다.[35]

리싱크 로보틱스는 백스터를 위한 소프트웨어 개발도구를 공개하고 개발자들을 지원하고 있다. 리싱크 로보틱스는 아마존의 CEO 제프 베조스가 소유한 벤처캐피털 베조스 익스피디션(Bezos Expeditions)을 비롯해 골드만삭스, GE벤처스 등으로부터 1억 달러가 넘는 투자를 받은 상태다.

인공지능을 탑재하고
인간의 감정을 읽는 나오치

나오치(NAOqi)는 프랑스 기업 알데바란 로보틱스(Aldebaran Robotics)가 자사의 로봇 나오(NAO)용으로 개발한 플랫폼이다. 2005년에 설립된 알데바란 로보틱스는 첫 번째 제품을 로보컵(RoboCup)에서 선보인 이후 지속적으로 나오를 개량해 왔다. 그리고 일본 소프트뱅크가 2012년 알데바란 로보틱스의 지분 80퍼센트를 1억 달러에 인수하면서 업계에서 큰 주목을 받게 된다.[36]

나오는 키 58센티미터, 무게 5.4킬로그램의 인간형 로봇으로 이마에 카메라를 장착하고 있으며 고성능의 CPU와 초음파 센서, 적외선 센서, 촉각 센서, 물리력 감지 센서 등도 갖추고 있다. 나오의 특징은 인간의 표정과 목소리 톤 등을 파악해 감정을 분석하고 그에 적합한 행동을 하는 것이다. 나오는 나오치 플랫폼을 기반으로 프로그래밍이 가능해 활용성이 높아 다양한 용도로 개발하는 작업이 이뤄지고 있다. 아이들에게 수학, 물리, 컴퓨터 등을 가르칠 수 있도록 프로그래밍된 나오도 있고, 가정에서 신문이나 음료수를 가져오는 등의 심부름을 하도록 만들어진 나오도 있다.

나오는 일본 미쓰비시UFJ은행 도쿄 지점의 로비에서 방문객을 응대하는 역할을 맡기 시작했다. 나오는 일본어, 영어, 중국어로 대화할 수 있으며 고객이 원하는 서비스를 파악해 안내한다. 이를 통해 일본인뿐만 아니라 일본어를 못하는 외국인들에게 상당한 도움이 될 것으로 기대하고 있다. 일본에서는 머지않아 24시간 은행 업무를 로봇에게 맡기게 될 것으로 전망하고 있다.

나오의 개발사 알데바란 로보틱스를 인수한 소프트뱅크는 로봇 페퍼(Pepper)를 공개했다. 페퍼가 바로 나오치를 기반으로 만들어진 로봇이다. 무엇보다 페퍼는 인공지능을 통한 감정 파악 기능을 갖춰 사람이 부탁하지 않아도 서비스를 제공할 수 있는 능력을 갖고 있다. 이는 나오치 기반 로봇의 특징이다. 페퍼에는 주변의 상황을 파악해 자율적으로 판단하고 행동하는 알고리즘이 탑재돼 있다. 페퍼는 사용자의 일상을 관찰하고 대화, 학습 등을 통해 지속적으로 사용자를 이해하고 감정을 인식한다.

페퍼는 가정에서 아이를 돌보거나 간호, 놀이 상대 등 다양한 역할을 수행할 수 있으며 기업에서는 로봇 직원으로 일할 수 있다. 네슬레재팬은 일본 전역의 1,000여 개 매장에 페퍼를 배치해 커피머신을 판매하도록 할 계획이라고 밝혔다. 판매원의 자리를 페퍼가 대신하게 된 것이다.

로봇 산업이 가져올 혁명적인 사회 변화

로봇 산업은 큰 성장을 앞두고 있다. 산업용 로봇이 다양한 분야로 확대되고 있고, 특히 서비스용 로봇은 막 대중화되기 시작한 상

페퍼가 고객을 응대하는 모습[37]

태다. 초기에는 인간을 도와주는 형태로 로봇이 사용되겠지만, 궁극적으로는 인간이 수행하던 상당수의 작업이 로봇에 의해 대체될 것으로 전망된다.

예를 들어 아직까지 인간의 작업 영역이라 할 수 있는 신문기사, 보고서 작성 등과 같은 글쓰기 작업도 로봇에 의해 상당 부분 대체될 것이다. 최근 미국 언론계에서는 '로봇 저널리즘'이 화두다. 스포츠, 금융 등과 같은 일부 분야에서는 이미 로봇의 글쓰기가 시작됐다. 해당 분야는 많은 데이터와 정확한 수치를 분석해 기사를 작성해야 하기 때문에 자동화된 알고리즘의 장점이 명확하다.

이제 로봇은 클라우드에 연결되어 빅데이터를 활용하고 머신 러닝을 수행함으로써 점점 더 똑똑해지고 있다. 앞으로 뛰어난 인공지능과 스스로 판단해 작업하는 유연성까지 갖춘 로봇이 점점 더 많은 노동자를 대체하게 될 것이다.

전 세계에서 로봇 시장이 크게 성장할 것으로 전망되는 가장 큰 이유는 '인건비의 상승과 로봇 가격의 하락'이다. 사실, 많은 나라에서 노동생산성이 증가하는 것에 비례해 인건비가 상승하고 있지는 않다. 노동자들이 충분한 대가를 지급받고 있지 못하다는 뜻이다. 그럼에도 대부분의 기업들은 조금이라도 더 인건비를 줄여 이익을 증대시키고자 하는 욕구를 갖고 있다.

매년 조금씩이라도 인건비가 증가하고 있는 상황에서, 로봇의 성능은 하루가 다르게 발전하고 있으며 로봇의 가격은 오히려 계속 하락하고 있다. 더 저렴하고 더 뛰어나고 더 설치하기 쉽고 더 운용하기 쉬운 로봇들이 계속해서 등장하는 것이다. 새로 지어지는 공장들은 최대한 인건비를 줄이기 위해 로봇과 자동화에 의존하는 방향으로 나아가고 있으며, 기존 공장들도 노동자를 로봇으로 대체하고 있는 추세다. 익명의 로봇 전문가에 따르면, 2만 명의 노동자가 근무하던 중국의 한 공장에서는 로봇이 도입된 후 로봇 관리 직원 100명만 남았다고 한다.[38] 더군다나 앞으로는 공장뿐만 아니라 서비스 업종에서도 대대적으로 로봇이 도입되기 시작할 것이다.

로봇 시대에는 경제가 발전할수록 일자리가 늘어나는 것이 아니라 줄어들게 된다. 물론 로봇 산업으로 인해 창출되는 일자리도 있겠지만, 사라지는 일자리에 비해서는 미미한 수치일 것이다. 그렇다고 로봇을 막을 수도 없는 노릇이다. 그것은 마치 PC를 막거나 스마트폰을 막을 수 있다고 믿는 것처럼 무의미하거나 어리석은 생각이다. 선악의 판단을 떠나, 원하든 원하지 않든 로봇은 명백히 우리의 미래다. 우리에게 주어진 과제는 그러한 미래에 어떻게 대응할 것인가 하는 점이다.

PART » **05**

플랫폼의
미래, 성공, 교훈

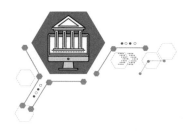

분산 애플리케이션 플랫폼, 이더리움

창의적인 결과물은 누군가에게 영감을 주고 또 다른 창의적인 결과물을 낳는다. 여기에서 전자는 비트코인(Bitcoin)이고, 후자는 이더리움(Ethereum, 이시리움 또는 에테리움으로 표기하기도 한다)이다.

이더리움은 비트코인에 사용된 핵심 기술인 블록체인(Blockchain)을 이용해 전 세계 사용자들이 보유한 컴퓨팅 자원을 기반으로 분산 시스템을 구축하고, 이를 통해 새로운 가상통화, SNS, 크라우드펀딩, 주식 발행, 부동산 계약, 전자 투표, 게임 등의 다양한 분산 애플리케이션을 개발하고 구동할 수 있는 플랫폼이다.

아마도 개발자가 아니거나 혹은 개발자라도 비트코인과 같은 분산 시스템에 익숙하지 않은 사람이라면, 이와 같은 내용이 쉽게 와 닿지는 않을 것이다. 좀 더 쉽고 상세하게 설명하겠지만, 기본적으로 이더리움의 난해함은 어쩔 수 없는 일이다. 왜냐하면 비트코인이나 이더리움과 같은 플랫폼은 개발자 중에서도 소위 너드라고 불릴 정도로 컴퓨터에 미친 이들에 의해 만들어진 것이기 때문이다.

이더리움을 만든 개발자 비탈릭 부테린(Vitalik Buterin)은 17세 때부터 비트코인 기술에 흠뻑 빠져 살았던 너드였다. 비탈릭 부테린은 블록체인 기술을 이용해 다양한 분산 애플리케이션을 구동할 수 있는 플랫폼을 만들겠다는 목표를 세운 후, 대학을 자퇴하고 2014년 19세의 나이로 이더리움 재단을 발족한다.

그는 2014년 월드 테크놀로지 어워드(World Technology Award)의 IT 소프트웨어 분야에서 페이스북의 창업자(이면서 초기 개발자이기도 한) 마크 저커버그를 제치고 수상해 화제가 되기도 했다.[1] 1999년부터 시작된 월드 테크놀로지 어워드는 WTN(World Technology Network)에 의해 시상되는 기술 분야의 저명한 상이다. 이더리움은 2014년 크라우드펀딩으로 총 1,843만 달러를 모아, 당시 기준으로 크라우드펀딩 역사상 가장 많은 모금을 달성한 프로젝트로 꼽히기도 했다.[2]

블록체인 기술을 응용한 이더리움

비트코인에 사용된 수많은 기술 중에서 가장 주목해야 하는 기술이 바로 블록체인이다. 오픈소스 소프트웨어 형태로 만들어진 블록체인은 비트코인에 참여한 사용자 모두에게 나누어 공개된 일종의 회계원장 또는 거래원장이라고 볼 수 있다. 블록체인에는 모든 거래 내역이 포함돼 있으며, 비트코인 네트워크는 이러한 블록체인을 토대로 작동된다. 비트코인 사용자들이 거래하고 거래 내역과 잔액을 확인하는 기반이 바로 블록체인인 것이다.

만일 사용자 A가 사용자 B에게 비트코인을 송금하는 거래를 시도하면 비트코인 네트워크에 참여 중인 기기들이 이를 검증한다. 검증에 통과해야만 사용자 B는 비트코인을 얻게 된다. 이 과정에서 블록체인의 참여자들은 일정한 규칙에 따라 데이터를 담은 각각의 블록(파일)을 생성하게 되며, 각 블록은 이전 블록의 정보를 갖고 있고 블록들이 모여 체인을 이루는 형태, 즉 블록체인이 만들어진다. 블록체인 내에는 전자서명을 통해 체인 형태로 연결된 데이터의 집합이 있다. 각 데이터는 모두 연결되어 상호 유효성을 증명한다.

이 모든 과정이 세계에 분산된 여러 컴퓨터들을 통해 수행되기 때문에 위조, 변조, 해킹의 위험이 현저하게 감소한다. 해킹을 하려면 수많은 사용자의 기기를 한꺼번에 공격해야 하는데 이는 현실적으로 불가능한 일이다. 물론 프로토콜의 취약점을 찾아내거나 거래소를 공격하는 등 공격 방법은 다양하기에 해킹 위험이 0퍼센트는 아니다(해킹 위험 0퍼센트의 시스템은 현존하지 않으며 앞으로도 그럴 것이다). 다만 설계 방식과 동작 구조가 상대적으로 안전하다는 뜻이다.

사실 이와 같은 비트코인의 작동 방식은 비트토렌트(BitTorrent)로부터 영향을 받은 것이라 볼 수 있다(물론 비트토렌트도 그 이전의 P2P 소

비트코인에서의 블록체인 작동 구조[3]

프트웨어로부터 영향을 받았다. IT 분야는 그런 식으로 발전해 왔다). 주로 파일을 공유하는 데 이용되는 비트토렌트는 만일 한 사용자가 파일의 다운로드를 시도하면, 기존의 방식처럼 중앙의 물리적인 서버에서 완전한 파일이 다운로드 되는 것이 아니라(비트코인과 마찬가지로 중앙 서버라는 것이 아예 존재하지 않는다), 비트토렌트 소프트웨어를 설치한 수많은 기기에 분산된 해당 파일의 조각들을 찾아서 다운로드하는 방식으로 작동된다. 즉, 사용자가 다운로드를 원하는 파일의 정보가 담긴 토렌트 파일(.torrent)을 자신의 비트토렌트 소프트웨어에 등록하는 순간, 사용자는 업로더이자 다운로더가 되는 것이다.

이러한 비트토렌트의 파일 공유 기능은 오픈소스 소프트웨어의 배포나 무료로 공개된 동영상 또는 음악 파일 등의 콘텐츠 배포에 쓰인다. 특히 용량이 수십 기가바이트에 달해 서버를 통해 배포하려면 값비싼 비용을 지불해야 하는 경우, 비트토렌트는 그 가치를 발한다. 배포 시 비용 부담이 전혀 없기 때문이다. 또한 사용자들은 파일을 업로드하거나 다운로드받기 위해 회원 가입을 하거나 로그인할 필요도 없다. 노출되는 것은 자신의 IP주소뿐인데 필요하면 이것도 숨길 수 있다.

그런데 비트토렌트는 합법적인 파일 공유보다는 불법적인 파일 공유에 주로 이용되고 있는 것이 현실이다. 이는 파일 공유를 관리하는 중앙 서버가 존재하지 않고 참여한 사용자의 익명성이 보장되기 때문인데, 어떤 이유에서건 비트토렌트를 막는 것은 현실적으로 불가능한 일이다.

단순히 P2P 네트워크를 통해 조각난 파일을 주고받는 비트토렌트와 달리, 비트코인의 블록체인 기술은 금융거래에 쓰일 정도로 탄탄한 구조와 안전성을 확보하고 있다. 하지만 비트코인의 블록체인 기술은 비트코인 네트워크에 최적화된 형태로 만들어져 다양한 응용에는 제한적이었다. 이에 비탈릭 부테린은 블록체인 기술을 이용해 다양한 분산 애플리케이션을 구동할 수 있는 플랫폼을 만들기로 결심하고 이더리움 재단을 설립하게 된다.

비트코인은 거래 인증 과정에서 블록체인 기술을 통해 참여한 기기들의 연산 능력을 활용하는데 이를 모두 합하면 슈퍼컴퓨터를 뛰어넘는 연산 능력을 갖게 된다. 비트코인이 이러한 연산 능력을 비트코인 거래에만 활용하는 데 반해, 이더리움은 이를 다양한 애플리케이션을 구동하는 데 이용할 수 있는 구조를 갖고 있다.

블록체인이 작동하는 구체적인 방식을 이해하기 위해서는 상당한 IT 지식이 필요하므로(일반적인 개발자들도 이해하기 어려울 정도다), 혹시라도 개념이 잘 파악되지 않는 독자라면 '분산된 기기들의 컴퓨팅 자원을 모아 거대한 연산 능력을 확보하고, 이를 기반으로 중앙 서버 없이 모든 작업을 처리하고 검증할 수 있다'는 정도만 기억해 두길 바란다. 더 자세한 내용이 궁금한 독자는 IEEE 사이트에 등록된, 그나마 블록체인에 대해 쉽게 설명한 동영상을 참고하기 바란다.[4]

비트코인이 가상통화만 다루는 반면, 이더리움은 애플리케이션을 다룰 수 있다. 이더리움은 다양한 곳에 활용할 수 있는 유연한 개방형 플랫폼이면서 동시에 가상통화 플랫폼이기도 하다. 이더리움은 이더(Ether, ETH, 에테르라고도 한다)라고 칭하는 독자적인 화폐 단위를 갖고 있는데, 이는 이더리움 생태계를 구동하는 필수 요소라 할 수 있다. 이더리움이 자동차라면 이더는 휘발유와도 같다.

이더리움은 블록체인 기술을 이용해 모든 것을 분산 시스템으로 구축하려는 비전을 갖고 있으며, 분산 시스템에 참여해 컴퓨팅 자원을 제공한 대가로 이더를 지불한다. 이더는 (1)비트코인처럼 CPU나 GPU를 이용해 채굴(Mining)하거나, (2)비트코인과 교환해서 얻거나,

⑶프리세일 기간에 구매한 이더를 충전하거나, ⑷지인으로부터 넘겨받는 방법이 있다.

2013년에 설립된 홍콩의 스타트업 게이트코인(Gatecoin)은 비트코인과 이더리움 간의 환전 서비스를 제공하고 있다. 게이트코인은 원래 비트코인만 다루다가 이더리움의 화폐 단위인 이더의 환전 서비스를 개시했다.

이더리움은 다양한 분산 애플리케이션을 개발하고 구동하는 플랫폼을 지향한다. 그러한 관점에서 이더리움을 '분산 애플리케이션 플랫폼(Decentralized Application Platform)'이라고 부른다. 또한 콘트랙트(Contracts, 계약)라고 하는 일종의 프로그램을 사용자가 작성하면 이것이 블록체인에 심어져 동작하기 때문에 '스마트 콘트랙트 플랫폼(Smart Contracts Platform)'이라고 불리기도 한다. 상대방의 확인 및 상호 신뢰가 어려운 디지털 환경에서 파기할 수 없는 강력한 계약을 만들어 낼 수 있다는 점이 이더리움의 가치를 더욱 빛나게 한다.

세탁기가 다른 기기와 화폐를 주고받는다

블록체인 기반의 분산 애플리케이션들도 하나둘씩 등장하고 있다. 글로벌 컨설팅 기업 딜로이트(Deloitte)는 고객사가 블록체인 기술을 손쉽게 이용할 수 있도록 도와주는 루빅스(Rubix) 서비스를 공개했다.

IBM은 2015년 1월 초안을 공개한 보고서에서 '디바이스 민주주의(Device Democracy)'라는 슬로건과 함께, 자사가 만든 어뎁트(ADEPT: Autonomous Decentralized Peer-To-Peer Telemetry)라는 콘셉트를 밝혔다. IBM은 이를 통해 세탁기가 블록체인 주소와 지갑을 갖고 다른 기기와 가상화폐를 주고받는 시나리오를 제시했다.[5] 앞으로 IBM은 블록체인에 근거한 자사만의 사물인터넷 플랫폼을 개발해 나갈 것으로 전망된다.

영국의 〈파이낸셜 뉴스 Financial News〉 기자가 공개한 바에 따르면, 스위스에 본사를 둔 은행이자 유럽에서 두 번째로 큰 거대은행 UBS가 채권 거래에 블록체인을 구현한 시스템을 테스트하고 있는 것으로 밝혀졌다.[6] UBS는 이더리움을 이용함으로써 은행 서비스의 구축 및 운영 비용을 절감하면서 더 신속하고 안전하게 거래할 수 있는 방법을 찾고 있는 것이다.

런던의 스타트업 에버레저(Everledger)는 블록체인 기반의 다이아몬드 사기 방지 서비스를 제공하고 있다. 에버레저는 다이아몬드가 거래되는 과정에서 진품이 가품으로 바뀌는 사기가 발생한다는 데 착안하여, 블록체인에 기반한 영구적인 거래원장을 통해 다이아몬드 증명서와 관련 거래의 히스토리를 제공한다. 다이아몬드 소유자, 채권자, 보험회사, 사법기관 등이 에버레저의 거래원장을 사용할 수 있다. 에버레저는 현재 분산 애플리케이션 플랫폼 중 하나인 에리스(Eris)를 사용하고 있지만, 추후 이더리움으로 이전할 의향이 있다고

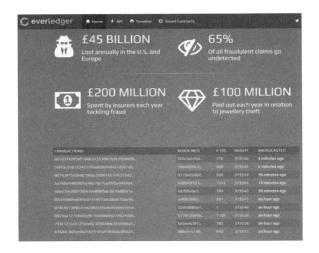

에버레저의 실시간 다이아몬드 거래 검증 화면[7]

밝혔다.

필라멘트(Filament)는 분산 네트워크 기반의 사물인터넷 기술을
개발하고 있는 업체다. 이 업체는 블록체인 기술을 응용해 중앙 서
버나 클라우드 없이도 독자적인 분산 네트워크를 구축하고 이를 기
반으로 멀리 떨어진 기기 간에 커뮤니케이션을 할 수 있는 기술을
제공한다. 분산 네트워크로 구축이 되기에, 비트코인이나 이더리움
과 궁합이 잘 들어맞는다.

필라멘트는 100미터 이내의 가까운 거리는 저전력 블루투스(BLE)
통신 방식을 이용하고, 10마일 정도의 먼 거리는 독자적으로 개발한

하이브리드 라디오 하드웨어를 이용해 통신을 제공한다. 이를 통해 와이파이나 휴대전화망 없이도 분산 네트워크 환경을 구축해 사용할 수 있는 것이다. 이는 와이파이나 휴대전화망을 이용하기 어려운 상황이거나 전력, 비용, 기기의 성능이나 크기 등에 민감한 사물인터넷 환경에 적합한 기술이라 볼 수 있다.

서버가 없는 인터넷 서비스

그간 네트워크 기반의 시스템 구조는 다양화와 발전 과정을 거쳐 왔다. 주요 형태만 정리해보면 (1)서버를 직접 소유하고 관리하는 형태, (2)퍼블릭 클라우드를 이용하는 형태, (3)P2P 기반의 분산 시스템을 이용하는 형태로 구분할 수 있다. 3번 유형이 바로 분산 애플리케

세 가지 유형의 네트워크 기반 시스템 구조[8]

이션 환경이며 앞으로 더욱 주목받게 될 시스템 구조라 볼 수 있다.

지금까지의 인터넷 서비스는 기본적으로 소프트웨어와 데이터베이스를 처리하는 물리적인 서버가 필요했다. 한마디로 중앙 집중화된 형태다. 아마존, 마이크로소프트 등의 클라우드 업체가 제공하는 퍼블릭 클라우드를 이용할 때도, 내가 소유한 서버가 아니라 빌려서 쓸 뿐이지 어딘가에 서버가 존재하는 것은 마찬가지다. 하지만 분산 시스템에서는 서버가 아예 존재하지 않기 때문에 소유할 필요도, 빌릴 필요도 없다.

실제 엔터프라이즈 환경을 보면 세 가지 유형 중 하나로 확실히 구분되는 경우도 있지만, 일부 시스템은 직접 소유하고 나머지는 퍼블릭 클라우드를 이용하는 등의 섞인 형태로 운영하는 경우도 많다.

기본적으로 앞서 나온 그림에서 오른쪽의 형태로 갈수록 기술적인 측면에서 더 발전된 구조라 볼 수 있지만, 그렇다고 해서 하나의 구조가 다른 구조를 완전히 대체하는 것은 아니다. 서버를 소유하고 (마음대로 다룰 수 있다), 서버를 빌려 쓰고(신속하게 구현하고 비용을 절감하고 비즈니스에 집중할 수 있다), 서버가 아예 존재하지 않는(서버가 필요 없는 대신 시스템을 통제하는 것이 어렵다) 각각의 구조에 따른 장단점이 존재하기 때문이다.

분산 시스템의 긍정적인 측면을 살펴보자. 일단, 분산 시스템은 외부의 검열과 통제로부터 안전하다. 모든 정보가 참여자들에 의해 분산되어 보관되고 처리되기 때문에 검열할 수도, 통제할 수도 없다. 중앙 집중화된 시스템은 서버가 고장 나거나 다운되면 서비스의 이용이 불가능하다. 아예 먹통이 된다. 하지만 분산 시스템은 그럴 일이 없다. 중앙 집중화된 시스템에서는 사용자 수 증가에 따라 서버를 확장해야 하고 그로 인해 비싼 비용을 지불해야 하지만, 분산 시스템에서는 서버가 아예 없으므로 그로 인한 비용도 없다.

무엇보다 중앙 집중화된 시스템은 해킹 등과 같은 외부 공격에 매우 취약할 수밖에 없다. 해커의 입장에서 공격 대상이 명확하기 때문이다. 반면에 분산 시스템은 공격할 대상이 명확하지 않다. 시스템의 개발자조차도 사용자 정보에 쉽게 접근할 수 없을 정도다. 모든 정보가 분산되어 있고 암호화되어 있기 때문이다.

이처럼 분산 시스템은 방대한 양의 사용자를 대상으로 저렴하고도 안전하게 서비스를 제공할 수 있는 방법이다. 물론 거래 검증에 시간이 소요되는 등 단점도 존재하는데 이 같은 문제는 점차 개선될 것이다.

분산 시스템을 모든 분야에 다 적용할 수는 없겠지만, 앞으로 기술이 발전함에 따라 그 한계가 극복되고 그에 따라 적용 분야도 계속 확대될 것이다. 모든 사용자가 시스템의 일부로 참여하는 분산 시스템이야말로 인터넷과 가장 잘 맞는 형태이고, 또한 이를 구현하고 구동하는 데 있어 분산 애플리케이션 플랫폼이 가장 적합하기 때문이다.

특히 분산 애플리케이션 플랫폼은 그 태생적 특성상 핀테크와 사물인터넷에 가장 잘 들어맞는다. 그러므로 앞으로 핀테크 분야에서 다양한 금융거래에 분산 애플리케이션 플랫폼을 활용하는 사례가 계속 증가할 것이다. 또한 분산된 수많은 기기들이 서로 협업하며 자동으로 작동하는 고수준의 사물인터넷 환경에서도 분산 애플리케이션 플랫폼이 중요한 역할을 담당하게 될 것이다.

이더리움과 같은 플랫폼과 인공지능이 결합되면 다음과 같은 시나리오가 가능해진다. 예를 들어 자동차의 어떤 부분에 문제가 발생하면 자동차가 스스로 해당 문제를 파악하고 보증 기간을 조회한 후 만일 비용을 지불해야 한다면 견적을 받아 주인에게 알려 준다. 주인이 수리를 승인하면 수리 일정까지 알아서 협의하고, 만일 자율주행 자동차라면 정비 센터에 혼자 방문해 수리를 마친 후 이더로 결제까지 완료하고 돌아온다. 즉, 인간의 개입 없이 기계들끼리 상호 커뮤니케이션을 수행하고 행위를 조율한 후 알아서 모든 과정을 처리하는, 완전히 자동화된 시나리오가 가능한 것이다.

다른 플랫폼을 창조해 내는 플랫폼

현재 시점에서 가장 주목할 만한 분산 애플리케이션 플랫폼은 이더리움이다. 기술적으로나 커뮤니티의 반응 등에 있어서 가장 앞서 있기 때문이다. 하지만 여전히 이 분야는 초기 단계에 불과한 데다 이더리움의 지위가 확고한 상황도 아니고 응용 사례도 많지 않으므로 판세는 언제든지 달라질 수 있다. 분산 애플리케이션 플랫폼이 인터넷의 주역이 되는 미래를 개척하기 위해, 앞으로 이더리움과 유사한 분산 애플리케이션 플랫폼들이 속속 등장해 치열한 경쟁을 펼치게 될 것이다.

그렇다면 어떤 분산 애플리케이션 플랫폼이 미래 시장을 장악하게 될까? 미래는 알 수 없는 법이지만 비탈릭 부테린의 말에 힌트가 있다.

"이더리움에는 특허가 없습니다. 베껴도 상관없습니다. 플랫폼은 대중이 얼마나 많이 사용하느냐에 따라 그 가치가 결정됩니다. 아마 사람들이 베낀 플랫폼을 따라가지는 않을 것입니다."[9]

그가 플랫폼의 핵심을 정확히 간파하고 있음을 알 수 있는 대목이다. 분산 애플리케이션 플랫폼은 디지털 경제의 중요한 법칙 세 가지, 즉 (1)길더의 법칙(Gilder's Law) "가장 비싼 자원을 아끼기 위한 최선의 방법은 가장 값싼 자원을 마구 쓰는 것이다", (2)코어스의 법칙(Coase's Law) "협력을 통해 거래 비용의 절감과 조직 복잡성의 감소를 이룰 수 있다", (3)멧칼프의 법칙(Metcalf's Law) "네트워크의 가치는 사용자 수의 제곱에 비례한다"를 명확히 충족시킨다.

이더리움과 같은 분산 애플리케이션 플랫폼을 이용하면 수학적으로 나타낼 수 있는 모든 것을 생성하고 취득하고 거래할 수 있다. 다른 플랫폼을 창조해 낼 수 있는 플랫폼이라는 의미에서, 이를 '플랫폼의 플랫폼'이라고 부를 수 있을 것이다. 그러한 혁신적인 플랫폼의 행보가 이제 막 시작됐다. 조만간 킬러앱이 발굴되고 IT의 새로운 시대가 열릴 것이다. 만일 이더리움이 실패하면, 그것을 교훈 삼아 더욱 개선된 새로운 분산 애플리케이션 플랫폼이 등장해 다시금 시도할 것이다. IT 역사는 그렇게 발전되어 왔기 때문이다.

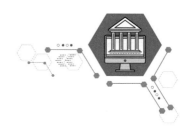

플랫폼의
성공 요소 세 가지

우리는 지금까지 플랫폼의 다양한 모습을 여러 관점에서 살펴
봤다. 이제 그러한 내용을 바탕으로 종합적인 정리를 하고 자신만의
통찰력을 갖춰야 할 때다. 여기에서 우리는 플랫폼이 성공하기 위해
달성해야 할 요건을 킬러앱, 네트워크 효과, 로열티라는 세 가지로
정리해 볼 것이다.

사용자의 욕구를 사로잡는 '킬러앱'

킬러 애플리케이션(Killer Application)의 준말인 킬러앱(Killer App)
은 '특정 플랫폼을 반드시 이용하게 만들 정도로 강력한 역할을 하
는 애플리케이션'을 뜻한다. 말 그대로 '끝내주는' 응용프로그램

이다. 예를 들어 윈도우 운영체제의 대표적인 킬러앱은 MS오피스다.

그런데 언젠가부터 IT 산업이 아닌 다른 산업에서도 킬러앱이라는 용어를 가져다 사용하면서, 이제 킬러앱은 단지 애플리케이션만을 의미하는 것이 아니라 보다 폭넓은 의미로 사용되고 있다. 예를 들어 킬러앱은 어떤 기능일 수도 있고 상품이나 서비스를 의미하기도 한다. 킬러앱이라는 용어가 어떤 맥락에서 쓰이는가를 살펴봐야 한다.

킬러앱이 기능의 의미로 쓰일 때, 그것은 기본적으로 특정 제품의 성공을 이끌어 낼 정도로 강력한 역할을 하는 기능을 뜻한다. 예를 들어 카카오톡의 킬러앱은 무료 메시지 전달 기능이고 네이버의 킬러앱은 검색 기능이다. 기능으로서의 킬러앱은 제품을 성공시키고, 제품으로서의 킬러앱은 시장을 성장시킨다.

만일 킬러앱이라는 말이 산업적 관점에서 쓰인다면, 특정 산업의 성장을 이끌어 낼 정도로 강력한 역할을 하는 제품을 의미한다. 스페이스 인베이더(Space Invaders)가 바로 그런 경우다. 지금은 비디오게임(Video Games) 시장을 당연하게 생각하지만, 처음부터 비디오게임 시장이 있었던 것은 아니다. 비디오게임이라는 용어조차 생소하던 1978년에 스페이스 인베이더는 혜성처럼 등장했다.

스페이스 인베이더가 최초의 비디오게임은 아니었다. 하지만 당시에는 게임에 적이 나와 플레이어와 싸우는 형태의 게임이 존재하지 않았다. 생소한 게임 방식으로 인해 외면받을 것이라는 의견도 있었지만, 스페이스 인베이더는 사회적으로 엄청난 신드롬을 일으키면서 비디오게임 산업의 태동기에 중요한 역할을 하게 된다.

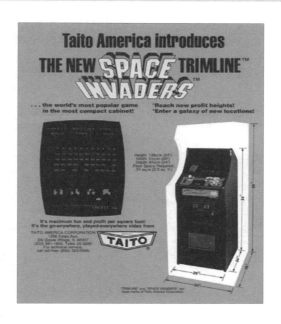

미국 시장에 출시됐을 당시의 스페이스 인베이더 홍보물(1979년)[10]

　지금도 유명 게임업체로 활약하고 있는, 일본의 게임업체 타이토
(Taito)는 스페이스 인베이더를 개발함으로써 일본을 비디오게임의
종주국으로 만들었다는 평가를 받고 있다. 오락실용 스페이스 인베
이더 게임기의 경우 일본과 미국에서 수십만 대가 판매됐고, 아타리
VCS(미국 아타리가 1977년에 발매한 가정용 게임기)용으로 발매된 소프트
웨어도 엄청난 판매고를 달성해 아타리VCS를 성공시킨 일등공신으
로 평가받았다. 타이토는 지금까지도 자사의 마스코트로 스페이스

인베이더에 등장하는 외계인 캐릭터를 사용하고 있다.

이렇게 올드게이머의 향수를 자극하는 스페이스 인베이더까지 끌어들여 설명하는 이유는, 스페이스 인베이더가 킬러앱을 이해할 수 있는 좋은 사례이기 때문이다. 그렇지만 스페이스 인베이더가 탄생한 당시에 킬러앱이라는 용어가 쓰였던 것은 아니다. 기록상 킬러앱이라는 용어가 처음으로 등장한 건 1987년 9월 미국의 PC위크라는 잡지에서다.[11]

만일 독자 여러분이 새로운 제품을 개발해 시장에 선보이려고 한다면, 킬러앱에 대한 다음의 질문에 스스로 답해 보길 바란다.

- 만일 당신이 시장과 경쟁업체가 아예 존재하지 않을 정도로 새로운 카테고리의 제품을 만들었다면, '우리 제품은 없는 시장을 만들어 내고 성장시킬 정도로 강력한 킬러앱인가?'라는 질문을 스스로에게 해야 한다. 즉, 이것은 '우리 제품은 스페이스 인베이더처럼 중독적인가?'라는 질문과도 같다.
- 만일 당신이 기반형 플랫폼을 만들었다면, '우리 플랫폼에서만 사용 가능한 강력한 킬러앱(애플리케이션으로서의 킬러앱)이 존재하는가?'라고 스스로에게 질문해야 한다. 즉, 이것은 '우리 플랫폼은 MS오피스와 같은 매력적인 애플리케이션을 갖고 있는가?'라는 질문과도 같다.
- 만일 당신이 매개형 플랫폼을 만들었다면, '우리 플랫폼에서만

사용 가능한 강력한 킬러앱(기능으로서의 킬러앱)이 존재하는가?'
라고 스스로에게 질문해야 한다. 즉, 이것은 '우리 플랫폼은 아마
존 프라임과 같은 매력적인 기능을 갖고 있는가?'라는 질문과도
같다.

이를 한 문장으로 요약하면, 사용자들이 경쟁업체의 플랫폼을 선
택하지 않고(또는 기존에 사용하던 플랫폼을 버리고) 우리의 플랫폼을 선
택할 정도로 강력한 동기를 제공하는 킬러앱을 갖추고 있어야 한다
는 뜻이다.

킬러앱은 기본적으로 이전에는 존재하지 않았던 새로운 것이며,
사용자의 내재된 욕구와 만나 강한 화학반응을 일으키는 무엇이다.
킬러앱이 있다고 해서 플랫폼이 반드시 성공한다고 볼 수는 없지만
(그 외에도 많은 변수가 있기 때문이다), 킬러앱이 없는 플랫폼은 결코 성공
할 수 없을 것이다.

왜냐하면 킬러앱이 없이는 사용자를 끌어 모으는 것이 사실상 불
가능하기 때문이다. 현대의 사용자는 몹시 바쁘고 시간이 없고 많은
대안을 갖고 있다. 광고 또는 이벤트와 같은 각종 마케팅으로 사용
자를 잠시 끌어들일 수는 있겠지만 그렇게 모은 사용자는 금방 떠나
버린다. 사용자가 '가던 길을 멈추게 할 정도로' 강한 매력을 발산하
지 않는 플랫폼에 자신의 소중한 시간과 관심을 제공할 리 만무하다.

그런데 놀라운 사실은, 킬러앱의 중요성이 감소하기는커녕 날로
커지고 있음에도 여전히 킬러앱의 중요성을 간과하는 기업들이 상

상을 초월할 정도로 많다는 점이다. 기업고객을 만나 킬러앱의 중요성에 대해 얘기하면 다들 수긍하면서도, 막상 만든 제품을 보면 무미건조한 경우가 많다. 아마 킬러앱을 지식적으로만 알고 있을 뿐 가슴으로 절실하게 느끼지 못해서 그런 제품을 만든 경우도 있을 테지만, 다른 한편으로는 그만큼 킬러앱을 찾아내고 구현하는 것이 어렵기 때문이라고도 볼 수 있다.

그렇다면 킬러앱은 구체적으로 어떤 특성을 지녀야 하는가? 무엇보다 킬러앱은 더할 나위 없이 강력해야 한다. 독해야 한다. 적당히 가치 있고 적당히 재미있는 수준으로는 안 된다.

킬러앱은 (1)생업 또는 생존에 필수적이어서 반드시 사용할 수밖에 없을 정도로 '상당한 가치'가 있거나, (2)강한 말초적인 자극을 제공할 정도로 '중독적인 재미'가 있어야 한다. 만일 이 두 가지 요소를 동시에 갖추고 있다면 더할 나위 없이 좋은 킬러앱이라고 볼 수 있다. 아니면 둘 중 하나라도 확실하게 갖추고 있어야 한다. 독할 정도로 말이다.

물론 그런 수준까지 도달한 킬러앱을 모든 기업이 가질 수는 없을 것이다. 하지만 근접할수록 성공 가능성은 높아진다. 만일 킬러앱을 갖고 있지 못하다면 어떻게 될까? 어떠한 노력을 하더라도 사용자들의 호응을 끌어내기 어려울 것이고, 결국 시장에서 쓸쓸히 퇴장해야 할 것이다. 비즈니스는 그렇게 냉정한 것이다.

사용자들 간의 관계가 만들어 내는 '네트워크 효과'

네트워크 효과(Network Effect)란 특정 상품이나 서비스에 대한 어떤 사용자의 수요가 다른 사용자들에 의해 영향을 받는 걸 뜻하는 용어다. 이는 특정 상품이나 서비스를 더 많은 사용자가 사용하면 할수록 그 가치가 더 높아지는 현상을 뜻하는, 네트워크 외부성(Network Externality)과도 일맥상통하는 말이다.[12] 또한 경제학 용어 '수요자 측 규모의 경제(Demand-Side Economies of Scale)'와도 관련이 있다. 일반적으로 규모의 경제라고 하면 공급자 측면에서 생산량이 증가할수록 평균 비용이 감소하는 현상을 의미하는데, 네트워크 효과에서는 수요자 다수가 모여 규모의 경제를 이루기 때문이다.

네트워크 효과의 특성을 갖는 상품이나 서비스는 사용자들이 모여 네트워크를 구성하는 구조를 이루며, 상품이나 서비스가 가진 본연의 가치에다 네트워크를 통해 만들어진 가치가 추가돼 총체적인 가치를 만들어 낸다. 그리고 이는 상품이나 서비스에 강력한 경쟁력으로 작용한다.

네트워크 효과는 킬러앱과 긴밀한 관계를 맺고 있다. 카카오톡이 무료로 메시지를 전송하는 킬러 기능을 통해 성공했다는 내용을 앞에서 언급한 바 있다. 여기에서 카카오톡 사례를 네트워크 효과의 관점에서 살펴보자. 스마트폰이 보급되던 초창기, 스마트폰에 대해 잘 모르면서도 오로지 카카오톡을 이용하기 위해 스마트폰을 구입한 사람들이 적지 않았다. 지인들이 카카오톡으로 대화를 나누니 자신도 참여하기 위해 구입한 것이다. 이것이 바로 네트워크 효과다. 특히 인간관계를 몹시 중요하게 생각하는 한국 사람들에게는 카카오톡과 같은 모바일 메신저가 그 어떤 나라에서보다 강한 네트워크 효과를 발휘했다고 볼 수 있다.

네트워크 효과가 중요한 이유는 (1)사용자들이 몰리면 몰릴수록 사용자가 더 빠르게 증가하면서 제품의 가치가 더욱 높아지고, (2)특정 시점에 도달하면 제품의 품질보다는 이를 이용하는 사람들의 숫자로 제품이 선택되는 경향이 나타나기 때문이다. 실제로 시장에는 품질이 열등하지만 네트워크 효과로 굳건한 시장 지위를 누리는 제품이 여럿 존재한다. (3)이는 결국 락인 효과(Lock-in Effect, 잠금 효과, '자물쇠 효과'라고도 불린다)로 이어져 제품에 불만을 가진 사용자조차도 전환 비용으로 인해 다른 제품으로 바꾸지 못하는 강력한 시장지배 상태에 도달하게 된다.

사실, 모든 인터넷 서비스들은 기본적으로 어느 정도의 네트워크 효과를 갖고 있다고 볼 수 있다. 인터넷 서비스의 특성상 사용자는 보다 많은 사람들이 이용하는 서비스에 참여하려는 욕구를 갖고 있기 때문이다. 이러한 네트워크 효과를 아예 서비스의 핵심 구조로 구현한 것이 그 이름에서 알 수 있듯이 SNS다. 그리고 분산 애플리케이션 플랫폼인 이더리움의 경우에는 기술 및 비즈니스의 총체적인 설계 구조가 네트워크 효과를 기본 철학으로 삼고 있다고 볼 수 있다.

여기에서 우리는 네트워크 효과가 플랫폼의 주요 특성 중 하나라는 점과, 이를 보다 잘 활용하는 설계 구조를 디자인하는 것이 몹시 중요하다는 사실을 알 수 있다.

설계 구조에 네트워크 효과를 잘 반영한 대표적인 기업 중 하나가 페이스북이다. 페이스북은 SNS라는 특성상 기본적으로 사람들의 사회적 관계를 기반으로 서비스가 작동되고 있다. 물론 이는 페이스북뿐만 아니라 다른 SNS들도 마찬가지다. 하지만 페이스북은 거기에 그치지 않고 네트워크 효과를 극대화하는 전략하에 수많은 전술을 발휘한 기업이다.

페이스북은 연결된 친구들의 활동을 계속 사용자에게 전달함으로써 사용자가 반응을 보이도록 끊임없이 유도하는 구조로 플랫폼이 설계되어 있다. 여기에서 사용자의 활동이라는 것은 글, 사진, 동영상처럼 뭔가 작정하고 올려야 하는 콘텐츠다. 콘텐츠를 올리는 것도, 그것에 반응하는 것도 어느 정도의 시간을 투자해야 가능한 일이다. 다른 SNS들은 모두 그런 구조를 당연하게 받아들였고 더 이상 고민하지 않았다. 하지만 페이스북은 더 나아갔다. 댓글조차 달기 귀찮아 그냥 지나칠 수도 있는 사용자들을 위해 '좋아요(Like)' 버튼을 제공한 것이다. 단지 버튼을 클릭하는 정도라면 누구나 쉽게 할 수 있지 않을까? 페이스북의 '좋아요' 버튼은 얼핏 보면 사소해 보이지만, 페이스북은 이를 통해 상당한 네트워크 효과를 만들어 내고 있다.

페이스북에는 네트워크 효과를 강화하는 교묘한 심리적 장치들이 셀 수 없을 정도로 많이 장착되어 있다. 별 생각 없이 서비스를 이용하는 일반 사용자로서는, 선수들이 오랜 고민 끝에 장착한 이런 기

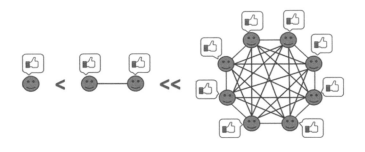

페이스북 '좋아요' 버튼의 네트워크 효과[13]

능들에 의해 그들이 기대한 행동을 그대로 수행하게 된다.

　페이스북 내에서 사용자들이 함께하는 소셜 게임의 경우에도 마찬가지다. 페이스북은 소셜 게임을 통해 결제 수수료 수입을 얻을 뿐만 아니라, 이를 통해 네트워크 효과도 극대화시키고 있다. 소셜 게임은 기본적으로 사용자의 게임 내 활동이 타인에게 영향을 미치는 형태로 디자인되어 있기 때문에, 게임을 하면 할수록 네트워크 효과가 커지고 영향을 받는 사람들도 많아진다. 단지 페이스북의 소셜 게임을 하기 위해 페이스북을 이용하는 사용자도 적지 않다.

　흔하디 흔한 '매치-3(Match-3, 가로세로 세 조각을 맞추는 퍼즐 게임으로 1994년에 첫 등장했다)' 장르의 게임으로 큰 성공을 거둔 선데이토즈의 애니팡도 마찬가지다. 애니팡의 하트 기능은 사실 페이스북의 소셜 게임을 벤치마킹해 만들어진 것이다. 애니팡의 하트로 인해 게임을 처음 하게 된, 즉 인생 첫 게임이 애니팡인 사용자들이 많다. 특히 중

노년층 사용자들은 수년 동안 애니팡의 충성스러운 고객이 되어 매출에 상당한 기여를 하고 있다.

안드로이드의 구글플레이에도 네트워크 효과가 기능으로 구현되어 있다. 구글플레이에 접속해 어떤 앱이든 상세 페이지로 들어가면, 구글+(구글의 SNS)에서 사용자와 연결된 지인이 해당 앱에 +1(페이스북의 '좋아요'와 유사한 기능)을 했다는 걸 보여 준다. 사용자의 입장에서 지인이 추천한 앱이라면 아무래도 좀 더 관심을 갖고 살펴보게 될 것이다.

네트워크 효과를 기능의 일부로 구현한 사례는 셀 수 없이 많다. 앞으로 당신이 주의 깊게 살펴본다면 많은 부분에서 그러한 설계자의 의도를 발견할 수 있을 것이다.

네트워크 효과의 교훈은 명백하다. (1)네트워크 효과가 극대화될 수 있도록 플랫폼의 설계 구조를 디자인해야 할 뿐만 아니라, (2)플랫폼 공개 이후에도 네트워크 효과를 더욱 증진시킬 수 있는 방법을 끊임없이 고민하고 구현해야 한다는 점이다.

확고한 네트워크 효과를 구축한 플랫폼은 결코 쉽게 망하지 않는다. 그런 플랫폼에 한번 들어온 사용자는, 설령 플랫폼에 불만을 가지더라도 웬만큼 강한 의지를 발휘하지 않고서는 '개미지옥'을 빠져나갈 수 없게 된다.

최고의 플랫폼 기업이 가진 독보적인 경쟁력 '로열티'

로열티(Loyalty, 충성도)는 사용자가 자신이 선택한 상품이나 서비스에 상당한 애착을 갖고 있어 경쟁사의 어떤 마케팅 노력에도 불구하고 전환 행동을 야기하지 않을 정도의 깊은 몰입 상태를 뜻한다.

로열티라는 용어는 비즈니스, 마케팅을 비롯해 정치학, 심리학, 사회학 등 다양한 분야에서 사용되고 있는데 여기에서는 플랫폼의 관점에서 살펴보기로 한다. 참고로, 특정한 권리를 이용하는 사람이 권리를 소유한 사람에게 지불하는 대가를 뜻하는 로열티(Royalty)와는 영어 스펠링에서 차이가 있으니 오해가 없길 바란다.

앞서 살펴본 킬러앱과 네트워크 효과만으로도 플랫폼은 성공할 수 있다. 하지만 그 성공을 오랫동안 유지하고 나아가 사용자의 존경을 받기 위해 필요한 요소가 바로 로열티다. 그렇다면 사용자의 로열티를 얻기 위한 방법은 과연 무엇일까? 그것은 성공적인 플랫폼 기업들을 찬찬히 살펴보면 잘 알 수 있다.

예를 들면 아마존은 여타 커머스 기업의 고객서비스를 완전히 넘어서는 행보를 보이고 있다. 아마존은 진정으로 고객의 문제를 해결해 주는 확고한 정책을 갖고 있으며 일관되게 실행하고 있다. 고객이 애로사항을 겪고 있는데 이해관계의 상충으로 인해 해당 고객과 아마존 중 어느 한쪽이 손해를 볼 수밖에 없는 상황에 놓이면, 아마존은 언제나 고객을 위해 기꺼이 손해를 감수한다.

아마존을 이용하면서 그런 응대를 한 번이라도 경험한 고객은 아마존에 깊은 호감을 가질 수밖에 없다. 다른 쇼핑몰에서 동일한 제품을 조금 더 싸게 살 수 있다 해도 일부러 아마존에서 사는 고객도 적지 않다. 뭔가 문제가 발생하면 아마존이 반드시 해결해 줄 거라는 믿음이 있기 때문이다.

구글은 특히 외부 개발자들과 좋은 관계를 맺고 있다. 구글이 새로운 플랫폼을 출시하면 구글에 호의적인 개발자들이 즉각 참여하고, 그들이 다른 개발자들에게 영향을 미치는 식으로 플랫폼이 확산된다.

앞에서 다루었듯이 애플은 하드웨어, 소프트웨어, 콘텐츠 등 모든 측면에서 최고 수준의 로열티를 확립한 라이프스타일 브랜드다. 애플은 IT 업계에서, 신제품 출시 시 팬보이로 불리는 열성팬만으로도 손익분기점을 넘길 수 있는 거의 유일한 기업이다.

플랫폼 기업의 유형에 따라 로열티 확립을 위해 필요한 사항을 정리해 보면 다음과 같다.

(1) 기반형 플랫폼 기업의 경우, 개발자들에게 비전을 제시해 그들의 호의와 열정을 이끌어 낼 수 있어야 한다. 그리고 그런 비전이 실현돼 참여한 개발자들이 실질적인 혜택을 보는 결과가 쌓여야, 비로소 개발자들이 플랫폼을 신뢰하고 정서적인 유대감을 갖게 된다. 이는 상당한 시간과 노력이 필요한 일이다.

(2) 매개형 플랫폼 기업의 경우, 사용자들에게 경쟁업체와 차원이 다른 실질적인 혜택을 제공하거나 또는 정서적인 만족감을 제공해야 한다. 100퍼센트 만족으로는 안 된다. 120퍼센트 만족을 제

공해야 한다. 즉, 사용자의 기대보다 더 높은 만족감을 제공하는 것이 중요하다. 그래서 사용자가 플랫폼에 매혹되고 마침내 플랫폼을 위해 헌신하도록 만들어야 한다.

(3) 복합형 플랫폼 기업의 경우, 위에서 언급한 두 가지 요소를 동시에 달성해야 한다. 결코 쉬운 일이 아니며 업계 최상급의 플랫폼 기업만이 그런 단계에 도달할 수 있다. 또한 그런 단계에 도달했다고 해서 끝이 아니며, 급변하는 시장 환경에서 계속 성공을 유지할 수 있도록 자기 자신을 지속적으로 튜닝해야 한다.

지금까지 살펴본 킬러앱, 네트워크 효과, 로열티는 서로 밀접한 연관성을 갖는다. 각각의 요소가 선후 관계로 연결되어 다른 요소를 강화시키는 역할을 한다. (1)플랫폼은 킬러앱을 통해 사용자를 유인하고, (2)네트워크 효과를 통해 사용자를 플랫폼에 머물게 할 뿐만 아니라 플랫폼의 가치를 지속적으로 증대시킨다. (3)그리고 로열티를 가진 사용자를 일정 수준 이상 확보한 플랫폼은 시장에서 독보적인 지위를 누린다. 마치 애플, 아마존, 할리데이비슨(Harley-Davidson, 미국의 오토바이 제조사)처럼 말이다.

플랫폼에 애착을 갖고 정서적으로 몰입한 사용자는 그런 애착과 몰입이 깨질 정도의 실망스러운 경험을 하기 전에는 결코 플랫폼을 떠나지 않는다. 더욱이 그런 사용자는 플랫폼에 헌신할 뿐만 아니라 다른 사용자들에게 플랫폼을 추천하고 권유하는, 고객전도사의 역할까지 자발적으로 수행한다. 결국 앞으로의 비즈니스 세계에서는

세 가지 요건이 서로 상승작용을 하며 플랫폼을 최고의 위치에 도달
하게 만든다

'그런 충성스러운 사용자를 얼마나 갖고 있는가?' 하는 것이 기업의
생사를 판가름할 것이다.

이런 상황에서도 여전히 많은 기업들이 로열티를 그저 고객만족
정도로 이해하고 있다. 로열티는 고객만족을 뛰어넘어 고객의 헌신
을 이끌어 내는 것이다. 앞으로 로열티는 플랫폼의 성공에 있어서
더욱더 중요한 요소로 작용할 것이다.

어떤 기업은 기술 및 마케팅으로만 시장에서 승부를 내야 하는 반
면에, 로열티를 확립한 기업은 추가적으로 무기를 하나 더 갖고 있
는 것이나 마찬가지다. 더군다나 그것은 궁극적이고도 압도적인 무
기다. 어떤 기업이 시장에서 승리할지는 자명한 일이다.

사용자의 로열티를 확립하는 것, 그것이야말로 최고 수준의 플랫
폼만이 도달할 수 있는 단계다. 그런 플랫폼을 소유한 기업은 파라다
이스에서 살고 있는 것이나 마찬가지다.

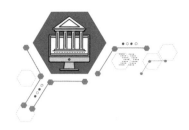

플랫폼의 **불편한 진실**: 난세의 **영웅**, 또는 **독재자**

시장 경제에서 플랫폼의 필요성과 기여도는 명백하다. 경쟁 환경에서 유리한 조건을 확보하고 지속적인 수익을 창출하기 위해 많은 기업들이 플랫폼이 되려고 한다. 시장에서 확고한 위치를 차지한 플랫폼은 (분야에 따라 차이가 있긴 하지만) 비교적 오랜 시간 동안 상당한 영향력을 행사하며 많은 수익을 거둬들일 수 있기 때문이다.

플랫폼이 시장에서 받아들여지고 성장하기 시작하는 초기 단계에서는, 플랫폼을 이용하는 참여자들(개발자 및 사용자, 판매자 및 구매자)을 비롯해 시장 전반에 상당히 긍정적인 영향을 미치는 경우가 많다. 이때 플랫폼을 이용하는 참여자들은 플랫폼이 제공하는 공통 기능과 표준화된 프로세스를 통해 비용 및 시간을 상당 부분 절약하는 경험을 하게 된다.

탁월한 플랫폼이 등장함으로써 시장의 많은 문제가 해결되고, 그런 과정에서 중복 투자가 감소돼 산업 차원에서 자원을 절감하는 효과도 생긴다. 이처럼 플랫폼은 시장을 효율화시키고, 나아가서는 시장 자체를 크게 성장시키기도 한다.

이런 긍정적인 성과를 내는 상황에서 플랫폼은 '난세의 영웅' 대접을 받는다. 플랫폼 기업도, 참여자들도 모두 행복해 보인다. 모든 이해관계자들이 자신의 이익에 만족하고 시장이 계속 빠르게 성장할 때까지는 말이다.

그러나 어느 정도 시간이 흐르면서 하나 또는 소수의 플랫폼 기업이 시장을 독과점하는 형태로 고착화되고, 이윽고 시장의 성장이 정체되기 시작하면 대부분의 플랫폼 기업이 변화된 모습을 보인다. 성장이 정체된 상태에서 더 많은 이익을 창출하는 가장 손쉬운 방법이, 바로 자신의 몫을 더 많이 챙기는 것임을 깨닫고는 자신의 욕심을 채우는 방향으로 나아가는 것이다. 그에 따라 모든 이해관계자들이 만족해 왔던 '플랫폼의 문화와 규칙'에 손을 대기 시작한다. 즉, 자신의 이익을 극대화하는 방향으로 플랫폼을 재정의한다. 이런 단계에 도달한 플랫폼은 '독재자' 취급을 받게 된다.

인류 역사에서 난세의 영웅이 독재자가 되는 것을 우리는 여러 번 목격해 왔다. 그렇게 되는 이유는 온갖 난제를 해결하고 천하를 통일함으로써 영웅 대접을 받게 되지만, 한편으로는 그 결과로 주어진 막강한 권력으로 인해 스스로 부패하기 때문일 것이다. 플랫폼도 마찬가지다.

플랫폼의 승자독식과 문제점

플랫폼 기업이 성공의 흐름을 타고 점차 시장점유율을 높여 가다가 어느 시점에 이르면 '승자독식(Winner Takes All)' 상태에 도달하게 된다. 차면 넘친다. 승자독식 상태에 도달하면 일반적으로 크게 다음과 같은 세 가지 문제점이 발생하기 시작한다. 이러한 문제점들은 각기 명확하게 구분된다기보다는, 모두 승자독식이라는 현상에서 비롯되는 서로 연관된 문제점들이라 볼 수 있다.

첫째, 경제력이 하나 또는 소수의 플랫폼 기업에 집중되고 불평등이 심화된다. 생태계에 참여한 이해관계자들에게 비교적 합리적으로 배분되던 이익이, 어느 시점부터 플랫폼 기업에게 집중되기 시작한다. 만일 하나의 플랫폼 기업이 시장을 장악하고 있다면(독점 상태), 해당 기업이 어떤 의사결정을 하는가에 따라 참여자에 대한 이익 배분 또는 참여자가 지불해야 할 비용이 곧바로 달라질 수 있다.

만일 소수의 플랫폼 기업들이 시장을 장악하고 있는 경우에는(과점 상태), 해당 기업들이 서로 모여서 담합(짬짜미)을 함으로써 이익 배분 구조나 비용 지불 구조를 자신들에게 유리하게 만들 수 있다. 이러한 담합의 형태에는 적극적인 담합뿐만 아니라, 1위 사업자가 먼저 결정해 실행에 옮기면 다른 사업자들은 그것을 그대로 따라가기로 암묵적 합의를 한 상태, 즉 사실상의 담합도 포함된다.

이것은 소득 분배의 불평등을 야기할 뿐만 아니라, 새롭고 혁신적인 플랫폼이 나오기 어려운 왜곡된 시장 환경을 조성한다. 플랫폼이

384

가진 긍정적인 경쟁력으로 인해 플랫폼이 시장에서 탄탄한 지위를 누리는 것을 나쁘다고 할 수는 없다. 그것은 플랫폼의 본질적 성격에서 비롯된 것이기 때문이다.

문제는 독과점 플랫폼이 막강한 경제력과 시장 권력을 바탕으로 불공정 행위를 함으로써 경쟁자의 시장 진입을 막는 경우다. 이런 단계에 도달한 플랫폼은 강제 거래, 거래의 거부, 부당한 고객 유인, 차별적 취급 행위, 경쟁 사업자 배제 등 다양한 불공정 행위를 저지르게 된다. 소위 '갑질 중의 갑질'을 할 수 있는 것이 바로 플랫폼이다.

기반형 플랫폼의 경우, 개방했던 플랫폼을 갑자기 통제하기도 한다. 예를 들면 원래 페이스북은 외부 업체에 사용자의 다양한 소셜 데이터를 제공해 왔는데, 2015년 5월부터 생일, 학력, 친구 목록 등 일부 데이터를 제공하지 않는 것으로 정책을 변경해 스타트업들로부터 원성을 사기도 했다.[14]

둘째, 참여자의 입장에서 선택의 자유가 제한된다. 물론 사용자는 감옥에 갇힌 채 특정 서비스만 이용하라고 강요당하고 있는 상태는 아니다. 인터넷에서 사용자가 선택하지 못할 것이라고는 없다.

하지만 플랫폼이 시장을 독과점한 상태에서는 '사실상' 선택의 자유가 없어진다. 이론적으로는 마음껏 선택할 수 있다고 하더라도, 선택할 대상 자체가 없는 것이다. 사람들이 일상적으로 사용하는 포털을 예로 들어 생각해 보자. 네이버, 다음이 지배하는 과점 시장에서는 사실상 선택의 자유가 없다고 볼 수 있다. 물론 네이트, 줌 등의 서비스도 있긴 하지만 시장점유율이 아주 낮고 콘텐츠, 사용자 수 등의 여러 면에서 네트워크 효과가 미흡하기 때문에 흔쾌히 선택할 수 있는 상황은 아니다.

플랫폼이 고착화되면 선택의 자유는 필연적으로 제한된다. 그런데 이것이 항상 문제가 되는 것은 아니다. 왜냐하면 그것은 모든 플랫폼 산업에서 발생하는 자연적인 현상이기 때문이다. 그러므로 대다수의 참여자들이 만족해하는 상황에서는 이것 자체가 큰 문제로 인식되지 않는다. 하지만 플랫폼이 독재를 하기 시작하면서 혁신이 사라지고 참여자들의 불만이 커지기 시작하면, 선택의 자유는 큰 이슈가 될 수밖에 없다.

셋째, 개인정보 노출 및 프라이버시 침해가 점점 더 커다란 위험이 되고 있다는 점이다. 인터넷 기반의 독과점 플랫폼들은 상당히 많은 개인정보와 각종 데이터를 수집하고 있다. 특히 페이스북, 카카오처럼 SNS로서 플랫폼 사업을 하는 기업의 경우에는 수집되는 데이터의 양과 질이 모두 엄청난 수준이다.

플랫폼에 노출된 개인정보를 이용해 범죄자들이 해킹, 보이스피싱 등의 각종 범죄를 저지르는 사례도 늘어나고 있다. 이것이 특히 문제가 되는 이유는, 적지 않은 플랫폼 기업들이 사용자의 개인정보를 의도적으로 노출하고 프라이버시 침해를 통해 수익을 창출하고 있기 때문이다. 사용자의 개인정보, 관심사, 어느 장소에 가서 누구를 만나고 어떤 일을 했는지 등의 프라이버시 정보는 광고로 수익을 창출하는 플랫폼 기업에게 있어서 소중한 비즈니스 자산으로 인식된다. 그래서 일부 플랫폼 기업들은 더욱 많은 개인정보와 민감한 데이터를 확보하기 위해 혈안이 되어 있다. 그런 플랫폼을 이용할 때 사용자는 자신의 개인정보를 지키기 위해 온갖 노력을 강구해야 한다.

공정한 심판으로서의 정부 역할

플랫폼의 독과점 현상이 언제까지나 유지되지는 않는다. (1)해당 플랫폼 기업이 장악한 시장이 어느 순간 사라질 수도 있고, (2)새로운 기기의 등장 등 어떤 변수로 시장에 대변혁이 발생해 변화된 시장 환경에 부합하는 신생 기업이 강력한 경쟁자로 등장할 수도 있고, (3)시장 환경에 큰 변화가 발생한 것은 아니지만 기존 플랫폼 기업의 약점과 틈새를 공략해 시장 진입에 성공하는 경쟁자가 등장할 수도 있다.

경쟁력을 상실한 플랫폼이 시장에서 자연스럽게 퇴출될 수 있어야 한다. 그러므로 공정한 시장 환경을 조성해 고인 물이 썩지 않도록 하는 것이 중요하다. 그런 환경 조성에 책임이 있는 주체가 바로 정부다. 시장 경쟁이 공정하게 이뤄질 수 있도록 정부가 제대로 감시하면서 불공정 행위에 대해 적시에 적절한 조치를 취한다면, 독과점으로 인해 발생하는 문제를 최소화할 수 있을 뿐만 아니라, 새로운 경쟁자가 등장할 수 있는 토대를 마련해 다시금 혁신을 도모할 수 있다.

손쉽게 이윤을 추구할 수 있는 독과점 상태에서는 불공정 행위를 통해 보다 많은 이윤을 추구하는 방향으로 자연스럽게 나아가게 되어 있다. 그러므로 정부는 '공정한 심판'으로서 공정한 시장 환경을 조성하는 데 힘써야 한다. 플랫폼 기업과 참여자들 간에 이해관계가 상충하는 일이 발생할 경우에는 최대한 공명정대하게 판단해야 한다. 그 결과로 플랫폼의 이해관계자들이 정부를 신뢰할 수 있어야 한다.

만일 정부가 그런 역할을 제대로 해내지 못하거나 빈번하게 독과점 기업의 편을 든다면, 시장의 폐해는 날로 커지고 혁신적인 경쟁자가 등장할 가능성은 점점 더 낮아지게 된다. 플랫폼의 참여자들은 언젠가 새로운 난세의 영웅이 등장하길 꿈꾸면서 불행한 삶을 살아야 한다. 이는 산업적 차원에서 보면 자원의 배분을 왜곡시키는 일이고, 심할 경우에는 국가의 경쟁력까지 저해하게 된다.

이처럼 승자독식 현상이 필연적으로 발생하는 플랫폼 산업에서는 공정한 시장 환경을 조성하고 유지하는 일이 몹시 중요하다고 볼 수 있다.

인문학의 관점에서 살펴본
플랫폼의 본질

미국의 저명한 역사학자이자 철학자 윌 듀란트(Will Durant)는 인류 역사의 생물학적 교훈 가운데 첫째로 '삶이란 경쟁이라는 것', 둘째로 '삶이란 선택이라는 것', 셋째로 '삶이란 번식해야 한다는 것'을 꼽았다.

그는 "경쟁이란 교역의 삶(the life of trade)일 뿐만 아니라 삶의 교역(the trade of life)이기도 하다. 협력의 주된 이유는 그것이 경쟁의 구도이자 형태이기 때문이다. 모든 잠재적 능력의 발전과 작용이 허용되는 사회는 집단 간의 생존 경쟁에 있어서 우월성을 지닐 것이다. 자연은 질의 선택을 위한 선결조건으로 양을 선호한다"고 밝혔다.[15]

1885년생인 윌 듀란트는 인터넷, 스마트폰, 웹2.0 등이 존재하지 않는 시대에 살았으며 1981년에 96세의 나이로 사망했다. 그의 연구는 디지털과 관계없이 이뤄졌지만, 디지털 시대를 이해하는 데에

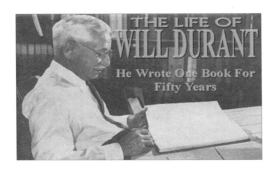

윌 듀란트는 저서 《문명 이야기 *The Story of Civilization*》를 50년에 걸쳐 완성했다.[16]

도 그대로 통용될 수 있다. 왜냐하면 그는 오랜 시간 동안 전 세계 인류의 역사를 연구한 결과로서 시대와 국가와 문화를 초월해 발견되는 공통된 현상을 제시했기 때문이다. 즉, 그가 밝힌 것은 인간이라는 생물의 본질인 것이다.

여기에서 인문학적인 관점에서 플랫폼을 살펴보기 위해, 윌 듀란트가 연구한 인류 역사의 생물학적 교훈 세 가지(경쟁, 선택, 번식)를 응용해 보려고 한다. 이를 통해 우리는 플랫폼의 본질과 이면을 좀 더 고차원적인 관점에서 생각해 볼 수 있다.

플랫폼은 경쟁을 극대화한다

여기에서는 O2O커머스를 예로 들어 설명하겠다. 물론 다른 플랫폼의 경우에도 그대로 적용되는 내용이다.

　기존의 오프라인 기반 상거래는 물리적인 한계와 정보의 한계를 갖고 있었다. 자영업자 입장에서는 홍보가 어려웠기 때문에 제한된 소비자를 만날 수밖에 없었다. 소비자 입장에서도 자영업자들에 대한 충분한 정보가 없기는 마찬가지였다. 그에 따라 기존에는 주로 동네 주민만을 대상으로 장사를 했으며 그것이 당연한 것으로 받아들여졌다. 대신 경쟁에는 그만큼 덜 노출되어 있었다고 볼 수 있다.

　하지만 O2O커머스는 그러한 물리적 한계와 정보의 한계를 없애고, 정보의 공유와 투명성을 통해 판매자들 간의 경쟁을 극대화한다. 다만, 선결조건이 있다. 임계치를 넘어서는 다수의 판매자와 다수의 소비자를 확보해야만 한다. 그래야 충분한 경쟁이 이뤄지고 구매까지 이어지는 선순환이 달성될 수 있기 때문이다. 이 같은 이유에서 많은 O2O커머스 기업들이 경쟁업체보다 더 많은 판매자와 소비자를 확보하기 위해 엄청난 마케팅 비용을 집행하고 있는 것이다.

　역사를 통해 우리가 알 수 있는 사실은, 경쟁을 통해 인류가 발전해 왔으며 경쟁을 위한 새로운 방법을 끊임없이 발견해 왔다는 점이다. 경쟁이 없거나 미약한 분야는 항상 존재했지만 한편으로 인류는 그런 분야들을 계속 찾아내 경쟁을 시켜 왔다.

　기존의 오프라인 기반 상거래에서 판매자들은 기껏해야 가까운 점포와의 경쟁이나 입소문에 의한 경쟁을 경험했지만, O2O커머스에서 판매자들은 자신의 속살을 모두 노출한 채 무한경쟁을 해야만 하는 상황에 놓이게 됐다. 월 듀란트의 교훈에 따르면, 이것은 자연의 필연적인 결정인 것이다.

플랫폼은 선택을 촉진한다

여기에서 선택이란, 기본적으로 생사(生死)에 대한 자연의 선택이다. 즉, O2O커머스를 통해 성공할 판매자는 더 빨리 더 크게 성공함으로써 오래 살아남고, 실패할 판매자는 더 신속하게 실패함으로써 결국 소멸될 것이라는 뜻이다. 이는 본질적으로 생물이 진화하거나 도태되는 것과 동일한 개념이다. O2O커머스는 그것을 더욱 강화하고 촉진하는 플랫폼인 것이다.

윌 듀란트가 역사의 교훈에서 밝혔듯이, 자연은 차이를 좋아한다. 이를 통해 진화와 도태 여부를 결정할 수 있기 때문이다. 인간으로서(또는 인간이기에) 모든 개체가 평등하게 살아가는 이상적인 세상을 꿈꿀 수는 있겠지만, 자연에서 그런 모습을 발견하기는 어렵다. 자연은 경쟁을 통해서 차이를 만들고 살아남을 대상을 선택한다.

O2O커머스는 수많은 판매자를 입점시켜 치열한 경쟁 상태에 놓이게 만든다. 가격, 만족도, 판매량 등 경쟁할 수 있는 모든 요소를 수치로 표현해 구매자가 비교할 수 있도록 한다. 또한 판매자에 대한 평가를 구매자의 평점과 후기로 파악할 수 있다.

이처럼 O2O커머스는 판매자로 하여금 자신의 모든 역량을 동원해 경쟁에 참여할 것을 요구한다. 경쟁의 결과로서 성공하는 판매자와 실패하는 판매자의 차이가 '수치적으로' 명확히 구분된다. 이것은 소비자들의 선택에 따른 결과이자, 결국 자연의 선택인 것이다.

플랫폼은 번식을 위한 토대다

자연은 재생산 능력이 불충분한 유기체를 좋아하지 않는다. 서두에서 인용한 윌 듀란트의 글에 나와 있듯이, 자연은 양을 질의 선택을 위한 선결조건으로 선호한다. 역사적으로 볼 때 출생률이 낮은 국가는 출생률이 높은 국가에 의해 주기적으로 침범을 당해 왔다. 그리고 인구가 과잉되면 자연은 전쟁을 통해 균형을 맞춘다.[17]

해외와 달리, 특이하게도 국내에서 배달의민족, 직방 등과 같은 음식 배달, 부동산 거래 분야의 O2O커머스가 크게 성장하고 이용률

월 듀란트의 교훈을 통해 살펴본 플랫폼의 인문학적 본질

이 높은 이유도 이와 관련이 있다. 바로 요식업소, 부동산 중개업소야말로 수많은 자영업 분야 가운데에서도 가장 과잉 공급된 분야이기 때문이다. 이것이 유일한 이유는 아니지만 주된 이유 중 하나라고 볼 수 있다.

이전 항목에서 살펴본, 치열한 경쟁과 선택을 통한 자영업자의 도태가 잔인하게 느껴질지도 모른다. 그런 느낌이 드는 것은 어쩔 수 없는 일이다. 그렇지만 인간의 관점이 아니라 자연의 관점에서도 생각해 볼 필요가 있다. 자연의 관점에서 보면, 그건 해당 개체의 생존을 위한 방법인 것이다.

만일 인구가 계속 증가해 더 이상 식량을 감당할 수 없는 지경에 이르렀는데도 불구하고 기근, 전염병, 전쟁이 발생하지 않는다면 어떻게 될까? 아마도 전체 인구가 공멸하게 될 것이다. 자연은 그런 상황을 원하지 않는다. 자연은 번식을 해야만 하기 때문이다. 이 같은 원리는 플랫폼에서도 그대로 작용하고 있다.

플랫폼은 참여자들을 일종의 전쟁 상태로 만들어 재생산 능력이 불충분한 참여자를 도태시킨다. 이를 통해 우월한 참여자를 선택함으로써 해당 개체가 지속적으로 번식할 수 있는 토대를 마련하는 것이다.

이처럼 플랫폼을 통해 벌어지는 치열한 경쟁과 그로 인한 생사의 결정은 필연적이다. 그러나 비록 이것이 자연적인 현상이라고 하더라도, 한편으로 우리 인간은 함께 공존할 수 있는 이상적인 구조를 꿈꾼다. 이상향을 추구하는 인간, 그것이 바로 자연의 모든 만물과 인간을 구분 짓는 가장 중요한 특성이 아니겠는가?

나 가 며

플랫폼이 우리에게 주는
궁극적 교훈

기원전 384년에 출생한 그리스 철학자 아리스토텔레스(Aristoteles) 의 위대한 점은 그가 주장한 많은 내용이 2000년이 지난 현재에 도 그대로 유효하다는 점이다. 그중 하나가 저서《수사학 *The Art of Rhetoric*》에서 그가 주장한 설득의 3요소, 즉 로고스(Logos), 파토스 (Pathos), 에토스(Ethos)다.[18]

로고스는 '논리'다. 누군가를 설득하기 위해서는 화자의 메시지에 청자가 납득하고 합리적인 결정을 내릴 수 있는 논리를 담아야 한다 는 뜻이다. 파토스는 '열정'이다. 화자의 메시지에 강한 열정이 담겨 있어야 하고, 청자로부터 그 열정에 대한 공감을 이끌어 낼 수 있어 야 한다는 뜻이다. 에토스는 '신뢰'다. 화자에 대한 신뢰가 있을 때 비로소 청자가 설득될 수 있다는 뜻이다.

설득을 위해서는 이러한 세 가지 요소가 잘 조화를 이뤄야 하는 데, 아리스토텔레스는 그중에서도 에토스를 가장 중요한 요소로 꼽 았다. 이러한 설득의 3요소는 현대에 와서도 대중 연설, 마케팅, 기 업 PR 등 커뮤니케이션의 전반에 응용되고 있다.

설득의 본질은 나의 주장을 상대에게 전달해 공감을 얻어 내고 결국 내가 주장한 방향으로 상대를 나아가게 만드는 것이다. 그저 내가 하고 싶은 말을 하는 것이 설득은 아니다. 상대가 받아들이고 행동해야만 설득이 달성된 것이다. 그리고 이러한 내용은 '마음을 움직이고 행동하게 한다'는 점에서, 사람들의 마음을 사로잡아 원하는 방향으로 이끌어 가려는 의도를 가진 모든 행위에 그대로 적용할 수 있다.

여기에서는 마지막 총정리를 하는 차원에서, 플랫폼이 성공을 향해 나아가기 위해 갖춰야 할 요소들을 아리스토텔레스의 철학을 응용하여 세 가지로 정리해 보았다. 이 내용은 앞에서 살펴본 플랫폼의 성공 요소와 관련이 있으며, 그중에서 로열티 측면을 좀 더 해부해서 살펴본 것이라 할 수 있다.

첫째, 플랫폼은 충분한 로고스(논리)를 갖춰야 한다. 이는 사용자의 기대와 목적성에 부합하는 기능 및 인터페이스가 플랫폼에 합리적으로 구현되어야 한다는 의미다. 사용자가 이용하지 않는 플랫폼은 그 자체로는 아무런 가치가 없다. 예를 들어 사용자가 이용하지 않는 인터넷 서비스는 그저 소프트웨어 코드의 집합에 불과할 뿐이다.

경쟁 플랫폼들과 비교해 로고스가 가장 탁월하다고 해서 반드시 성공하는 것은 아니지만, 만일 어떤 플랫폼의 로고스가 사용자의 기대와 현저한 차이를 보인다면 그 플랫폼은 외면받을 수밖에 없을 것이다.

둘째, 플랫폼은 파토스(열정)를 발산해야 한다. 성공적인 플랫폼 기업이 되고자 하는 많은 기업들이 파토스를 간과한다. 눈에 보이지 않고 측정하기도 어렵기 때문이다. 특히 관료화된 대기업들에게 부족한 게 바로 파토스다. 우리는 종종 약한 파토스를 가진 대기업의 플랫폼이 실패하고, 강한 파토스를 발산한 스타트업의 플랫폼이 성공하는 걸 목격한다.

특히 기반형 플랫폼에서는 파토스가 더욱 중요하다. 예를 들어 운영체제를 생각해 보자. 아무리 충분한 기능(로고스)을 갖춘 운영체제를 출시했다고 하더라도 과연 개발자들이 그 운영체제를 택해서 개발을 해 줄 것인가? 충분한 기능을 갖춘 운영체제는 많다.

개발자들은 단지 기능만으로 자신이 헌신할 운영체제를 선택하지 않는다. 플랫폼이 제시하는 비전에 개발자들이 공감하고 플랫폼의 성장에 동참하고 싶다는 마음을 가지게끔 만들어야 한다. 플랫폼 스스로 '가치 있는 일에 동참하라!'는 식의 열정을 발산하고 개발자들이 그에 감화돼야 한다.

이 대목에서 우리는 애플의 iOS나 구글의 안드로이드가 성공하고, 노키아의 심비안이나 삼성전자의 바다가 실패한 이유를 알 수 있다. 후자에서는 파토스가 느껴지지 않는다. 그것이 유일한 이유는 아니겠지만 주된 이유 중 하나인 것만은 분명하다.

기반형 플랫폼뿐만 아니라 매개형 플랫폼에서도 역시 파토스는 중요하다. 비슷한 로고스를 갖춘 플랫폼들이 난립하는 상황에서, 하필이면 왜 이 플랫폼을 이용해야 하는가에 대한 동기부여를 파토스가 제공하기 때문이다.

셋째, 플랫폼은 에토스(신뢰)를 구축해야 한다. 에토스는 플랫폼에 참여한 이해관계자들의 관계에 의해 만들어진다. 기반형 플랫폼을 예로 들면, 플랫폼과 사용자, 플랫폼과 개발자, 개발자와 사용자, 그리고 사용자들 간의 관계와 상호작용을 통해 신뢰 자본이 구축돼야 한다. 매개형 플랫폼의 경우에도 마찬가지다.

신뢰 자본은 플랫폼을 성공으로 이끌 뿐만 아니라 성공을 지속적으로 유지하는 데 있어서 중요한 토대라고 볼 수 있다. 아무리 플랫폼이 로고스와 파토스를 갖추었다고 하더라도 신뢰할 수 없다면 그 누가 이용하겠는가? 설령 대안이 없어 어쩔 수 없이 이용한다고 하더라도 사람들은 언제든지 떠날 준비를 하고 있을 것이다.

플랫폼에 어떤 부족한 부분이 드러나거나 또는 문제가 발생했을 경우, 신뢰 자본이 구축된 플랫폼은 그 내용을 투명하게 공개한 다음에 부족한 부분을 보완하고 문제를 해결한다. 이해관계자들 또한 플랫폼이 개선될 거라 믿고 기다리며 자신이 기여할 부분이 있다면 기꺼이 헌신한다. 그런 플랫폼은 스스로를 지속적으로 최적화하면서 발전해 나간다.

에토스. 마지막으로 얘기하고 싶은 한 단어는 바로 이것이다. 신뢰는 최고 단계의 성숙한 플랫폼을 지향하기 위해 반드시 필요한 요건이다. 또한 이에 대한 이해를 통해 우리 자신을 되돌아볼 수도 있다. 위에서 플랫폼이라는 단어를 우리 사회, 내가 일하는 기업, 나 자신으로 바꿔 보면, 다양한 관점에서 생각해 볼 여지가 있을 것이다.

아리스토텔레스의 철학으로 살펴본, 플랫폼이 갖춰야 할 3요소

    우리 사회는 지금 변화를 해야만 하는 상황에 놓여 있다(기업도, 개인도 마찬가지다). 과거에 우리를 성공시켰던 방법들은 더 이상 작동하지 않을 것이다(이미 그런 상태이지 않은가?). 하지만 새로운 방법을 찾기도 어렵거니와, 설령 찾았다고 해도 이해관계자들을 설득하고 함께 실행하는 것은 더욱 어려운 일이다.

    설득을 위해서는 신뢰가 먼저 형성되어야 한다. 그리고 진정한 신뢰란 설득이 필요한 상황에서 패스트푸드처럼 즉각 만들어 낼 수 있는 것이 아니라, 진작 구축되어 있어야 하는 사회적 자본이다. 과연 우리 사회가 그런 소중한 신뢰 자본을 얼마나 확보하고 있는지, 만일 부족하다면 그것을 위해 얼마나 노력하고 있는지 함께 숙고해 보고 싶다.

    나는 이것이, 플랫폼이 우리에게 주는 궁극적인 교훈이라고 생각한다.

NOTE
참고문헌

1장

1) http://www.computerhistory.org/timeline/?year=1956
2) http://www.investopedia.com/terms/o/open-market.asp
3) http://www.businessinsider.com/explainer-what-exactly-is-the-social-graph-2012-3
4) http://www.statista.com/statistics/267031/facebooks-annual-revenue-by-segment/

2장

1) http://pds.egloos.com/pds/1/200502/09/74/b0054474_1645295.jpg
2) http://thenextweb.com/microsoft/2012/07/12/microsofts-lesson-from-the-aquantive-disaster-acquisitions-require-autonomy/
3) http://www.bloomberg.com/news/articles/2015-07-08/microsoft-to-cut-7-800-jobs-as-it-restructuresphone-business
4) http://www.ft.com/intl/cms/s/0/a9b38c8c-54a3-11e5-b029-b9d50a74fd14.html
5) https://www.npd.com/wps/portal/npd/us/news/press-releases/windows-8-gets-off-to-a-slow-start-according-to-the-npd-group/
6) http://www.cultofmac.com/237379/steve-ballmer-admits-microsofts-ipad-killer-is-a-flop/
7) http://www.eweek.com/c/a/Application-Development/Survey-Java-C-Draws-Visual-Basic-Developers
8) Manu Cornet, http://www.bonkersworld.net/organizational-charts/
9) http://www.wired.com/2014/09/tech-time-warp-of-the-week-watch-steve-ballmer-laugh-at-the-original-iphone/
10) http://www.forbes.com/sites/adamhartung/2012/05/12/oops-5-

ceos-that-should-have-already-been-fired-cisco-ge-walmart-sears-
microsoft/3/

11) http://www.forbes.com/sites/connieguglielmo/2012/10/07/a-steve-jobs-
moment-that-mattered-macworld-august-1997/

12) http://www.cs.columbia.edu/~sedwards/apple2fpga/

13) http://www.mac-history.net/apple-history-2/apple-lisa/2007-10-12/
apple-lisa

14) http://news.hjnews.com/opinion/article_b71cddba-f7a0-11e0-8054-
001cc4c002e0.html

15) https://youtu.be/2zfqw8nhUwA

16) https://youtu.be/2B-XwPjn9YY

17) http://www.ebooklyn.net/p/800000-imacs-sold-in-first-139-days.html

18) http://www.apple.com/pr/library/2001/01/09Apple-Introduces-iTunes-
Worlds-Best-and-Easiest-To-Use-Jukebox-Software.html

19) https://www.apple.com/pr/library/2007/04/09100-Million-iPods-Sold.
html

20) https://www.apple.com/pr/library/2008/06/19iTunes-Store-Tops-Over-
Five-Billion-Songs-Sold.html

21) http://www.thingswemake.com/10-years-of-the-ipod/

22) http://www.phonearena.com/news/Apple-accounted-for-91-of-
smartphone-profits-last-year_id78318

23) http://fortune.com/2012/01/18/the-secrets-apple-keeps/

24) http://www.gartner.com/newsroom/id/2747417

25) http://www.zdnet.com/pictures/15-years-of-google-from-university-to-
universal-search/

26) http://abc.xyz/investor/other/google-code-of-conduct.html

27) https://en.wikipedia.org/wiki/List_of_mergers_and_acquisitions_by_Google

28) https://en.wikipedia.org/wiki/Android_version_history#/media/File:
Android_1.0_Screenshot.png

29) http://www.cnet.com/news/google-hits-record-with-1-billion-site-
visitors-in-may/

30) http://www.alexa.com/siteinfo/google.com

31) http://www.xconomy.com/san-francisco/2012/03/05/googles-rules-of-
acquisition-how-to-be-an-android-not-an-aardvark/5/

32) 류한석,《ICT 기반의 창의문화 활성화 방안》, 정보문화 이슈리포트 13-02호,
2013

33) http://www.businessinsider.com/google-20-percent-time-policy-2015-4

34) http://www.google.com/about/company/facts/culture/

35) http://www.computerworld.com/article/2887457/big-names-such-as-google-dominate-open-source-funding.html?page=2

36) http://www.fool.com/investing/general/2015/05/19/facebook-incs-sustainable-competitive-advantage.aspx

37) http://www.telegraph.co.uk/technology/myspace/8404510/MySpace-loses-10-million-users-in-a-month.html

38) https://www.facebook.com/games/

39) http://blog.instagram.com/post/129662501137/150922-400million

40) http://www.usatoday.com/story/tech/2015/09/04/whatsapp-facebook-900-million-mark-zuckerberg-jan-koum-messenger/71704760/

41) https://web.archive.org/web/20040212031928/http://www.thefacebook.com/

42) http://www.theguardian.com/technology/2012/feb/02/facebook-ipo-winklevoss-300m-fortune

43) https://www.naij.com/62841.html

44) http://techcrunch.com/2012/09/11/mark-zuckerberg-our-biggest-mistake-with-mobile-was-betting-too-much-on-html5/

45) 류한석,《아마존이 월마트를 제친 시대》, DBR No.185, 2015.09

46) http://qz.com/462605/amazon-is-now-bigger-than-walmart/

47) https://www.srgresearch.com/articles/aws-market-share-reaches-five-year-high-despite-microsoft-growth-surge

48) http://www.amazon.com/b/?node=10667898011&lo=digital-text

49) http://www.businessinsider.com/the-on-demand-economy-2014-7

50) http://www.tnooz.com/article/china-rising-how-to-make-it-as-a-tech-firm-in-china/

51) http://zj.qq.com/zt2013/czhyeb/index.htm 의 내용을 재구성

52) http://www.cnet.co.kr/view/100143053

53) http://www.mi.com/mi4/

54) http://www.mi.com/en/founder/

55) http://www.nocutnews.co.kr/news/4446322

56) http://marketingland.com/report-iphone-took-share-android-markets-japan-117278

57) http://www.statista.com/statistics/258749/most-popular-global-mobile-messenger-apps

58) http://www.bloomberg.com/news/articles/2014-07-17/line-is-said-to-pursue-u-s-ipo-with-confidential-filing-to-sec

3장

1) http://www.innocentive.com/innocentive-solver-network-passes-300000-registered-members-milestone

2) http://www.thingiverse.com/thing:942891/#remixes

3) http://observer.com/2015/09/the-real-reason-quirky-failed/

4) http://static.dezeen.com/uploads/2015/12/The-Floating-House-by-Carl-Turner-Architects_dezeen_sqg.jpg

5) https://www.ted.com/talks/alastair_parvin_architecture_for_the_people_by_the_people?language=ko

6) https://www.kickstarter.com/help/stats?ref=footer

7) http://www.kickstarter.com/discover/categories/technology

8) http://www.kickstarter.com/projects/1523379957/oculus-rift-step-into-the-game

9) http://business.time.com/2013/12/04/business/slide/top-10-exciting-startups/

10) http://insights.venturescanner.com/2015/09/17/average-company-size-per-fintech-category/

11) http://thefinancialbrand.com/47317/analyzing-those-apple-pay-projections/

12) https://squareup.com/jp/news

13) http://www.nytimes.com/2015/11/19/business/dealbook/square-match-ipo-pricing.html

14) http://www.centrodeinnovacionbbva.com/en/opentalent

15) 대한상공회의소, 《2015 유통산업백서》, 2015.03

16) Google, 《Mobile In-Store Research》, 2013.04

17) Bain & Company, 《2011 Retail Holiday Newsletter #3》, 2011.11

18) 대한상공회의소 유통산업정책실, 《내국인 해외 쇼핑 실태 조사》, 2014.10

19) http://www.beauty-co.jp

20) http://www.pickntell.com/wp/2014/05/08/digital-marketing-3-essential-ways-to-engage-with-consumers/

21) http://techcrunch.com/2015/02/05/uber-wins-the-2014-crunchie-for-best-overall-startup/

22) http://blog.lyft.com/posts/?offset=1398877200000

23) http://www.sec.gov/Archives/edgar/data/1594109/000119312514075544/d647121ds1.htm

24) http://hub.uberflip.com/h/i/472968-infographic-making-a-case-for-html5

25) http://www.visionmobile.com/blog/2013/12/developers-prioritise-platforms-ios-vs-android-vs-html5/

26) Appcelerator & IDC,《Q3 2012 Mobile Developer Report》, 2012.08

27) https://www.chromeexperiments.com/

28) http://www.qnx.com/news/pr_5309_2.html

29) https://atari.com/arcade#!/arcade/atari-promo

30) https://bitcoin.org/ko/faq#what-is-bitcoin

31) https://en.bitcoin.it/wiki/Craig_Wright

32) http://www.theguardian.com/technology/2013/oct/29/bitcoin-forgotten-currency-norway-oslo-hom

33) http://www.activistpost.com/2013/11/bitcoin-tops-paypal-for-first-time-in.html

34) http://news.naver.com/main/read.nhn?mode=LSD&mid=shm&sid1=105&oid=011&aid=0002684754

35) Peter Mell & Timothy Grance,《The NIST Definition of Cloud Computing》, NIST, 2011

36) http://www.fastcloud.org/definition_of_cloud_Computing.php

37) http://www.ciscopress.com/articles/article.asp?p=1925617&seqNum=3

38) http://www.salesforce.com/company/awards/company.jsp

39) https://www.whitehouse.gov/blog/2012/03/29/big-data-big-deal

40) http://blog.rstudio.org/2014/06/19/interactive-documents-an-incredibly-easy-way-to-use-shiny/

41) http://www.networkworld.com/article/2288253/infrastructure-management/who-s-hiring-data-scientists--facebook--google--stumbleupon-and-more.html

42) http://datamarket.azure.com/browse/data

43) http://www.gartner.com/newsroom/id/1862714

4장

1) http://weathernews.com/ja/nc/press/2015/150615.htm

2) http://m2m.vodafone.com/cs/m2m/analysys-masons-m2m-scorecard-2015

3) http://www.proteus.com/company/mission/

4) http://bigbelly.com/spotlight/ucsb/

5) https://www.arduino.cc/en/Hacking/DFUProgramming8U2

6) http://cargocollective.com/lesiatrubat/E-TRACES-memories-of-dance

7) http://www.forbes.com/sites/tjmccue/2015/07/24/power-up-that-lego-

creation-with-microduino-mcookie/

8) http://www.youtube.com/watch?v=i5AuzQXBsG4

9) http://world.taobao.com/

10) http://www.marketsandmarkets.com/Market-Reports/smart-homes-and-assisted-living-advanced-technologie-and-global-market-121.html

11) http://www.wink.com/products/

12) https://github.com/00/wikihouse-controls

13) https://www.thalmic.com/myo/

14) http://logbar.jp/ring/en

15) https://software.intel.com/en-us/realsense/home?_ga=1.139775540.622178113.1454042114

16) http://developer.neurosky.com/

17) http://dragonmobile.nuancemobiledeveloper.com/public/index.php?task=home

18) https://itunes.apple.com/kr/app/fingo-furniture-augmented/id567070760?mt=8

19) https://ko.share.oculus.com/

20) https://www.oculus.com/en-us/rift/

21) http://www.polygon.com/2014/3/31/5567712/oculus-vr-facebook-acquisition-death-threats

22) https://developer.oculus.com/downloads/mobile/0.6.0.1/Oculus_Mobile_SDK/

23) https://www.kickstarter.com/projects/1259519125/cyberith-virtualizer-immersive-virtual-reality-gam

24) http://www.marketsandmarkets.com/Market-Reports/commercial-drones-market-195137996.html

25) http://www.airware.com/aerial-information-platform#/

26) http://cdni.wired.co.uk/1240x826/s_v/servermain.jpg

27) http://freeskies.org/copilot.html

28) https://www.indiegogo.com/explore?filter_title=drone#/search

29) http://www.bloomberg.com/news/articles/2012-03-19/amazon-acquires-kiva-systems-in-second-biggest-takeover

30) http://www.ifr.org/news/ifr-press-release/global-survey-703/

31) http://techcrunch.com/2014/01/26/google-deepmind/

32) http://www.nature.com/nature/journal/v518/n7540/full/nature14236.html

33) http://www.ros.org/news/2010/07/shadow-robot-ros-interface-release-1.html

34) 백스터의 보다 상세한 구성요소와 기능에 대해서는 MIT 테크놀로지 리뷰
    에 소개된 http://www.technologyreview.com/sites/default/files/images/
    baxterx910_0_0.jpg 을 참고하기 바란다.

35) http://www.rethinkrobotics.com/baxter/

36) http://spectrum.ieee.org/automaton/robotics/humanoids/aldebaran-
    robotics-sells-majority-stake

37) https://www.youtube.com/watch?v=xlKNPums81w

38) http://article.joins.com/news/article/article.asp?total_id=17351739

5장

1) http://www.wtn.net/summit-2014/2014-world-technology-awards-
   winners

2) http://blogs.wsj.com/moneybeat/2014/08/05/bitbeat-ethereum-presale-
   hits-12-7-million-tally/

3) https://bitcoin.org/ko/how-it-works

4) http://spectrum.ieee.org/video/computing/networks/video-the-bitcoin-
   blockchain-explained

5) http://www.coindesk.com/ibm-reveals-proof-concept-blockchain-
   powered-internet-things/

6) https://twitter.com/annairrera/status/639065607338598400/photo/
   1?ref_src=twsrc%5Etfw

7) http://www.everledger.io/

8) IBM, 《Device democracy- Saving the future of the Internet of Things》, 2015

9) http://www.sisain.kr/news/articleView.html?idxno=22108

10) http://www.classicgaming.cc/classics/spaceinvaders/flyers/
    taito1979trimline.jpg

11) http://www.oed.com/view/Entry/103376

12) https://www.utdallas.edu/~liebowit/palgrave/network.html

13) http://inbestia.com/analisis/invirtiendo-en-fosos-defensivos-el-efecto-
    red

14) http://www.wsj.com/articles/facebooks-restrictions-on-user-data-cast-
    a-long-shadow-1442881332

15) 윌 듀란트, 《역사의 교훈》, 범우사, 1989, pp.24-27

16) http://will-durant.com/bio.htm

17) 윌 듀란트, 《역사의 교훈》, 범우사, 1989, p.28

18) Aristotle, 《The Art of Rhetoric》, Penguin Classics, 1992

플랫폼, 시장의 지배자

1판 1쇄 2016년 6월 10일 발행
1판 11쇄 2023년 7월 1일 발행

지은이 · 류한석
펴낸이 · 김정주
펴낸곳 · ㈜대성 Korea.com
본부장 · 김은경
기획편집 · 이향숙, 김현경
디자인 · 문 용
영업마케팅 · 조남웅
경영지원 · 공유정, 임유진

등록 · 제300-2003-82호
주소 · 서울시 용산구 후암로 57길 57 (동자동) ㈜대성
대표전화 · (02) 6959-3140 | 팩스 · (02) 6959-3144
홈페이지 · www.daesungbook.com | 전자우편 · daesungbooks@korea.com

© 류한석, 2016
ISBN 978-89-97396-66-5 (03320)
이 책의 가격은 뒤표지에 있습니다.

Korea.com은 ㈜대성에서 펴내는 종합출판브랜드입니다.
잘못 만들어진 책은 구입하신 곳에서 바꾸어 드립니다.

이 도서의 국립중앙도서관 출판예정도서목록(CIP)은 서지정보유통지원시스템
홈페이지(http://seoji.nl.go.kr)와 국가자료공동목록시스템(http://www.
nl.go.kr/kolisnet)에서 이용하실 수 있습니다.(CIP제어번호: CIP2016013749)